U0906772

社会治理学

SHEHUI ZHILIXUE

殷昭举 主编

2

◎第二卷

◎社会和谐保健与社会问题化解

◎赫崇飞 罗红希 著

广东高等教育出版社
Guangdong Higher Education Press
广州

图书在版编目（CIP）数据

社会治理学．第二卷．社会和谐保健与社会问题化解/赫崇飞，罗红希著．—广州：广东高等教育出版社，2016.2（2017.1 重印）
ISBN 978－7－5361－5435－3

Ⅰ.①社…　Ⅱ.①赫…　②罗…　Ⅲ.①社会管理－研究－中国
Ⅳ.①D63

中国版本图书馆 CIP 数据核字（2015）第 224750 号

第二卷　社会和谐保健与社会问题化解
DIERJUAN SHEHUI HEXIE BAOJIAN YU SHEHUI WENTI HUAJIE

❖

广东高等教育出版社出版发行
地址：广州市天河区林和西横路
邮政编码：510500　电话：020－87553735
http：//www. gdgjs. com. cn
佛山市浩文彩色印刷有限公司印刷

---

787 毫米×1 092 毫米　1/16　18 印张　247 千字
2016 年 2 月第 1 版　2017 年 1 月第 2 次印刷
定价：38.00 元

总 序

实践者的“理论自觉”

郑杭生[①]

党的十六大、十七大以来，特别是2011年以来，中央反复强调，要正确把握国内外形势的新变化、新特点，针对社会治理中的突出问题，着重研究加强和创新社会治理。立足于当代中国社会结构变迁的历史大背景，以国际的视野和世界的眼光，对社会建设和社会治理进行系统深入的调查研究，把分散的经验材料提升为较为系统的理论观点、形态，为社会建设和社会治理的伟大实践提供必要的学理支撑，这是中国社会学义不容辞的使命。反过来，中国社会学也只有这样做，才能源源不断地获得对学科自身发展极其重要的新鲜经验，切实抓住中国社会结构变迁赋予我们的理论创新的机遇和挑战，实现“理论自觉”，把握学术话语权，从而使社会学学科的理论之树常绿常青，为我们的时代做出相应的学科和学术贡献。

社会治理学是社会学的一门分支学科。研究这门学问，有一个路径选择

① 中国社会学学会名誉会长，教育部社会科学委员会委员，教育部社会学学科指导委员会主任委员，中央马克思主义理论研究和建设工程社会学首席专家，国家社会科学基金社会学评审组组长，中国人民大学一级教授、博士生导师。曾任中国人民大学社会学研究所第一任所长、社会学系第一任主任、副校长，中国社会学会会长，国务院学位委员会政治学、社会学、民族学评审组成员和召集人。现任教育部人文社会科学重点研究基地中国人民大学理论与方法研究中心主任。2004年开始担任马克思主义理论研究和建设工程社会学教材编写组首席专家。

的问题。根据中国社会学百多年发展的轨迹，根据中国社会学前辈艰辛探索学科本土化和努力把握学术话语权的启示，在我看来，研究社会治理重要且正确的路径同样是：立足现实，提炼现实；开发传统，超越传统；借鉴国外，跳出国外；正确总结“中国理念”，科学概括“中国经验”。在社会治理领域，立足现实中的“现实”指的是什么呢？这就是近些年以来，即党的十六大、十七大以来，在全国范围铺开的社会治理创新实践和探索。这一创新实践和探索，为包括社会治理学在内的中国社会学理论的概括和提炼现实，提供了来源和基础，也为我们创造了难得的学术机遇和挑战。我一贯主张，任何有价值的社会学理论或社会理论，包括宏观的、中观的、微观的，都是这样那样地从大量的现实经验事实材料中概括出来的，否则只能是苍白的。反过来说，经验研究尽管是基础，但仅仅停留在经验上，还不是理论。所以，轻视理论、理论研究同轻视经验、经验研究一样，都是片面的、错误的；经验研究和理论研究必须保持平衡，相互促进，相互得益。两者的关系是“合则双美，离则两伤”。正确处理经验性与理论性的关系，也是对包括社会治理学在内的中国社会学真正成熟的一种考验。《社会治理学》的作者正是立足于这样的实践基础，把握好这样的辩证关系，沿着这样的正确路径，筚路蓝缕而终成正果。该部书是著者积数十年社会治理工作实践之力、历时近八载编撰而成的心血之作。著者以马克思主义为基本立场，汲取古今中外社会治理思想精华；以科学发展观为根本指导，探求中国社会治理基本规律；以各地实践为研究对象，探索社会治理科学化具体路径。由实践到理论，由具体到抽象，创新了社会治理、社会自治、社会基础这三者共同构成的、完整意义上的、具有中国特色的社会治理架构体系。书中形象地把社会看作一棵“社会树”：社会自治是“枝叶”，社会治理是“树干”，社会基础是“根基”，人民幸福安康则是盛开的“花朵”。社会治理的理想状态是在党的领导下和法的基础上，社会治理与社会自治有机统一、和谐运行，最大限度地激发社会活力与创造力，增强社会凝聚力与亲和力。社会治理的终极指向是“以各个人自由发展为一切人自由发展的条件的联合体”①。在《社会治理学》中，有理论提炼、有实践探索，有历史钩沉、有现状剖析，有他山之石、有本土经验，有基本规律、有土法偏方，很值得社会领域的工作者和研究人员以及推动社会发展的建设者和管理人员等借鉴。

一、《社会治理学》之成书离不开实践的勇气

作者几十年在经济建设和社会治理一线摸爬滚打，遍历农村、社区、街道、区、市等各个层面的经济建设和社会治理工作，直接参与调研、制定社会建设和管理相关政策达300余件，常年在一线应对群体性事件、解决城镇化后遗症、化解突发公共危机、协调农村土地遗留问题、维护“外嫁女”合法权益、破解社会“二元结构”、处理劳资纠纷、疏导“隐形社会组织”、推动“虚拟社会”建设、组织村民（居民）换届选举……面对错综复杂的社会矛盾纠纷，没有旧例可循，没有既定法则，所谓运用之妙，存乎一心。需要的是智慧和勇气、执着与胆识。与此同时，作者还广泛地考察学习，对比借鉴日本、新加坡和欧美等国家以及北京、上海、香港、澳门、台湾、武汉、广州、深圳、杭州、惠州、珠海、佛山、郑州等地的做法和经验，然后从中提炼出带有规律性的思想，再用以推动新的社会治理实践，并将实践作为检验理论正确与否的唯一标准，全力推动中山市和谐善治，取得了丰硕的成果。今日之中山，经济实力显著增强。2012年，全市经济总量是1978年的近120倍，工业总产值和国地两税收入均为1978年的1 100多倍。2012年全市生产总值超2 400亿元，人均生产总值超过中等发达国家水平。中山以仅占广东省1%的土地、3%的人口，连续多年创造了广东第五的经济总量。

① 马克思，恩格斯．共产党宣言［M］．北京：中央编译出版社，1998.

今日之中山，民生福祉不断提升。惠民利民的制度安排逐步完善，近年来七成以上的财政收入投到民生领域。2012 年，城镇居民人均可支配收入 3.1 万多元，农民人均年纯收入 1.9 万多元，分别比上年增长 12.4%和 12.7%。城乡居民收入比为1.6：1，收入差距为全省最小。教育、医疗等社会事业领先发展，《2012 年度广东公众幸福指数测量报告》显示，中山幸福指数排名蝉联全省首位。今日之中山，社会保持和谐稳定。率先在全国创建农村社区“2+8+N”模式，获评中国十大社会治理创新城市。在中国社会科学院发布的《2012 年中国城市竞争力报告》中，中山社会环境竞争力排名内地第一。《中国城镇化质量报告》显示，中山市城镇化质量名列全国 286 个城市的第 6 位，城镇化率名列第 9 位。连续 5 次获得全国社会治理综合治理优秀地市称号，连续 3 次荣获全国平安建设“长安杯”，是广东唯一连续 3 次荣获全国平安建设最高奖项“长安杯”的地级市。今日之中山，生态环境优美宜居。继全国最早获得“联合国人居奖”后，又成功创建为全国地级市中首个“国家生态市”。全市 24 个镇区全部成为全国环境优美乡镇，城区生活垃圾无害化处理率达 100%，在广东主要污染物总量减排考核中排名第一。国家监测报告显示，中山空气质量在全国各大中城市位列第六。今日之中山，文化名城魅力彰显。实施包括传承和发展孙中山文化在内的“八大文化工程”，在获得首批“全国文明城市”称号后，2012 年又成功创建成为“国家历史文化名城”。连续26 年举办“慈善万人行”活动，获得全国公益领域最高政府奖——“中华慈善奖”，被誉为“中华民族慈善文化的一面旗帜”……毋庸置疑，没有这些实践基础就不可能有这样一部书。《社会治理学》之难能可贵，就在于其理论创新之花深深地根植于长期社会实践的沃土之中，因而也更具生命力。

二、《社会治理学》之成书离不开理论的自觉

“理论自觉”是“文化自觉”的一种形式，社会学的“理论自觉”则是

“文化自觉”在社会学这门学科中的特殊表现。“文化自觉”是费孝通先生在1997年正式提出的。此后费先生多次论述“文化自觉”，不断强调“文化自觉”。可以说，“文化自觉”是费老在最后差不多10年时间中所念念不忘的论题。费老这样说明“文化自觉”的重要性：“我感到‘文化自觉’是当今世界共同的时代要求，并不是哪个人的主观空想。有志于研究社会和文化的学者对当前形势提出的急迫问题自然会特别关注，所以我到了耄耋之年，还要呼吁‘文化自觉’，希望能引起大家的重视。”在费老《对文化的历史性和社会性的思考》《关于“文化自觉”的一些自白》《重建社会学与人类学的回顾和体会》等文章中，有一段关于“文化自觉”总结性的、多次提到的话，特别值得好好领会。中国社会学的“理论自觉”也不能不是一个思想解放的过程，即从西方强势社会学理论和社会理论中解放出来、正确定位自己的过程。只有从历史造成的西方强势文化和强势社会学理论中解放出来，以我为主，学会对它们的借鉴，即学习它们的精华之处尤其是精华之处中的适合中国国情之处，而不是对它们照抄照搬、亦步亦趋，才有可能真正做到费老的“各美其美、美人之美、美美与共、天下大同”（费孝通《重建社会学与人类学的回顾和体会》）。如果没有自主性，只有边陲性，没有自己可美的东西，只有别人可美的东西，那就做不到“各美其美”，那就只剩下单纯的“美人之美”，为他人做嫁衣裳了。着眼于现在和未来，我们必须清醒地看到中国社会学发展面临的一系列课题、挑战和选择。其中的一个根本问题是，我们究竟需要什么样的中国社会学，或者说，中国社会学把什么样的社会学作为自己追求的目标：是世界眼光和中国气派兼具的中国社会学，还是西方社会学某种理论的中国版？正确的答案显然是前者。这就是说，包括社会治理学在内的中国社会学需要的是对西方社会学的借鉴，并主要根据中国社会发展和社会转型的实际，结合中国社会历史悠久的丰富传统学术资源，进行原创性的或有原创意义的理论创新，而不是在西方社会学理论或社会理论的笼子里跳舞，使自己的理论研究或经验研究成为西方社会学理论或社会理论的一个案例、一个验证。把中国社会学定位为世界眼光和中国气派兼具的社会学，之所以是首要的“理论自觉”，是因为：它的影响极其深远，它不能不影响到如何办社会学系、如何办社会学研究所、如何办社会学杂志、如何进行社会学的学科建设、如何培养社会学的学生、如何总结“中国经验”、如何形成中国社会学派、如何进行社会学的学术争鸣，等等。按照世界眼光中国气派兼具的社会学的目标，那么结果是积极的；而追求西方社会学某种理论的中国版的目标，那么结果就会是消极的。中国和平崛起之势不可阻挡，相应地，包括社会学在内的中国社会科学的兴起也是势所必然。同时，它也是中国社会学增强自己的主体性、减缩依附性的客观要求，是逐步消除那种对外国理论照抄照搬、亦步亦趋、拔高甚至神化，还自以为站在社会学的前沿的边陲思维的有效良方。不同中国学派之间当然也会有学术问题上的分歧、争论，这是正常的。真正中国学派的形成和发展，他们之间正常的学术争鸣的开展，将大大缩小西方社会学某种理论的中国版的空间。实现“理论自觉”需要找到正确的方法，在我看来，这个方法主要包括如下的两个方面——这也正是《社会治理学》这部书所努力体现的。其一，对“二维效应”做出自己的理论反思。其二，用“二维视野”做出自己的理论升华。下面就对这两方面做一些简要的说明。

三、《社会治理学》对“二维效应”做出自己的理论反思

我们越来越体会到，社会实践的结构性变化包含着两种力量，具有两个维度，这就是：现代性全球化的长波进程所代表的力量、维度和本土社会转型的特殊脉动所代表的力量、维度。我曾经提出，当今世界的每一项重大的动态变化之中，都包含着这两个维度也即这两个方面的共同作用。可以说，那些左右着社会生活的重要动态变化，那些影响我们个人生活的复杂症候，

都离不开这两股力量，是这两股力量相互扭合所产生的一系列现实效果。这两个维度所发生的作用、所产生的效果，我们称之为“二维效应”。“二维效应”既包含正向效应又包含负向效应。负向效应主要体现为“两类挑战”：世界性的“人类困境”和本土性的“六大挑战”。世界性的“人类困境”主要指“当代到处存在的不稳定性”，也就是现代风险。“人类困境”有多种表现形式，像SARS、甲型H1N1流感那样的新型疾病，不知何时到来的恐怖威胁，全球性的文明认同危机，由美国次贷危机引发的、祸及全球的金融危机，全球变暖引起的生态危机，等等。2008年年底去世的美国学者塞缪尔·亨廷顿（Samuel Huntington）于1996年出版的《文明的冲突与世界秩序的重建》一书，实际上就是在探讨世界性的文明认同危机及其应对。由美国次贷危机引发的席卷全球的金融风暴，使我们又一次见证了这种人为造成的“人类困境”给人类自身社会生活带来的巨大威胁。

今后，全球社会的各种差别、分异、矛盾和冲突，比如经济市场化发展的不均衡性和非理性、社会风险化、非传统安全和人类安全、生态环境危机、贫困现象、弱势群体、社会公正、社会进步与社会代价、成果共享与风险共担、社会成员对幸福及人生价值的新期待等不断生产出新的裂痕，造成新的问题，还会出现人们如今尚难以想象的、形形色色的新“人类困境”。

本土性的“六大挑战”主要指与中国社会建设、社会发展、社会转型紧密相连的特殊挑战：一是在市场经济陌生人的世界建立社会共同体的挑战；二是在价值观开放多元的时代促进意义共同性的挑战；三是在社会分化加剧的情势下落实公平正义的挑战；四是在社会重心下移的情况下大力改善民生的挑战；五是在发展主体总体布局上理顺三大部门关系的挑战；六是在生态环境恶化情况下建设“两型社会”的挑战。这些挑战无疑是更经常、更具有基础意义的。所有这些挑战，归根到底都与社会资源（包括硬资源和软资源）是否合理配置和分配有关。

现在各种各样的社会矛盾、社会问题、社会风险，都这样那样与上述六大挑战有关，或者说是某一或某几种挑战的表现，并显露出一些新特点：一是利益矛盾和利益冲突是社会矛盾及不协调因素的焦点。随着我国社会分化的快速发展，出现了一些新的社会阶层，社会利益的多元化格局鲜明地摆在人们面前。不同社会利益群体，特别是新生利益群体构成了我国社会矛盾的主体，其利益矛盾和冲突往往是社会不和谐的重要成因，也是社会矛盾的焦点所在。二是基层的利益矛盾是社会矛盾的重点。目前我国的社会矛盾中，相当数量是发生在基层的社会矛盾中。这类矛盾直接与群众的基本利益相关，甚至可以说是生死攸关，而且涉及的人员众多，影响范围较大，往往后果严重，有很大的危险性。三是不同领域的矛盾形成链式反应是社会矛盾的一种倾向。由于利益群体之间呈现出十分复杂的社会关系和利益格局，其中许多群体具有较强的流动性和辐射性，形成了跨行业、跨地区、跨体制的网络，在社会关系上相互牵扯。这种状况使得局部矛盾容易传导到更大的社会领域。四是地方政府首当其冲是社会矛盾的一个突出特点。现在的党群、干群关系普遍比较紧张，各地党群、干群之间的矛盾不断增多，特别是地方政府成为社会矛盾的焦点。一些矛盾现象与地方政府有着这样那样的联系，有的矛盾本身就是地方政府造成的，这样就把政府推到了矛盾的第一线。五是制度性缺陷使社会矛盾形成恶性循环。我国社会治理体制上有浓厚的“官控”“官治”“官办”传统，习惯于通过政府机构和公务人员的重复性介入和干预来处理实际中的同类问题，这种人治或半人治的管理方式不仅消耗了大量的体制资源，而且治理效果不佳，常常会激化、加剧社会问题和社会矛盾，是基层社会问题不断复发、久治不愈的深层原因之一。六是特权阶层对体制的俘获是一个值得警惕的问题。“官控”“官治”“官办”传统具有一种机制，即各种不同类型的资本之间构成很高的互换率，使得体制在客观上容易被侵蚀。一些社会现象和问题继续发展下去，就会不断地冲击政策和规则的底线，导致系统性和根源性的社会不公平，对更多的社会群体特别是弱势群体造成体制性排斥，等等。每一道裂痕都意味着和谐与冲突的复杂胶着，每一个问题都表现了利益与矛盾的具体聚焦。这是一个充满非常风险、重新开拓前景的时代，我们称之为“新型社会主义的实践过程”。

在这个过程中，随着中国社会从传统走向现代、迈向更加现代和更新现代，社会主义的实践和探索也进入了一个从未有过的新境界，同时也在最新的实践中扩展着和更新着自己的理念。正是由于这种新型的社会主义没有任何先例可以依循，对这一实践过程的维护建设性阐述和理论性总结反而需要超常的勇气，需要用正确的立场、观点和方法去调查、研究、概括、总结，这样才会形成有新意，甚至有原创意义的社会学理论和社会理论，才能避免种种“无根”的理论，才能真正做到“理论自觉”。正是在这个意义上，我感到《社会治理学》的理论创新之根，深深地扎进了肥沃的社会实践之壤。尤其是针对我们国家各种各样的社会矛盾、社会问题和社会风险，并就其所呈现出的“利益矛盾普遍化、矛盾主体多元化、一般问题复杂化、个体问题群体化、群体问题组织化、组织发动网络化、诉求表达对抗化、内部矛盾外部化”的特点，反思了过去在应对、化解社会矛盾所存在的“失之过宽”与“失之过严”的普遍问题。所谓“失之过宽”，是指面对社会矛盾纠纷，忽视、扭曲甚至排斥法律的作用，不惜“以妥协求和谐”，过度依赖于“花钱买平安”，化解社会矛盾明显缺乏原则性和规范性，客观上“激励”了更多的人采用法律以外的方式甚至用暴力来表达和发泄不满，导致出现“大闹大解决，小闹小解决，不闹不解决”的局面，人为助长社会矛盾愈加激烈。所谓“失之过严”，就是把社会成员维护合法权益的行为，上纲上线，上升到意识形态的对抗，完全依赖于动用武装力量来解决问题，造成仇警、仇官的社会心态越来越严重，产生“抗生素效应”。

作者对此建设性地提出了推动社会治理科学化的五个关键环节。一是社会治理保健化。这是从源头上抓好社会治理的根本要求。只有切实把群众合法权益维护好、保障好、发展好，才能最大限度地减少不和谐因素，最大限度地预防社会问题和公共危机的产生。因此，维稳的基础是维权，保健的基础是保障。维护群众合法权益，保障百姓基本生活，是社会治理的“本”和“源”。二是社会治理法治化。要强化政府作为规则和程序制定者以及矛盾调节和仲裁者的角色，强化和完善解决社会矛盾公共危机的法治机制，使法治成为解决社会矛盾和公共危机的长效、制度化手段。三是社会治理系统化。要避免“头痛医头，脚痛医脚”“灭火队式”治理模式，把社会作为一个有机体看待，形成一套完整的治理体系。四是社会治理社会化。要致力于在服务中实施治理，在治理中体现服务，寓治理于服务之中，以服务促治理，在治理中调动全社会的积极性，实现由防范性管理向平等型、服务型治理转变；整合社会资源，动员社会力量，提高社会自治、自助、自理能力；保障民权、发展民主、促进民生、凝聚民心、集中民智、激活民力，建设“和谐社会”与“活力社会”。五是社会治理信息化。要注重运用现代科技手段尤其是信息化手段加强创新社会治理，积极提高社会治理信息化水平，形成全面覆盖、联通共享、动态跟踪、功能齐全的社会治理信息系统，提高社会治理系统效能。首先，要不断加强和创新网络虚拟社会治理，坚持建设与规范并重、发展与管理同步，推进法律规范、行业自律、技术保障、公众监督、社会教育相结合的信息网络治理体系建设。其次，要建设下一代信息基础设施，健全信息安全保障体系，推进信息技术广泛运用。坚持以信息化为牵引，推进公共服务信息化建设，按照上下对接、互联互通、信息共享的要求，建立统一的社会治理综合信息系统。整合行业主管部门、司法机关、行政执法部门和公共服务机构、行业组织的相关信息，完善公共基础信息资源库建设。加强对各类社会治理要素的动态监管，提高社会治理的精细化、动态化水平。

四、《社会治理学》对“二维视野”做出自己的理论升华

对“二维效应”展开社会学分析，我们称之为“双侧分析”，而它们作为社会学视野或视角，我们称之为“二维视野”或“二维视角”。我们以前还提过：本土性与国际性相结合；本土化与国际化相结合；本土特质与世界眼光相结合；建构本土特色与超越本土特色相结合。现在我们提出的“二维视野”“二维视角”，正是一以贯之主张的延伸和发挥。所谓本土性或本土化，主要是指中国社会学首先必须立足于中国的社会实际，特别是抓住当前中国社会急剧变化的机遇去调查、研究、概括和总结，并要深入研究中国社会思想史和中国社会学史。这就是中国社会学的本土性或本土化的主要含义。这样的中国社会学才能真正具有自己的中国特色。所谓国际性或国际化，主要是指中国社会学要自觉学习、借鉴欧美强势社会学的精华，使自己能够用世界的眼光，从整个人类实践的高度来解释中国社会和建构中国的社会学理论。本土性与国际性相结合，通俗地说，还可体现为一种精神境界，这就是顶天立地的精神。

我曾经指出，中国社会学要取得实质性的进展，有两条特别重要：一是站在国际社会学的前沿，把握社会学理论、方法、历史研究方面的新成果、新趋势；二是深入到我国社会快速转型的实践，特别是在社会重心下移的今天，深入到基层的实际，把握住制度创新的脉络。这就是说，当代中国社会学要取得实质性的发展必须要有一种“顶天立地”的精神。这里的“顶天”，就是要追求前沿，要有世界眼光；“立地”，就是要深入基层，要有草根精神。“顶天立地”，就是要把追求前沿与深入基层结合起来，把世界眼光与草根精神结合起来。在这里，无论是“顶天”还是“立地”，都要以马克思主义的观点，特别是马克思主义中国化的成果来指导。“顶天立地”就是把本土性与国际性相结合，使之具体化和通俗化。“顶天立地”的精神要求

我们要对“西方学说”做出自己的理论借鉴，要对“传统资源”做出自己的理论开发，尤其要对“中国经验”做出自己的理论提升。“中国经验”是“本土性”的主要内容，我们非常赞同要研究“中国经验”。因为研究“中国经验”本来就是中国社会学诞生以来的优良传统。哪有自称为中国社会学家的人，不这样那样地研究“中国经验”？不研究“中国经验”，有什么资格被称为中国社会学家？这是不应该成为问题的问题。现在真正成为问题的，除什么是“中国经验”外，还有如何看待“中国经验”，用什么视野来研究“中国经验”。我们一贯主张“通过使外来社会学的合理成分与本土社会的实际的多形式结合，以增进社会学对本土社会的认识和在本土社会的应用，形成具有本土社会特色的社会学理论和方法”。社会学尤其是社会治理学的发展是理论构建与经验研究的一体化过程。理论构建的途径可以是多种多样的，但都离不开一个核心：自觉地继承和发掘各种优秀的学术传统、运用各种有价值的学术资源，构建有中国特色的社会学理论和方法。在经验研究方面，则既要关注现代性之全球化的发展趋势，也要投身于本土社会转型变迁的经验研究，这能够为理论构建提供持久的现实资源，使之上升为更新的理论形态——这一路径体现了社会学研究的一种传统。作为社会学的一门分支学科，社会治理学的研究和发展也必须服从这一路径，而且社会治理学要更加凸显这样的双向发展过程：在关注全球化发展趋势的基础之上，通过经验研究来推进理论的构建，并将所获得的理论成果重新引入到经验观察和分析之中，再通过这种在实践中展开的研究进行新的概括和总结。

中国社会改革开放30多年的发展、转型和现代化进程，具有自己鲜明的特色和特点，可以说在全球是独一无二的，用世界上任何现有的发展模式都难以完全解释得通，因而形成了独特的“中国经验”“中国模式”。“中国经验”“中国模式”是中国社会上下结合、共同探索、互动创新的结果，其中三个层次的相互推进十分明显，既有中央“自上而下”的推进，又有基层

“自下而上”的推动，还有各个地方、各个部门连接上下的促进。这三个层次，通过理论创新、制度创新、价值重塑、共同创作、不断完善，融合成具有独特气派、独特风格，又有某种普遍意义的“中国经验”。在“自上而下”方面，中国特色社会主义是一种前所未有的创新性的社会主义。比如以人为本，全面、协调、可持续发展的科学发展观的提出，构建民主法治、公平正义、诚信友爱、充满活力、安定有序、人与自然和谐相处的社会主义和谐社会的问世，社会和谐被确定为社会主义的本质，改善民生问题被确定为社会建设的重点，公平正义被确定为社会建设的目标，就是几个标志性里程碑。在“自下而上”的方面，随着中国社会重心日益下移，全国范围的社区建设和社会主义新农村建设正在蓬勃开展。连接“自上而下”和“自下而上”经验的是各个“地方经验”。我们在全国各地的调查和考察表明，中国城乡基层社会正在用建设性的反思批判精神，通过制度创新，把社会公平正义落实到我国微观制度的方方面面。无论在制度安排的公平方面，还是百姓认可的公平方面，无论在合理地配置社会资源和社会机会、重点解决民生问题上，还是在解决突出的社会问题、高发的社会矛盾和社会风险上，无论在使全体人民受益方面，还是在让弱势群体共享社会发展成果方面，无论在减少居委会的行政性、增加自治性，还是在培育和健康发展社区组织与建立社区服务体系方面，都在逐步取得进展。

《社会治理学》的作者正是以这些“中国实践”“中国经验”和“中国模式”为基本研究对象，努力探索社会治理基本规律。难能可贵的是，作者并没有局限于此，进行狭隘的单极化和封闭性思维，而是拓宽国际视野，着眼于社会学的宏大背景，首先梳理出社会治理学的理论路径，然后再进行社会治理规律的总结和研究。此路径从“人”这个基本概念出发，研究人的自然属性和社会属性；人的双重属性主导着人的社会化和化社会的辩证过程，在此过程中必然出现社会问题甚至问题社会；面对社会问题和问题社会，人们产生种种社会愿景，并尝试着不同的社会治理；伴随着社会治理实践的逐步深入，社会治理思想也得到不断深化，由此催生了古今中外各种各样的社会治理理论。作者在坚持马克思主义立场的基础上，汲取了这些社会治理思想精华，并立足于“中国经验”和“中国理念”进行思想创新和理论升华。这其中就包括作者在书中反复强调，并一以贯之的社会治理“四结合”：

一是在社会治理的方略上，作者主张“自外而内”的法治与“自内而外”的德治的横向结合。依法治国是我国的基本方略，但从社会治理角度来看，法治与德治都具有规范社会行为、调节利益关系、减少社会问题、化解社会矛盾的功能。“德”的外化即为秩序，“法”的内化也为秩序，法治与德治都是为了社会秩序，这是共同点。但两者也有很大的区别，比如其治理效果就有很大不同。如何辩证施“治”，取决于特定的社会状态，但总的看来，法治和德治相辅相成、相互促进，共同构成社会治理的基础。

二是在社会治理的方式上，作者主张“自上而下”的社会治理与“自下而上”的社会自治的纵向结合。概而言之，社会的有序运行主要依靠“自上而下”的社会治理与“自下而上”的社会自治以及特定的社会基础。我们既要加强党政主导、社会管理，又要坚持公众参与、共同治理。何者为主、何者为辅，取决于一定的社会基础。我国仍处于社会主义初级阶段，这决定了当前社会治理应发挥主渠道作用。但绝不能将社会自治视为可有可无，正如列宁所言：“委托代表机构中的人民‘代表’去实现民主是不够的。要立即建立民主，由群众自己从下而上发挥主动性。”[①] 党的十七大首次将基层自治列为我国的四项基本民主政治制度之一。2008 年，国务院提出“要增强社会自治功能”，并反复强调“必须坚持以人为本，构建政府管理与社会自治相结合、政府主导与社会参与相结合的社会治理和公共服务体

① 列宁．农民代表大会［M］//列宁全集：第 9 卷．北京：人民出版社，1985.

制，最大限度地调动各方面积极性，激发社会活力。优化政府机构设置和职能配置，整合资源，构建直接面向基层、面向社区、面向家庭和群众、职能有机统一的管理服务体制。要发展基层民主，增强社会自治功能。政府的事务性管理工作、适合通过市场和社会提供的公共服务，可以适当的方式交给社会组织、中介机构、社区等基层组织承担”。

三是在社会治理的手段上，作者主张市场的无形之手、政府的有形之手与社会的隐形之手的有机结合。作者认为，市场的无形之手、政府的有形之手、社会的隐形之手既是资源配置之手，又是财富分配之手。第一，从资源配置方面来看：市场的无形之手配置经济资源，主要遵循效率原则；政府的有形之手保障秩序、配置公共产品，主要遵循公平原则；社会的隐形之手维系人们的基础公共生活，主要遵循自治原则。三者都同时遵循法治原则。第二，从财富分配方面来看：无形之手、有形之手和隐形之手分别对应于初次分配、二次分配和三次分配，并发挥主导作用。比如，在初次分配环节，主要靠无形之手来调节，社会人和法人通过创造、创业、就业、生产、经营、管理等发挥各自的作用创造社会财富，遵循市场规律获得相应的分配。在二次分配环节，主要靠有形之手来调节，政府运用财税政策等手段，确立平等保护与特殊保护相结合的制度。在三次分配环节，主要靠隐形之手来调节，隐形之手多种多样、若隐若现，社会慈善捐助就属于其中的重要方式之一。在成熟的社会，社会的隐形之手发挥着越来越重要的作用。

四是在社会治理的机制上，作者主张源头治理、动态管理与应急处置的有机结合。同时，作者在书中还提出了我国社会治理的四个基本原则。具体来说，首先是党的领导原则。作者认为，社会治理的任务十分艰巨，内容纷繁复杂，必须充分发挥党在社会治理中总揽全局、协调各方的领导核心作用，抓好全局性、战略性、前瞻性的重大问题，在正确分析社会形势的基础上，及时制定有关社会治理的各项方针政策，充分发挥社会主义制度强大的

组织动员作用，遵循社会发展规律，统筹各种治理资源，集结各种社会力量。在社会主义市场经济条件下，党对社会治理工作的领导，既要强化宏观规划、统领，又要支持各级政府依法行政和依法管理，并引导各类社会组织、群众组织、自治组织和人民群众积极有序参与社会治理。在坚持党的政治领导、思想领导和组织领导的同时，不断创新领导方式。要改变事无巨细、样样亲力亲为的领导方式，将党组织领导集中于社会治理的原则性、大局性、政策性层面，做到统揽不包揽、支持不干涉、配合不拆台。其次是依法治理原则。《中华人民共和国宪法》规定，“中华人民共和国实行依法治国，建设社会主义法治国家。国家维护社会主义法制的统一和尊严。一切法律、行政法规和地方性法规都不得同宪法相抵触。一切国家机关和武装力量、各政党和各社会团体、各企业事业组织都必须遵守宪法和法律。一切违反宪法和法律的行为，必须予以追究。任何组织或者个人都不得有超越宪法和法律的特权”。社会治理必须在法律框架内开展，这是依法治国的必然要求，也是社会治理健康发展的内在要求。再次是以人为本原则。作者指出：社会治理，说到底是对人的管理、服务和人们自我管理、自我服务。社会治理涉及人们的切身利益，必须坚持以人为本的原则。还有就是一元多态原则。同时，作者还以其扎实深厚的社会治理理论功力和弥足珍贵的社会治理实践底气，在书中就社会治理的诸多具体内容，比如“社会问题预防与化解”“基层群众自治与社区建设”“社工队伍与社会组织”“社会动员、社会激励与社会互信”“科学规划与经济建议”“法治建设与道德建设”“社会分层结构与社会成员流动”以及“网络社会与社会治理信息化”，等等，提炼出一系列微观理论体系，这里就不一一探讨了。

我曾经多次提出，中国经验和模式，既不同于众多的资本主义发展模式和经验，也不同于过去一切失败的社会主义模式，但利用了它们一切先进的东西，汲取了它们的经验教训。因此，它是一种新型的社会主义发展模式和经验，即中国特色社会主义的发展模式和经验。现在发达国家越来越多的一流学者都在程度不同地研究“中国经验”“中国模式”，越来越多的发展中国家正在思考和参考“中国经验”“中国模式”，他们正在做出自己的解释。中国社会学更有义务对整个中国经验、对不同层次的中国经验，进行调查研究，做出自己的符合实际的理论概括，以提升自己的理论品质，在这一方面完成理论自觉的使命，使自己的理论成为与中国社会发展、中华民族复兴息息相关，因而具有生命力的理论。

《社会治理学》的探索，为我们提供了这方面的参考。我愿我们社会学界内外有更多的学者和实际工作者，能够有这样的理论自觉的勇气，这样追求真理的品格，这样锲而不舍的功夫，这样实事求是的精神，这样坚定不移的方向，来借鉴国外，又跳出国外；来开发传统，又超越传统；来提炼现实，又高于现实。

是为序。

前 言

随着全面深化改革的继续推进，我国社会得以快速的进步和发展，同时社会也进入到一个矛盾凸现期和多发期，预防和解决各种社会矛盾与问题就成为当今重要课题。过去在实践中，在问题未出现之前，也没有做任何的预防，导致有些问题不应该出现而出现了，有些本来是小问题变成了大问题，有些是大问题变成了非常严重的问题。同时，过去也习惯于政府包揽一切、包办一切，使矛盾和问题越积越多，越积越难解决，造成政府与群众处于对立状态。基于此，改变社会治理理念和方式就成为当今一项重点工作。中山火炬职业技术学院赫崇飞和罗红希两位博士深入社会经过实地调查研究和认真思考，提出构建社会保健预防和社会问题化解的有效机制，防范化解社会问题，科学处置公共危机的方法、措施和理论，对于解决当今各种社会矛盾和社会问题具有直接指导作用和现实意义。

《社会和谐保健与社会问题化解》一书包括上编和下编两大部分。上编由赫崇飞撰写，主要内容是社会和谐保健，介绍了社会个体保健和公共危机预防。在社会个体保健中，提出建立适应市场机制的以保障创业就业为基础，以解决基本需求为目标的保健预防机制，即促进创业就业以增加个人收入，以个人收入作为“社会保障之绳”，由政府主导为其编织“社会保障之网”并负责修补漏洞，从而实现以自我保障为基础，政府救助为托底，慈善帮扶为辅助的自助、家助、互助、共助以及公众相互配合的社会保健机制，具体来说是：(1) 实施素质教育，提升就业能力。(2) 促进创业就业，创造社会价值。(3) 合理分配财富，完善利益格局。(4) 科学设计“社会保障网”。(5) 保障社会个体权益。

同时，提出加强公共危机预防体系建设，具体来说是：(1) 加强硬件建设，即构建现代化防灾减灾体系、构建现代化能源保障体系、构建现代化环保生态体系。(2) 加强软件建设即加强法制建设、体制建设、机制建设，建设长效预防机制，建设安全文化，建设应急临战准备制度，加强全民风险防范和应急处突能力建设。下编由罗红希撰写，主要加强公共危机预防体系建设的内容是社会问题化解，介绍了社会个体的矛盾化解和公共危机的应对化解。在社会个体矛盾化解中，提出针对普通的社会个体，建立健全矛盾纠纷的发现、调解、仲裁、复议、诉讼相互衔接、相互配合的矛盾化解机制，尽可能缓解信访渠道，将矛盾纠纷引流至调解、仲裁、复议、诉讼的法治化渠道去解决。其次针对违法犯罪分子，建立健全社会治安防控体系。具体来说：(1) 发现机制，发现社会问题通过“双渠道”：政府主动发现问题的渠道，群众诉求表达渠道。(2) 调解机制，全面坚持“优先原则”，通过健全人民调解、社团调解、仲裁调解、行政调解、司法调解等横向调解网络和市、区、镇、社区、村、小组等纵向调解网络，营造多渠道的矛盾纠纷调处新机制、减少社会对抗。(3) 仲裁机制，调解无效的矛盾纠纷，依法“引流”至仲裁、复议渠道解决。(4) 复议机制。(5) 诉讼机制，诉讼是解决矛盾纠纷的“终点站”。(6) 防控体系，在防控对象上，加强对重点人员、重点时段、重点场合的管理，推动高危人群管理以及境外、NGO（非政府组织）、虚拟社会综合防控。在防控方式上，开发“治安信息综合平台”，精确打击犯罪等。在公共危机的应对化解中，提出：建立危机预警机制、危机决策机制、应急处置机制、舆论引导机制、恢复重建机制、评估提升机制，等等。这些方法和理论具有独到之处，其特点主要是：(1) 创新性。目前还没有关于这方面的系统全面的理论，大多数表述的都是某一方面的观点，缺乏全面性。这一成果弥补了这一领域研究的不足，填补了这一研究的空白。(2) 科学性。从实践中得出的经验和理论，具有规律性和正确性，能科学地指导实践活动。(3) 实践性。这些观点和理论一方面来源于实践，另一方面能指导实践，解决社会矛盾和社会问题，具有实践指导意义。(4) 学术性。这一成果的产生是经过从问题的提出到调查研究、理论思考，直到理论解决实际问题，等等，经过从现象到本质、从经验到理论得出解决问题的方法和思路，因此具有一定的理论和实践价值。

很显然，处在全面深化改革的今天，社会中新产生的矛盾和问题将会越来越多。我们不能回避矛盾和问题，而是要理直气壮地去面对问题、解决问题。这本书的问世在一定程度上能够对实际工作者起到借鉴作用，对理论研究者起到抛砖引玉的作用。

赫崇飞、罗红希

于中山火炬职业技术学院

2015 年 5 月 8 日

目　录

上编　社会和谐保健

下编　社会问题化解

上编

社会和谐保健

社会管理需要政府自上而下采取多种措施，建立有效机制，以维持社会的和谐有序发展，如同人的身体一样，有病治病，无病预防，特别是重在预防。因此，社会管理尤其要强化社会保健意识，做到事先预防，把矛盾和危机消灭在萌芽状态，化解于无形之中。这就是所谓的“社会和谐保健”，即以促进社会和谐为目的，通过在社会各个领域建立一系列制度、体制、机制，预防损害个人和社会利益现象的发生，从而保障个体和社会群体利益的实现，为社会的秩序与进步和人们的幸福安康打下坚实的基础。社会和谐保健，要从社会个体和群体两个层面去分析，即社会个体的保健和公共危机的预防。

建设和谐社会的核心问题是提高社会个体的幸福感和满意度。当前提高群众幸福感，建立社会个体保健机制的关键，是要政府积极推进使社会个体保健从教育、就业、分配、社会保障网、公平正义等方面不断进行完善。

建立社会个体保健机制就是要建立适应市场机制的以保障创业就业为基础，以解决基本需求为目标的保健预防机制，即促进创业就业以增加个人收入，以个人收入作为社会保障之绳，由政府主导为其编织“社会保障之网”并负责修补漏洞，从而实现以自我保障为基础，政府救助为托底，慈善帮扶为辅助的自助、家助、互助、共助，公众相互配合的社会保健机制。

相对于社会个体矛盾，公共危机危害的对象具有群体性，它是社会管理必须面对的另一重要方面。现代社会管理当中，不仅要重视社会个体的保健机制，也要重视社会群体的和谐保健机制，积极建立公共危机预防体系。公共危机预防体系建设主要从两个方面着手，即加强公共危机预防体系硬件建设和软件建设。

在公共危机预防体系硬件建设中，必须构建现代化防灾减灾体系、构建现代化能源保障体系、构建现代化环保生态体系。

在公共危机预防体系软件建设中，必须加强法制建设、体制建设、机制建设，建设长效预防机制，建设安全文化，建设应急临战准备制度，加强全民风险防范和应急处理突发事件能力建设。

第一章　社会和谐保健的内涵及特征

社会治理的主要方面是社会管理，社会管理的重中之重是强化社会保健、预防各类社会问题。近年来，我国个体群体性事件频发，有司机罢工事件，有打砸抢事件，有教师停课事件，有农民工讨薪、讨要征地款事件等等，大多数是各级政府没有做到事先预防，没有在矛盾和危机萌芽状态积极作为，对存在问题和矛盾“视而不见”“一拖再拖”，小事变大，大事变重，最后积重难返、集中爆发之后才进行被动应对。反之，在社会管理和服务中事先做好社会和谐保健，保障社会个体和群体的利益，建立科学的社会治理机制，防微杜渐，才能收到事半功倍之效，实现长治久安。

一、社会和谐保健的内涵

“保健”一词是借用医疗领域的一个术语。所谓“保健”，《辞海》这样定义：“对个人和集体所采取的预防疾病、保护并增进健康的综合性措施。按服务对象，分妇女保健、儿童青少年保健、老年保健等。”

所谓“社会和谐保健”，是指以促进社会和谐为目的，通过在社会各个领域建立一系列制度、体制、机制，来预防损害个人和社会利益现象的发生，从而保障个体和社会群体利益的实现，为社会的“秩序与进步”和人们的幸福安康打下坚实的基础。

我们可以从以下三个层面来理解和把握社会和谐保健的内涵：①社会和谐保健的最终目的是维护社会的和谐稳定，进而促进整个社会经济、政治、文化的繁荣和发展，使社会成员能够安居乐业。②社会和谐保健的手段或途径就是通过建立一系列制度、体制、机制，来规范、完善社会保障制度。其核心是要解决“吃上蛋糕”和“吃好蛋糕”的问题。“吃上蛋糕”的问题在当前主要是编织“社会保障网”的问题；“吃好蛋糕”的问题是公平正义和幸福指数提高的问题。③社会和谐保健的对象包括了社会个体和社会群体。社会和谐保健就是保障社会个体及社会群体利益的实现，防止他们利益受损现象的发生。一句话，也就是维护和发展最广大人民群众的根本利益才是社会和谐保健的最终落脚点。

二、社会和谐保健的特征

（1）从社会和谐保健的运行角度来看，具有系统性的特征。社会和谐保健不是头痛医头、脚痛医脚式地对社会问题、社会矛盾进行局部、个别的防治，而是通过在社会各个领域建立一系列制度、体制、机制，系统地防止侵害社会个体和群体利益的事件发生，形成一个多方联动的系统性的防治机制。

（2）从社会和谐保健的实施主体来看，具有多元性的特征。社会和谐保健的实施主体包括政府、社会组织、公民个人等，但是主角是政府，缺少了政府，社会和谐保健就无从谈起。必须由政府主导，建立完善各种制度、体制、机制，才能保障社会个体的合法权益不受侵害，才能减少各种社会矛盾、控制群体性事件等公共危机的发生。

（3）从社会和谐保健的对象来看，具有广泛性的特征。社会和谐保健的对象涵盖范围广，涉及各个阶层、各个领域。社会和谐保健的具体对象既包括社会个体，又包括公共群体。

第二章　社会个体的保健

构建和谐社会，让广大人民群众充分享受到改革开放的成果，真切感受到生活幸福，这是中央一直关注的核心问题。社会个体的幸福感、满意度是衡量各级政府民生工作的一把尺子。民生工作最基本、最紧要的是做好社会个体保健工作。当前提高群众幸福感、建立社会个体保健机制的关键，是要科学地解决群众在住房、养老、医疗、教育、环保、交通、食品安全等方面的基本需求，同时进一步维护群众在社会、文化生活以及政治生活方面的权利。而解决这一问题的根本出路是：建立适应社会主义市场经济的、以保障就业为基础的、以解决基本需求为目标的社会个体保健机制。即：实施素质教育以提升就业能力，促进就业以增加个人收入，以个人收入作为"社会保障之绳"，以政府为主导为其编织"社会保障网"，并负责修补漏洞，用"社会保障网"分别解决群众住房、养老、教育等方面的基本需求，从而实现以自我保障为基础，政府救助为托底，慈善帮扶为辅助的自助、家助、互助、共助、公助相互配合的社会保健机制。其基本要求包括：第一，教育是起点，就业是核心。由加强教育开始以提升就业能力，从而促进就业以增加收入，最终解决群众基本需求，这一过程形成了一个"社会个体基本保障良性循环"，只不过这个循环至少需要经历一代人之久。第二，个人为主体，政府为主导。社会保障费用由个人、用人单位和政府按比例分担，其中个人为主，用人单位其次，政府适当补助。政府必须作为主导，为社会个体编织"社会保障网"，并负责修补漏洞。第三，以保障基本生活为原则，待遇给付标准与个人缴费挂钩，基本生活以外的高消费服从市场机制。第四，对普通人群坚持公平与效率兼顾，权利与义务对应，对特困群体实施社会救助。按照党的十八届三中全会提出，实现发展成果更多、更公平惠及全体人民，必须加快社会事业改革，解决好人民最关心、最直接、最现实的利益问题，更好地满足人民需求。要深化教育领域综合改革，健全促进就业创业体制机制，形成合理有序的收入分配格局，建立更加公平可持续发展的社会保障制度，深化医药卫生体制改革。具体来说，社会个体保健就是要从教育、就业、分配、社会保障网、公平正义等方面不断进行完善。

一、实施素质教育，实现教育公平

教育公平是实现社会个体保健的起点。良好的素质是公民就业、创业进而获取满意收入、提高幸福指数的基础。因而，素质教育理所当然成为社会个体保健的首要方面。常言道：“知识改变命运”，而知识必须通过学习来获得，其主要获取途径当然是教育。受到良好的教育，这是每一个公民的愿望。《中华人民共和国宪法》（简称《宪法》）规定：中华人民共和国公民有受教育的权利和义务。大家都希望自己有知识、有文化、有技能，希望受到良好的教育，希望借此拥有一份满意的工作。尤其那些没有接受过良好系统教育的人，更是期望自己的子女受到良好的教育。这种想法几乎根植于每个中国人的心中。《中华人民共和国义务教育法》（简称《义务教育法》）规定：义务教育是国家统一实施的所有适龄儿童、少年必须接受的教育，是国家必须予以保障的公益性事业。实施义务教育，不收学费、杂费。凡具有中华人民共和国国籍的适龄儿童、少年，不分性别、民族、种族、家庭财产状况、宗教信仰等，依法享有平等接受义务教育的权利。教育是民族振兴和社会进步的基石。政府必须坚持教育优先发展，全面贯彻党的教育方针，坚持教育为社会主义现代化建设服务、为人民服务，把立德树人作为教育的根本任务，培养德、智、体、美全面发展的社会主义建设者和接班人。必须全面

实施素质教育，深化教育领域综合改革，着力提高教育质量，培养学生的社会责任感、创新精神、实践能力。教育是促进创业、就业的第一推动力。教育的本质是提高社会个体的道德品质、法律素质和创新创造能力、创业就业能力。教育对于每个公民来说，是就业、创业必不可少的前提条件，所受教育越多、越高，就越有机会从事满意的职业。对于整个社会来讲，素质教育全面普及和规范，不仅能够体现教育公平，安定人心，而且可以培养和提高公民的综合素质和能力，使受教育者有更多的就业机会，降低失业率，从而保持社会的稳定。这从社会管理的角度来看，它是保持社会稳定、国家长治久安的重要前提保障，其意义重大而深远。

（一）素质教育的内涵

关于人的素质的基本理论，目前主要有五种观点：一是“要素说”。认为人的素质是由品德、智力、体力等多种要素组成的。二是“构成说”。认为人的素质是由自然生理素质（先天遗传）、社会文化素质（后天习得）和心理素质（个性品格）构成的。三是“发展说”。认为人的素质是由三个发展阶段形成，即由心智全面发展（观察、记忆、思维、想象、实践能力等）到身心全面发展（生理与心理素质的统一），再到个体与社会协调发展（形成思想、能力、品格等）。四是“能力说”。认为人的素质不是各因素静态的总和，而是动态性的，其中任何一个因素的变化都会影响整体素质的变化，并且认为素质是能力（事实上，能力只是素质的外在表现）。五是“统一说”。认为人的素质是其构成要素的“质”与“量”的统一，动态与静态的统一，具有整体性、社会性与适应性。总而言之，人的素质，指的是人在先天禀赋的基础上，通过教育和社会实践活动而发展形成的人的主体性品质，即人的品德、智力、体力、审美等方面品质及其表现能力的系统整合。

所谓素质教育，是依据人的发展和社会发展的实际需要，以全面提高全体学生的基本素质为根本目的，以尊重学生个性，注重开发人的身心潜能，

注重形成人的健全个性为根本特征的教育。素质教育是以提高民族素质为宗旨的教育，它是依据《中华人民共和国教育法》（简称《教育法》）规定的国家教育方针，着眼于受教育者及社会长远发展的要求，以面向全体学生、全面提高学生的基本素质为根本宗旨，以注重培养受教育者的态度、能力，促进他们在德、智、体、美等方面生动、活泼、主动地发展为基本特征的教育。

《中华人民共和国国民经济和社会发展第十二个五年规划纲要》提出，“要坚持德育为先、能力为重，改革教学内容、方法和评价制度，促进学生德、智、体、美全面发展……实行工学结合、校企合作、顶岗实习的职业教育培养模式，提高学生就业的技能和本领”“突出培养造就创新型科技人才，围绕提高科技创新能力、建设创新型国家，以高层次创新型科技人才为重点，造就一批世界水平的科学家、科技领军人才、工程师和高水平创新团队。创新教育方式，突出培养学生科学精神、创造性思维和创新能力”。

（二）基础教育阶段的素质教育

作为基础教育的中小学教育是以提高民族素质为根本目的的国民基础教育。也就是说，中小学教育应该是素质教育，即注重公民的综合素质的培养和提高。那么，如何对中小学生进行素质教育？概括来说，主要进行以下几方面工作。

1. 坚持育人为本，德育为先

培育有理想、有道德、有文化、有纪律的“四有”新人，使其成为社会主义合格的建设者和可靠的接班人，这是党和国家对各级、各类学校提出的根本要求。中小学校必须努力探索加强思想政治教育的有效途径。首先，要充分发挥德育课优势，切实帮助学生树立正确的世界观、人生观、价值观，确立在中国共产党领导下走中国特色社会主义道路，实现中华民族伟大复兴的共同理想和坚定信念。其次，要加强班集体建设，在各种实践活动中培养

学生的集体主义精神、爱国主义精神。再次，针对社会上和学生身边的不诚信现象，深入开展诚信教育。最后，通过读报纸、看电视等各种形式了解国内外大事，无论是内政，还是外交，培养学生对社会、对国家的责任感和使命感。

2．坚持能力为重，全面发展

坚持以促进学生德智体美全面发展为宗旨，学校应全面落实课程方案，突破课程实施的薄弱环节，严格落实综合实践活动、技术、音乐、美术、体育等课程，结合实际制定普通高中选修课程建设规划，开设丰富多彩、高质量的选修课，保障学生有更多选择课程的机会。加强对学生选课的指导，引导学生选择适合个人兴趣爱好和未来发展需要的课程。在达到国家规定的基础教育基本质量要求的前提下，有条件的地区和学校可逐步提高地方课程和学校课程的设置比例。各地要因地制宜地做好地方课程和学校课程的规范管理和分类指导。

3．深化人才培养模式改革，加强学生创新精神和实践能力培养

学校应在各级政府和教育部门的督导下，继承和发扬我国教育传统优势，在夯实学生科学文化知识基础的同时，借鉴国外先进经验，加大教育改革和创新力度，进一步提高教育教学质量，着力培养学生的创新精神和实践能力。大力倡导启发式教学和探究式学习，强化学生的学习主体地位，调动学生学习的积极性、主动性，鼓励学生独立思考、积极探索，发挥学生的潜能，激发培养学生的创新思维。在加强课堂教学质量和效果的同时，进一步加强实践类课程的教学，把劳动技术、通用技术、社会实践、社区服务等作为正规课程来对待，让中小学生能够充分接触社会、接触生活、了解现实，不让孩子们成为死读书的书呆子。

4．健全和完善考试评价制度

进一步完善综合素质评价的科学方法和基本程序，加强诚信机制建设，

确保评价结果的真实性。加强对中考改革的评估和指导，强化综合素质评价结果在高中招生录取中的作用。建立普通高中学业水平考试制度，保证学生全面完成国家规定的各学科课程。深入推进高校招生考试制度改革，逐步把高中学生综合素质评价和学业水平考试的结果作为高校招生录取的重要依据。积极推进教师和学校评价制度建设，促进教师的专业成长和学校的科学发展。

5. *着重加强体育运动，增强学生体质*

近年来，许多学校仍然没有改变应试教育的陈旧观念，忽视了学校体育工作。为了给语、数、英等主科让路，擅自缩减体育课时，导致我国中小学生身体素质逐年下降。各个中小学校一定要进一步落实《中共中央国务院关于加强青少年体育增强青少年体质的意见》，让“每天锻炼一小时，健康工作五十年，幸福生活一辈子”的观念深入人心，帮助孩子们养成体育锻炼的习惯，让他们走向运动场、走进大自然、走到阳光下，释放青春活力、缓解学习压力，磨炼意志、增强体质，健康快乐地生活、学习和成长，为将来更好地服务国家和社会奠定良好的身体基础。

6. *切实加强基础教育阶段的心理健康教育*

中国科学院心理研究所王极盛教授曾对两万多名中学生进行了心理健康状况调查。他得出如下数据：中学生存在强迫现象的占33.2%；存在偏执问题者占24.8%；存在敌对、不友好方面问题者占23.1%；存在人际关系过敏问题者占31.4%；存在抑郁问题者占32.6%；有28.6%的中学生存在不同程度的焦虑问题；学习压力感存在问题者占36.6%；适应不良者占34.6%；情绪稳定方面存在问题者占35.7%；心理方面存在问题者占33.4%。总的来说，高中生比初中生问题偏多，女生的心理问题比男生多，女生有更多的强迫现象，人际关系上更敏感、更抑郁、更焦虑，感到更多的学习压力，情绪更不稳定。种种迹象表明，基础教育阶段的心理健康教育刻

不容缓。要根据学生的心理特点，建立健全心理健康教育工作机制，完善学生心理健康辅导和咨询体系，教育学生学会正确面对各种问题，妥善处理各个方面的关系，学会正确面对成功与失败、批评与赞扬，学会妥善处理与同学的关系，包括脾气秉性、兴趣爱好、思维习惯不同的人。要教育学生学会尊重自己、尊重他人、珍爱生命、友善待人、直面现实、乐观豁达，始终保持积极向上的心理状态。①

（三）高等教育阶段的素质教育

目前情况下，一提到素质教育人们就往往只联想到中小学生的素质教育，而忽略了高校大学生的素质教育问题。其实，恰恰这些即将步入社会的大学生们更需要加强素质教育，获得全面发展，从而提升就业创业能力。但是“学好数理化，走遍全天下”的观念目前仍深植于许多人头脑中。因此，在高等教育阶段文理专业划分界限明显的背景下，更需要通过多种途径与方式，加强大学生的文化素质教育。加强文化素质教育，是一种新的教育思想和观念的体现，不是一种教育模式或分类。因此，各高等学校应加强文化素质教育，将文化素质教育贯穿于大学教育的全过程，实现教育的整体优化，最终达到教书育人、管理育人、服务育人、环境育人的目的。经过实践摸索，不断总结，主要通过以下几种途径与方式来加强大学生文化素质教育。

1. 第一课堂和第二课堂相结合

第一课堂和第二课堂相结合是提高大学生文化素质的重要途径。第一课堂主要是开好文化素质教育的必修课和选修课，对理、工、农、医科学生重点开设文学、历史、哲学、艺术等人文社会科学课程；对文科学生适当开设自然科学课程。所开设课程要在传授知识的基础上，更加注重大学生人文素

---

① 马荣良，李克．中小学实施素质教育的现状及对策［J］．青少年研究（山东省团校学报），2009（3）．

质和科学素质的养成和提高。第二课堂主要是组织开展专题讲座、名著导读、名曲名画欣赏、影视评论、文艺会演、课外阅读、体育活动等丰富多彩的文化活动，以丰富学生的课余文化生活，陶冶情操，提高文化修养。

2．将文化素质教育贯穿于专业教育始终

专业课程和实践课程中蕴含着丰富的人文精神和科学精神，教师在讲授专业课时，要自觉地将人文精神和科学精神的培养贯穿于专业教育始终，充分挖掘和发挥专业课对人才文化素质养成的潜移默化作用，真正做到教书育人。同时，也要把文化素质教育有关内容渗透到专业课程教学中去，使学生在学好专业课的同时，也提高自身的文化素质。

3．加强校园人文环境建设，改善校园文化氛围

校园文化对于学生陶冶情操、砥砺德行、磨炼意志、塑造自我具有重要作用。各高等学校应重视校园人文环境建设，创建良好的校园文化环境。校园的整洁和绿化，校训和行为规范，人文景点，教室与实验室布置，图书资料建设等，都有利于形成一种良好的学术和文化氛围。同时，学校要与当地政府一起，共同治理好周边环境，提高社会环境的文化层次，使大学生从中受到感染和熏陶。

4．开展各种形式的社会实践活动

大学生参加社会实践活动是加强文化素质教育的重要方面。学校应重视大学生的社会实践活动，有计划地组织学生参观校内外的人文景点、历史博物馆、自然科学博物馆，参加社会调查、访谈等活动，参与社会服务工作，使学生在实践中提高自身的行为修养。

各高等学校应根据本校的实际情况，学习和借鉴试点高校的经验，采取行之有效的途径与方式，并在实践中积极探索，不断总结完善，将加强文化素质教育工作逐步引向深入。

（四）强化政府管理，促进教育公平

党的十八届三中全会提出，要大力促进教育公平，健全家庭经济困难学

生资助体系，构建利用信息化手段扩大优质教育资源覆盖面的有效机制，逐步缩小区域、城乡、校际差距。统筹城乡义务教育资源均衡配置，实行公办学校标准化建设和校长教师交流轮岗，不设重点学校重点班，破解择校难题，标本兼治减轻学生课业负担。当前，经济社会发展不平衡、教育投入不足、资源配置不合理、政策制度不完善等，使得我国教育不公平问题依然存在，部分群体公平受教育的机会尚未得到充分保障。政府应勇于承担责任，切实加强对教育的管理，努力实现教育公平。教育公平是社会公平的重要基础，坚持教育的公益性和普惠性是中国特色社会主义教育的显著特征。

第一，促进教育公平的基本要求，各级政府应努力实现基本公共教育服务均等化目标，不断扩大和切实保障基本的教育机会公平。在义务教育阶段，着力健全义务教育均衡发展保障机制，巩固义务教育的普及成果，统筹城乡义务教育发展，着重推进农村义务教育学校标准化建设，确保适龄儿童少年接受良好义务教育。在其他教育阶段，切实落实政府在办好学前教育中的责任，加快构建覆盖城乡、布局合理的学前教育公共服务体系。在基本普及高中阶段教育进程中，将主要面向未成年人的中等职业教育作为基础性、普惠性教育服务纳入基本公共教育服务范围，逐步实行中等职业教育免费制度，努力让广大人民群众共同享有更加均等化的基本公共教育服务。

第二，促进教育公平的根本措施是合理配置教育资源。进一步缩小城乡、区域教育发展差距，通过合理配置教育资源尤其是财政投入为主的公共教育资源，重点向农村、边远、贫困、民族地区倾斜，积极推进困难地区办学条件尽快达到国家基本标准，不断完善国家教育资助政策体系，使其全面有效覆盖各级各类学校的困难群体。

第三，促进教育公平的重要环节是坚持教育制度规则公平。促进教育公平是复杂的社会系统工程，教育制度规则公平对于教育公平至关重要。努力办好人民满意的教育的总体要求，健全保障教育公平的规则程序势在必行。

各级政府和教育行政部门在实施重大教育政策及改革举措前，坚持问政于民、问需于民、问计于民，通过预设规则程序征求社会意见，完善督导制度和监督问责机制，各级各类学校继续做好校务公开、财务公开，实施招生考试“阳光工程”，建设现代学校制度，积极发挥社会组织在教育公共治理中的作用。此外，民办教育是我国教育事业发展的重要增长点和促进教育改革的重要力量，支持社会力量积极探索办学体制和育人模式创新，提高质量办出特色。这都需要全面推进依法治教和依法治校，坚持用规范管理维护教育公平，为努力办好人民满意的教育奠定更好的制度基础，营造更好的社会氛围。①

二、促进就业创业，维护社会和谐稳定

就业是社会个体保健的基础，“就业是民生之本，促进就业是安国之策”。党的十八届三中全会提出，要健全促进就业创业体制机制。建立经济发展和扩大就业的联动机制，健全政府促进就业责任制度。规范招人用人制度，消除城乡、行业、身份、性别等一切影响平等就业的制度障碍和就业歧视。完善扶持创业的优惠政策，形成政府激励创业、社会支持创业、劳动者勇于创业的新机制。完善城乡均等的公共就业创业服务体系，构建劳动者终身职业培训体系。增强失业保险制度预防失业、促进就业功能，完善就业失业监测统计制度。创新劳动关系协调机制，畅通职工表达合理诉求渠道。

党的十八届三中全会还提出，促进以高校毕业生为重点的青年就业和农村转移劳动力、城镇困难人员、退役军人就业。结合产业升级开发更多适合高校毕业生的就业岗位。政府购买基层公共管理和社会服务岗位更多用于吸纳高校毕业生就业。健全鼓励高校毕业生到基层工作的服务保障机制，提高

---

① 如何大力促进教育公平[Z/OL].[2013－02－08].http://news.xinhuanet.com/politics/2013－02/08/c_114654161.htm.

公务员定向招录和事业单位优先招聘比例。实行激励高校毕业生自主创业政策，整合发展国家和省级高校毕业生就业创业基金。实施离校未就业高校毕业生就业促进计划，把未就业的纳入就业见习、技能培训等就业准备活动之中，对有特殊困难的实行全程就业服务。

党中央、国务院始终高度重视就业工作。特别是党的十六大以来，坚持以人为本、全面协调可持续的科学发展观，把促进就业作为保障和改善民生的头等大事，确立了就业优先发展战略，制定实施了具有中国特色的积极就业政策，健全了促进就业的法律体系，构建了社会主义市场经济条件下促进就业的体制机制框架，建立了面向全体劳动者的职业培训体系，形成了覆盖城乡的公共就业和人才服务体系。就业工作取得了以下举世瞩目的新成就。

一是保持了就业规模持续扩大和就业形势基本稳定。2003 年至 2011 年的 9 年间，全国城镇新增就业人数累计达 9 800 万，城镇登记失业率始终保持在 4.3% 以下的较低水平。作为世界上人口最多的发展中国家，实现就业规模持续扩大和就业形势持续稳定是中国就业史上的辉煌篇章，充分体现了社会主义制度的巨大优越性。

二是妥善解决了国有企业下岗职工再就业问题。通过实施积极的就业政策，3 000 万国有企业下岗职工得到妥善安置，先后有 2 800 多万下岗失业人员顺利实现再就业。基本解决国有企业改革遗留的下岗职工再就业问题，有力促进了国有企业改革发展，有效保障了社会安定。

三是推进农村富余劳动力的有序转移。坚持实施统筹城乡的就业政策，深化户籍制度改革，积极推动农业劳动力的有序转移。2011 年底全国农民工总量达到 2.5 亿多人，比 2003 年底增加 1.39 亿人，有力推动了我国工业化、城镇化和农业现代化进程，大幅度提高了农民收入，极大地改善了农民生活。

四是实现高校毕业生稳定就业。坚持把高校毕业生就业摆在现阶段就业工作的首位，出台了一系列扶持政策和措施，营造了有利于高校毕业生就业创业的制度环境。2003 年至 2011 年，4 000 多万高校毕业生实现稳定就业，既化解了新一轮就业高峰压力，也很好地发挥了高素质人力资源在经济社会发展中的作用。

近十年来，就业创业工作深化了党和政府对就业工作规律的认识，积累了许多宝贵经验，走出了一条符合中国实际的就业发展路子。主要包括以下重要经验和有效做法。

一是坚持促进经济发展与扩大就业相结合。经济发展是带动就业的“火车头”。坚持科学发展，促进经济发展与扩大就业良性互动，使经济平稳较快发展的过程成为就业不断扩大的过程。2003 年至 2011 年，我国年均经济增长速度达 10.7%，年均城镇新增就业 1 000 多万人。就业规模的不断扩大，提高了居民收入，扩大了国内需求，充分发挥了人力资源的作用，有效促进了经济持续快速发展。

二是坚持发挥市场机制作用与强化政府责任相结合。一方面，切实改革统包统配为基础的就业制度，确立劳动者自主择业、市场调节就业、政府促进就业的工作方针，建立全国统一的劳动力市场和市场导向的就业机制，鼓励劳动者通过市场自主就业、自主创业。另一方面，切实履行政府促进就业的责任，通过促进经济发展、调整产业结构，创造更多就业岗位；通过税费减免、小额担保贷款、社会保险补贴、岗位补贴等政策，鼓励自主创业、鼓励企业吸纳就业；通过职业介绍补贴、职业培训补贴政策，强化就业服务和职业培训，创造有利于稳定扩大就业的制度环境。

三是坚持统筹城乡就业发展。坚持把农村富余劳动力转移就业摆在十分重要的位置，废止《城市流浪乞讨人员收容遣送办法》，取消针对农民工流动就业的凭证管理制度和相关收费，将农民工就业服务、就业指导、职业培训纳入公共服务体系；大规模开展清理拖欠农民工工资行动，建立最低工资

制度、最低工资标准正常调整机制和农民工工资支付保障机制；积极解决农民工子女教育、社会保障、进城落户等问题，推行职业培训、就业服务、劳动维权三位一体的工作机制，大力促进农村劳动力在非农产业转移就业。

四是坚持大力发展职业教育。建成世界上最大规模的职业教育体系，形成企业、职业院校和各类培训机构共同参与的职业教育基本格局。不断调整优化教育结构，把发展职业教育放在重要位置，扩大职业教育招生规模。目前全国中等和高等职业教育招生每年超过 1 200 万人，中职招生占高中阶段教育招生的比例达到一半，高职招生占高等教育招生比例接近一半。采取多种形式加强职业培训，提高职工就业、再就业能力。每年参加各种类型培训的超过 1. 5 亿人次。十年来，全国共有 9 300 多万人取得职业资格证书。

作为世界上人口最多、劳动力数量最大的发展中国家，解决就业问题是一项长期、复杂、艰巨的任务。当前和今后一个时期，我国劳动力供求总量矛盾和结构性矛盾并存、长期矛盾和短期问题相互叠加、城镇就业压力与农村富余劳动力转移压力以及高校毕业生就业压力交织的基本状况难以改变，促进劳动者充分就业的任务仍然十分繁重。在我国全面建设小康社会的关键时期，和深化改革开放、加快转变发展方式的攻坚时期，促进就业对于保障和改善民生、促进社会和谐稳定具有十分重要的意义。具体的措施有如下五点。

一是坚持就业优先战略，继续实施更加积极的就业政策。坚持把促进充分就业作为经济社会发展的优先目标，选择有利于扩大就业的经济社会发展战略和相关政策。在制定国民经济发展规划、调整产业结构和产业布局时，优先考虑扩大就业规模、改善就业结构、创造良好就业环境的需要，探索建立经济政策对就业影响的评价机制。更加注重政府公共投资对就业的拉动作用，建立政府投资和重大项目促进就业的考核机制，继续实施更加积极的就业政策。实行更加有利于促进就业的财政税收政策、金融支持政策、社会保

障政策和对外贸易政策，实施鼓励劳动者多渠道、多形式就业创业的扶持政策。强化政府促进就业的责任，加强对就业工作的组织领导，充分发挥促进就业工作协调机制的作用，把就业完成情况纳入政府综合考核体系。适应城乡公共就业服务均等化的要求，加强公共就业人才服务体系建设，改善和提升公共就业服务质量。

二是保持经济平稳较快发展，增强经济发展对就业的拉动作用。经济发展是就业的基础和根本保障，解决我国的就业问题归根到底要靠发展经济。保持一定的经济发展速度，是扩大和稳定就业的根本前提。抓住重要战略机遇期，加强和改善宏观调控，正确处理保持经济平稳较快发展、调整经济结构和管理通胀预期三者的关系，进一步扩大国内需求特别是消费需求，保持经济平稳较快发展，为扩大就业创造良好的经济发展环境。在转变经济发展方式和推动经济结构调整中扩大就业，更加注重发展实体经济，鼓励发展就业容量大的劳动密集型产业、服务业，大力发展知识密集型、技术密集型的战略性新兴产业。在统筹城乡发展，积极稳妥推进工业化、城镇化和农业现代化中扩大就业，创造更多城乡就业机会。

三是加大工作和政策力度，着力解决好重点群体就业问题。继续把促进高校毕业生就业摆在当前就业工作的首位，抓好各项扶持政策的贯彻落实，加强就业指导和服务，积极拓展高校毕业生就业领域，保持较高初次就业率，引导毕业生转变观念，支持和鼓励更多毕业生到城乡基层、中小企业、中西部地区、艰苦边远地区就业创业。推进农村富余劳动力转移就业，进一步完善职业培训、就业服务、劳动维权三位一体的工作机制，逐步解决好农民工在城镇就业、落户、子女就学、社会保障等方面的实际问题，积极稳妥地推进农民工城镇化进程。强化对就业困难人员的就业援助，继续做好复员转业军人安置就业工作，加强妇女、少数民族群众、残疾人等就业工作。

四是积极扶持中小企业发展，促进以创业带动就业。中小企业特别是小

型微型企业，是稳定扩大就业的主力军。认真落实针对小型微型企业的税收优惠政策，清理不合理收费，切实减轻企业负担。扩大对小型微型企业贷款，完善金融体系结构，逐步缓解和解决小型微型企业融资难问题。改善对小型微型企业的公共服务，支持企业提高技术和管理水平，增强发展后劲和市场竞争力。放宽市场准入，简化审批手续，优化小型微型企业发展环境。激发高校毕业生、科技人员、返乡农民工等人员的创业动力，加大创业培训和创业服务力度，更好落实完善鼓励创业的扶持政策，营造有利于创业的环境，提高创业成功率。

五是大力兴办职业教育和技能培训，全面提升劳动者就业能力。职业教育是直接解决就业的教育，是提高技能的教育，是面向人人的教育。加强职业教育和职业培训是促进就业特别是解决就业结构性矛盾的有效手段。要紧密结合市场需求，统筹推动就业技能培训、岗位技能提升培训和创业培训，积极探索现代学徒制培训，加快构建劳动者终身职业培训体系，使城乡劳动者都能得到有针对性的培训，提升职业技能水平。坚持政府主导，充分发挥行业企业、职业院校和培训机构的作用。要大力加强高技能人才队伍建设，培养造就一支数量充足、结构合理、技艺精湛的高技能人才队伍，并带动中、初级技能劳动者队伍建设。高等教育要与就业需求更加紧密结合起来，加快由注重招生规模扩张向注重人才培养质量和就业市场需求转变，创新人才培养体制、办学体制、教育管理体制，调整专业设置，强化实践教学，加强就业指导，加大实习实训力度，更好地适应就业市场需求和经济社会发展需要。适应农业现代化和建设社会主义新农村的需要，大力发展农村义务教育，加强农村职业教育和农民技能培训，着力培养有文化、懂技术、会经营的新型农民，促进农业增产、农民增收、农村发展。[①]

---

① 温家宝．促进就业是保障和改善民生的头等大事[EB/OL]．[2012-07-22]．http://www.gov.cn/ldhd/2012-07/22/content_2189273.htm.

三、合理分配财富，完善利益格局

党的十八大指出：实现发展成果由人民共享，必须深化收入分配制度改革，努力实现居民收入增长和经济发展同步、劳动报酬增长和劳动生产率提高同步，提高居民收入在国民收入分配中的比重，提高劳动报酬在初次分配中的比重。初次分配和再分配都要兼顾效率和公平，再分配更加注重公平。完善劳动、资本、技术、管理等要素按贡献参与分配的初次分配机制，加快健全以税收、社会保障、转移支付为主要手段的再分配调节机制。深化企业和机关事业单位工资制度改革，推行企业工资集体协商制度，保护劳动所得，多渠道增加居民财产性收入。规范收入分配秩序，保护合法收入，增加低收入者收入，调节过高收入，取缔非法收入。党的十八届三中全会也提出，要紧紧围绕更好保障和改善民生、促进社会公平正义深化社会体制改革，改革收入分配制度，促进共同富裕。

经过三十多年的改革开放，我国国民经济得到快速发展，人民的生活水平在总体上不断提高。但同时贫富差距日益拉大，虽然采取了一些收入分配的调整措施，但是贫富扩大的趋势并没有得到扭转，分配不公成为深化经济改革的最大障碍。改革开放以来，我国始终坚持的基本收入分配原则是："效率优先，兼顾公平"。党的十八大之后则强调：坚持注重效率，维护公平。初次分配和再分配都要兼顾效率和公平，初次分配要注重效率，再分配要更加注重公平，提高公共资源配置效率，缩小收入差距。因此，关于社会财富分配的原则应该注意以下几个方面：

一是在国民收入初次分配中充分体现效率。在市场经济条件下，人们具有追求物质利益的本性，要求实现个人利益最大化。在此情况下，最有效的经济手段就是按照市场原则和生产要素的贡献获取收入，让贡献大者获得更多收入，激发其劳动和经营的积极性，在政策上要鼓励一部分人通过诚实劳

动和合法经营先富起来。

二是在国民收入再分配和三次分配中体现公平。初次分配中讲求效率必然带来收入差距的扩大，要缩小收入差距就需要利用再分配的政策措施，包括对高收入者征收各种调节税，对低收入者和贫困地区实行转移支付，如提供社会保险、社会救助和临时性的社会捐助等，目的是缩小初次分配中的收入差距。

三是通过立法规范分配秩序，调节不合理的分配行为。要从强化立法执法手段、完善政策制度建设入手，限制某些垄断行业不合理收入，堵塞某些地区、部门、单位非正当、非正常收入的渠道，规范分配秩序，保证社会财富分配的公平。

四是把握好追求效率和公平的力度。我们始终坚持“效率优先，兼顾公平”的分配原则。在人们可承受的范围内都可以以效率为主，当人们难以承受时就必须注重公平的尺度。无论是侧重效率，还是侧重公平，都要适度。不能因为过分强调效率而忽视公平，也不能因为过分强调公平而不讲效率，二者都要符合人们的可接受程度。侧重效率，并不意味着可以通过非法手段获得财富；侧重公平，也不意味着要劫富济贫，搞平均主义。

鉴于目前社会财富分配不公已经成为我国社会的主要问题，甚至一定程度上已经在激化社会矛盾，阻碍着经济发展和社会的协调、均衡、稳定发展。因此，国家必须深化收入分配制度改革，进一步合理分配社会财富，完善利益格局，促进经济社会发展，维护社会公平正义与和谐稳定。

（一）国民收入初次分配

所谓初次分配，指国民总收入（即国民生产总值，GNP）直接与生产要素相联系的分配。任何生产活动都离不开劳动力、资本、土地和技术等生产要素，在市场经济条件下，取得这些要素必须支付一定的报酬，这种报酬就形成各要素提供者的初次分配收入。主要包括居民提供生产要素所得报酬收入，政府利用国家权力对货物和服务的生产和再生产所征收的生产税和进口税形成的初次分配收入，企业在扣除其固定资产消耗和其他运营成本及税收后的净营业盈余形成的初次分配收入。初次分配主要由市场机制形成，生产要素价格由市场供求状况决定，政府通过税收杠杆和法律法规进行调节和规范，一般不直接干预初次分配。初次分配着力提高就业者的收入，提高居民收入在国民收入分配中的比重和劳动报酬在初次分配中的比重［我国劳动者报酬仅占国内生产总值（GDP）的40%，美国则为60%。在国民收入初次分配中，发达国家劳动报酬在国民收入中所占的比重一般在55%以上，在我国目前则不到42%，并呈逐年下降趋势，资本回报的比重却节节上扬］。

初次分配是基础性的分配，是在全社会各种微观单位内部分散进行的分配。在整个国民收入分配中，初次分配的数额要比二次分配大得多，涉及面也广得多。初次分配的大格局一旦确定下来，二次分配是无力从根本上改变的，只能在此格局基础之上通过财政收支和转移支付手段在局部或一定环节上做出调整和修正。

国民收入的初次分配是在创造它的物质生产领域进行的分配，体现了各种生产要素对社会生产总成果的贡献份额，反映出各生产要素所有者之间的基本利益关系。经过这次分配得到的收入，也称原始收入。初次分配主要由市场机制形成，政府通过税收杠杆和法律法规进行调节和规范，一般不直接干预初次分配。初次分配的公平，不仅要解决资本、技术、管理、劳动等各种生产要素初次分配的公平问题，更要解决环境、生态在初次分配中的公平问题。只有解决了初次分配中的公平问题，才能真正从经济效率的观点向社会整体效率的观点转变，才能真正实现和谐社会。

那么，在这种情况下初次分配的政策又将如何选择呢？

从我国的实际情况出发，当前初次分配政策取向还是要解决市场扭曲和市场不完善的问题。所谓市场扭曲，主要是就劳动力市场和资本市场而言

的。现在劳动力市场存在着各种各样的分割，存在着工资的扭曲，存在着对农民工的歧视，存在着对女性劳动力的歧视，存在着劳动力流动的障碍，存在着同工不同酬的现象。我们的资本市场也是一个不完善的市场，还缺少竞争性，从而造成了很多中小企业难以得到相应的贷款，而中小企业的发展对于扩大就业和缩小收入差距都发挥着积极作用。必须解决市场扭曲和市场不完善的问题，才能使初次分配趋于公平。

此外，资源价格的扭曲问题也是导致初次分配不合理的一个原因，一些部门和行业之所以保持其垄断地位，很大程度上是和资源价格的扭曲相关的。因此，要从完善市场的角度打破垄断的角度来考虑相关的政策措施。特别强调的是，政府应该出台切实可行的法规来解决垄断行业工资过高的问题，需求办法打破垄断，制定更加合理的资源价格。还有，提高劳动报酬份额的最有效措施是加强对劳动力的培训，因为低工资的就业者大多是人力资本相对不足、教育水平偏低、没有技能的群体。提高这个群体工资水平的办法，一方面是减少对他们的就业歧视、工资歧视和社会保障方面的歧视，另一方面是提高他们的人力资本和工作技能。

政府在国民收入初次分配中要重点做好以下几个方面工作：一是明确整体思路，力争做到明显增加低收入者的收入，持续扩大中等收入群体，加大对高收入者的税收调节力度。二是针对重点领域严加管控。严格规范国有企业、国有控股金融机构经营管理人员特别是高层管理人员的收入，加强对部分行业工资总额和工资水平的双重调控，控制其不合理增长。三是政府应当加大国民收入分配格局调整力度，提高居民收入在国民收入中的比重，提高个人工资在初次分配中的比重。四是政府应出台鼓励政策，创造更多的机会实现充分就业，建立和完善职工工资正常增长机制，为职工劳动报酬的稳定增长提供保障。五是政府应当加大对社会保障的投入，降低企业和职工缴纳比例，企业省下来的钱就可用于给职工涨工资，职工省下来的钱就变成了可支配收入。双管齐下，劳动者收入提高的幅度就会比较明显。同时，社保缴费降低了，也可以使更多人有能力参加社保，扩大社保覆盖面。

（二）国民收入二次分配

国民收入二次分配也称为国民收入的再分配，主要是发生在就业者（包括雇主和雇员）与非就业者（包括已经失去劳动能力者和作为就业者边缘群体的失业者）之间。再分配是指经济主体不必直接通过劳动而可依法获得的收入，如退休工资、（官员的）退休金、失业补贴等；或是国家或其他经济主体自愿的资助。把功能收入中的一部分拿出来通过税收和社会保险系统进行重新分配，构成了初次收入分配之后的二次收入分配。

那么如何搞好二次分配呢？一要加快改变个人所得税征收“逆向调节”现象，合理调整个人所得税税基和税率结构，提高工资薪金所得费用扣除标准，减轻中低收入者的税收负担。我国现阶段实行的个人所得税制是分类税制，个人所得税有 11 项收入所得，除了代扣代缴的工资、薪金，还包括劳务报酬所得、稿酬所得、财产转让所得、财产租赁所得等 10 种，但由于征管方式落后，个人所得税中其他收入尤其是高收入者的收入难以严格征缴。2009 年 6 300 多亿个税中，工资、薪金项目占 40% 以上，工薪阶层成为实际纳税主体，而涵盖高收入人群的“其他征税项目”，如承包承租经营所得、劳务报酬所得、稿酬所得等项，贡献率仅占 11%。央行顾问李稻葵指出，当前个税设计非常不合理，事实上已经沦为工资税。二要尽快废除社会养老保险的双轨制。目前，我国公务员与企业职工享受不同的养老制度：公务员的养老金全部由国家财政支付，企业职工的养老金需由企业和职工本人按月缴纳；而退休后，公务员领取的养老金是企业职工的 2～3 倍。养老双轨制是特定历史时期的产物，目前已不适应经济社会发展需要，存在诸多弊端。事实上，2008 年国家就确定在山西、上海、浙江、广东、重庆等地进行事业单位养老保险制度改革试点。要求对事业单位进行分类，有行政职能的纳入公

务员劳动保障体系，具有经营性质的事业单位，参照企业职工保障制度进行改革。然而，“事改企”改革推进缓慢，至今未能推广至全国。同时，公务员也没有参与其中。只有在进一步提高企业职工养老金发放水平的同时，将公务员纳入社会保险范围，实行与企业职工相同的社会养老保险体系，确保公务员和企业职工在养老金缴纳、享受上实行相同的制度，使养老“双轨制”走向并轨，才能维护社会公平正义与和谐稳定。三要大力遏制隐性福利、“三公”消费、灰色收入和垄断利润（此四项放大贫富差距1～2倍）。党政机关工作人员和事业单位人员不用交纳社会保障资金，却可以享受相对较高的社会保障，例如退休后即可领取的退休金。这相对于非机关事业单位来说，就是隐性福利。“三公”消费当中，至少其中的一部分，也属于一种隐性福利，而隐性福利就相当于一种灰色收入。这种利用公权力而获得的利益必然导致社会收入分配上的不公。在我国，某些行业如石油、烟草、盐业、电信、金融、供热、自来水、煤气、电力、航空、铁路等依靠公权力取得垄断地位，进而获得垄断利润。这些行业所取得的垄断地位，不是依靠技术创新，也不是依靠资本投入，而是依靠行政权力阻挠市场竞争的结果。近年来，某些垄断行业不仅工资水平偏高，而且工资增长过快，与普通行业的收入差距进一步扩大，应引起高度重视，并采取措施加以调节。四要建立公共资源出让收益及国企利润全民共享机制，特别要注意充分保护农民的现实利益。具体来说，就是要加大对“三农”的财政支持力度，落实支农政策，加大财政投入，扩大农业补贴，加大扶持力度，加强资金管理，提高资金效益，改善金融服务，拓宽融资渠道。提高农业综合效益，增加从事农业生产经营的收入。推动农民创业、就业，并对招收本地农民工的企业在社保、工伤保险、岗位培训等方面给予一定的资助或补贴。壮大农村集体经济实力，增加农民的“租金、股金”。建立健全农村社会保障体系，增加农民的“保障金”。按照形成城乡经济社会发展一体化新格局的要求，根据财政的实际承受能力，进一步提高农村社会保障水平，积极探索建立城乡一体化的社会保障体系，增加农民保障性收入。

（三）国民收入第三次分配

为区别现有的“一次分配”和“二次分配”，有学者把“慈善事业机制”称为“三次分配”机制。所谓第三次分配，是指动员社会各方面的力量，调动各方面的积极性，建立社会救助、民间捐赠、慈善事业、志愿者行动等多种形式的制度和机制，是社会互助对于政府调控的补充。

要缩小财富差距，就应当有三次分配。初次分配一定要效率优先，就是要让那些有知识、善于创新并努力工作的人得到更多的劳务报酬，首先富裕起来。二次分配一定要讲公平，政府应当利用税收等手段来帮助弱势群体，建立全面、系统、适度、公平和有效的社会保障体系，从而缩小初次分配造成的过大的收入和财富差距。三次分配一定要讲自愿和社会责任，也就是说第三次分配一方面是自发的，一方面是责任的体现。富人应当在自愿的基础上拿出自己的部分财富，帮助穷人改善生活、教育和医疗条件。这是感恩社会、回馈社会、对社会负责的体现。

第三次分配是建立在自愿性的基础上，以募集、自愿捐赠和自主等慈善公益方式对社会资源和社会财富进行的分派，它依靠“精神力量”，奉行“道德原则”。第三次分配主要是对前两种分配的补充，对缩小社会差距，实现更合理的收入分配和公平有重要意义。一是通过对低收入群体技术要素的补给，即提供慈善培训增强其技能，通过资本要素补给，给予他们一定的创业资本，从而提高低收入者收入水平，调节差距，而且其本身也符合市场效率要求，能总体上增加社会财富。二是通过第三次分配可以弥补因税收问题造成的收入差距，同时高收入者的无偿捐赠势必会直接减少他们在整个社会中所占的收入比重；可以弥补因政府转移支付造成的收入差距。慈善在教育方面发挥着较大作用（如希望工程），一方面直接减轻了低收入群体的教育

负担，另一方面为家庭成员获得发展提供物质保障，从长远角度看是一种智力救困；此外也是对政府社会保障的有力补充，客观上缩小了收入差距。

政府在第三次分配中要加强引导作用。第一，应该建立一套既符合国际惯例又具有中国特色的税收减免机制，完善三次分配的相关税收制度。第二，加强对捐赠组织的建设和政策扶持，提高慈善组织运作效率。第三，制定和完善与三次分配相关的法律、法规，加强监督和管理，促使三次分配制度化、法制化。第四，引导建立与“构建社会主义和谐社会”相适应的社会文化，使中国传统慈善文化个体的恻隐之心发展成为有意识、有组织的活动，强化慈善意识。

作为企业，在第三次分配中，要兼顾慈善和效益两个方面。首先，应注意提高自身形象，重视慈善计划、设计以及宣传，营造良好的社会形象；其次，应将参与公益事业作为企业文化来建设，树立与社会发展相适应的道德观念、行为准则，形成良好的企业文化；再次，应培养自身社会责任意识，树立现代企业社会价值观。

作为有一定经济条件的个人，在第三次分配中，要量力而行，“不以善小而不为”。公民应加强自身的奉献意识、道德意识，为社会安定团结做出贡献，同时还应以自身带动他人，在全社会形成良好的文化氛围，从而形成社会整体性的高尚意识。

总之，政府、企业、个人作为三次分配不同类型的主体，都应该努力提高责任意识，积极参与三次分配，促进社会和谐稳定。

合理分配财富，完善利益格局是一个“利益导流”的系统工程，以上任何一项分配机制出现问题，都会导致“蛋糕”分配不公，引发公众情绪和社会问题。因此必须进一步促使社会财富合理分配，完善社会利益格局。

四、科学设计“社会保障网”

前面阐述的素质教育以及以此为基础的就业、创业所带来的个人财富是实现社会个体保障基础。拥有了这些个人财富，既要考虑解决基本的吃穿需要，也要考虑解决住行的需要；既要考虑健康状态下的需要，又要考虑到患病状态下的需要；既要考虑解决个人当前消费需要，又要兼顾其未来保障的需要。因此，仅仅建立教育、就业、分配保健预防机制还不够，必须从解决关系人民群众切身利益的问题入手，着力构建社会保障的安全网。

（一）“社会保障网”的基本内容

1．社会保险

社会保险在社会保障体系中居于核心地位，它是社会保障体系的重要组成部分，是实现社会保障的基本纲领。社会保险的目的是保障被给付者的基本生活需要，属于基本性的社会保障，其对象是法定范围内的社会劳动者。社会保险的基本特征是补偿劳动者的收入损失。社会保险的资金主要来源于用人单位（雇主）、劳动者（雇员）依法缴费及国家资助和社会募集。为保障公民在年老、疾病、工伤、失业、生育等情况下依法从国家和社会获得物质帮助的权利，《中华人民共和国社会保险法》（简称《社会保险法》）明确规定国家建立基本养老保险、基本医疗保险、工伤保险、失业保险、生育保险等社会保险制度。

（1）基本养老保险。

基本养老保险是国家根据法律、法规的规定强制建立和实施的一种社会保险制度，在这一制度下，用人单位和劳动者必须依法缴纳养老保险费，在劳动者达到国家规定的退休年龄或因其他原因而退出劳动岗位后，社会保险经办机构依法向其支付养老金等待遇，从而保障其基本生活。

国有企业、城镇集体企业、外商投资企业、城镇私营企业和其他城镇企业及其职工，实行企业化管理的事业单位及其职工，应当参加基本养老保险，由用人单位和职工共同缴纳基本养老保险费。无雇工的个体工商户、未在用人单位参加基本养老保险的非全日制从业人员以及其他灵活就业人员可

以参加基本养老保险，由个人缴纳基本养老保险费。

基本养老保险实行社会统筹与个人账户相结合。基本养老保险基金由用人单位和个人缴费以及政府补贴等组成。用人单位应当按照国家规定的本单位职工工资总额的比例缴纳基本养老保险费，记入基本养老保险统筹基金。职工应当按照国家规定的本人工资的比例缴纳基本养老保险费，记入个人账户。无雇工的个体工商户、未在用人单位参加基本养老保险的非全日制从业人员以及其他灵活就业人员参加基本养老保险的，应当按照国家规定缴纳基本养老保险费，分别记入基本养老保险统筹基金和个人账户。国有企业、事业单位职工参加基本养老保险前，视同缴费年限期间应当缴纳的基本养老保险费由政府承担。基本养老保险基金出现支付不足时，政府给予补贴。个人账户不得提前支取，记账利率不得低于银行定期存款利率，免征利息税。个人死亡的，个人账户余额可以继承。

基本养老金由统筹养老金和个人账户养老金组成。基本养老金根据个人累计缴费年限、缴费工资、当地职工平均工资、个人账户金额、城镇人口平均预期寿命等因素确定。参加基本养老保险的个人，达到法定退休年龄时累计缴费满十五年的，按月领取基本养老金。参加基本养老保险的个人，达到法定退休年龄时累计缴费不足十五年的，可以缴费至满十五年，按月领取基本养老金；也可以转入新型农村社会养老保险（简称“新农保”）或者城镇居民社会养老保险，按照国务院规定享受相应的养老保险待遇。参加基本养老保险的个人，因病或者非因工死亡的，其遗属可以领取丧葬补助金和抚恤金；在未达到法定退休年龄时因病或者非因工致残完全丧失劳动能力的，可以领取病残津贴。所需资金从基本养老保险基金中支付。

国家建立基本养老金正常调整机制。根据职工平均工资增长、物价上涨情况，适时提高基本养老保险待遇水平。个人跨统筹地区就业的，其基本养老保险关系随本人转移，缴费年限累计计算。个人达到法定退休年龄时，基本养老金分段计算、统一支付。①

国家建立和完善新型农村社会养老保险制度。新型农村社会养老保险制度，实行个人缴费、集体补助和政府补贴相结合。新型农村社会养老保险待遇由基础养老金和个人账户养老金组成。参加新型农村社会养老保险的农村居民，符合国家规定条件的，按月领取新型农村社会养老保险待遇。

（2）基本医疗保险。

基本医疗保险是社会保险的主要险种之一，伴随着社会保险法律体系的创建而诞生。基本医疗保险在保障居民基本医疗安全、提高居民人力资本水平、促进劳动力再生产和社会和谐等方面都发挥着重要作用。

职工应当参加职工基本医疗保险，由用人单位和职工按照国家规定共同缴纳基本医疗保险费。无雇工的个体工商户、未在用人单位参加职工基本医疗保险的非全日制从业人员以及其他灵活就业人员可以参加职工基本医疗保险，由个人按照国家规定缴纳基本医疗保险费。

基本医疗保险费由用人单位和个人共同缴纳，体现国家社会保险的强制特征和权利与义务的统一。医疗保险费由单位和个人共同缴纳，不仅可以扩大医疗保险资金的来源，更重要的是明确了单位和职工的责任，增强个人自我保障意识。这次改革中国家规定了用人单位缴费率和个人缴费率的控制标准：用人单位缴费率控制在职工工资总额的6%左右，具体比例由各地确定，职工缴费率一般为本人工资收入的2%。

基本医疗保险基金由社会统筹使用的统筹基金和个人专项使用的个人账户基金组成。个人缴费全部划入个人账户，单位缴费按30%左右划入个人账户，其余部分建立统筹基金。个人账户专项用于本人医疗费用支出，可以结转使用和继承，个人账户的本金和利息归个人所有。

---

① 中华人民共和国社会保险法[A/OL].[2010－10－28].http://www.gov.cn/jrzg/2010－10/28/content_1732870.htm.

统筹基金和个人账户确定各自的支付范围，统筹基金主要支付大额和住院医疗费用，个人账户主要支付小额和门诊医疗费用。统筹基金要按照“以收定支、收支平衡”的原则，根据各地的实际情况和基金的承受能力，确定起付标准和最高支付限额。

基本医疗保险支付范围仅限于规定的基本医疗保险药品目录、诊疗项目和医疗服务设施标准内的医疗费用；对提供基本医疗保险服务的医疗机构和药店实行定点管理；社会保险经办机构与基本医疗保险服务机构（定点医疗机构和定点零售药店）要按协议规定的结算办法进行费用结算。

参加职工基本医疗保险的个人，达到法定退休年龄时累计缴费达到国家规定年限的，退休后不再缴纳基本医疗保险费，按照国家规定享受基本医疗保险待遇；未达到国家规定年限的，可以缴费至国家规定年限。

另外，国家建立和完善了城镇居民基本医疗保险制度。城镇居民基本医疗保险实行个人缴费和政府补贴相结合。享受最低生活保障的人、丧失劳动能力的残疾人、低收入家庭六十周岁以上的老年人和未成年人等所需个人缴费部分，由政府给予补贴。①

除此之外，国家建立和完善了新型农村合作医疗制度。新型农村合作医疗制度实行个人缴费、集体扶持和政府资助相结合的筹资机制。农民个人每年的缴费标准不低于 10 元，经济条件好的地区可相应提高缴费标准。在资金管理方面，农村合作医疗基金是由农民自愿缴纳、集体扶持、政府资助的民办公助社会性资金，要按照以收定支、收支平衡和公开、公平、公正的原则进行管理，必须专款专用，专户储存，不得挤占挪用。农村合作医疗基金主要补助参加新型农村合作医疗的农民的大额医疗费用或住院医疗费用。有条件的地方可实行大额医疗费用补助与小额医疗费用补助相结合的办法，既

---

① 中华人民共和国社会保险法[A/OL].[2010－10－28].http://www.gov.cn/jrzg/2010－10/28/content_1732964.htm.

提高抗风险能力，又兼顾农民受益面。对参加新型农村合作医疗的农民，年内没有动用农村合作医疗基金的要安排进行一次常规性体检。

社会保险行政部门和卫生行政部门应当建立异地就医医疗费用结算制度，方便参保人员享受基本医疗保险待遇。

（3）工伤保险。

工伤保险是社会保险制度中的重要组成部分，是指劳动者在工作中或在规定的特殊情况下，遭受意外伤害或患职业病导致暂时或永久丧失劳动能力以及死亡时，劳动者或其遗属从国家和社会获得物质帮助的一种社会保险制度。

工伤保险由用人单位缴纳工伤保险费，职工不缴纳工伤保险费。国家根据不同行业的工伤风险程度确定行业的差别费率，并根据使用工伤保险基金、工伤发生率等情况在每个行业内确定费率档次。

社会保险经办机构根据用人单位使用工伤保险基金、工伤发生率和所属行业费率档次等情况，确定用人单位缴费费率。用人单位按照本单位职工工资总额，根据社会保险经办机构确定的费率缴纳工伤保险费。职工因工作原因受到事故伤害或者患职业病，且经工伤认定的，享受工伤保险待遇；其中，经劳动能力鉴定丧失劳动能力的，享受伤残待遇。

（4）失业保险。

失业保险制度是国家通过立法强制实施，由社会集中建立失业保险基金，对非因本人意愿中断就业失去工资收入的劳动者提供一定时期的物质帮助及再就业服务的一项社会保险制度。它是社会保障体系的重要组成部分，是社会保险的重要项目之一。

失业社会保险是为遭受失业风险，暂时丧失工资收入的失业者设计的，因而失业保险覆盖范围主要应是劳动者。失业保险适用于城镇企业事业单位及其职工，由用人单位和职工按照国家规定共同缴纳失业保险费。失业人员

要领取失业保险金，需同时具备三个条件：失业前用人单位和本人已经缴纳失业保险费满一年的；非因本人意愿中断就业；依法办理了失业保险登记，并有求职要求的。

失业人员失业前用人单位和本人累计缴费满一年不足五年的，领取失业保险金的期限最长为十二个月；累计缴费满五年不足十年的，领取失业保险金的期限最长为十八个月；累计缴费十年以上的，领取失业保险金的期限最长为二十四个月。重新就业后，再次失业的，缴费时间重新计算，领取失业保险金的期限与前次失业应当领取而尚未领取的失业保险金的期限合并计算，最长不超过二十四个月。

失业保险金的标准由省、自治区、直辖市人民政府确定，不得低于城市居民最低生活保障标准。

失业人员在领取失业保险金期间，参加职工基本医疗保险，享受基本医疗保险待遇。失业人员应当缴纳的基本医疗保险费从失业保险基金中支付，个人不缴纳基本医疗保险费。

失业人员在领取失业保险金期间死亡的，参照当地对在职职工死亡的规定，向其遗属发给一次性丧葬补助金和抚恤金。所需资金从失业保险基金中支付。

个人死亡同时符合领取基本养老保险丧葬补助金、工伤保险丧葬补助金和失业保险丧葬补助金条件的，其遗属只能选择领取其中的一项。

职工跨统筹地区就业的，其失业保险关系随本人转移，缴费年限累计计算，极大方便了参保人员。

（5）生育保险。

1994 年，为配合《中华人民共和国劳动法》（简称《劳动法》）的贯彻实施，维护企业女职工的合法权益，保障她们在生育期间得到必要的经济补偿和医疗保障，均衡企业生育费用负担，国家制定了《企业职工生育保险试行办法》。其实施范围是城镇企业及其职工，即国有企业、股份制企业、城镇集体企业、私营企业、外商投资企业及其职工。

按法律规定，职工应当参加生育保险，由用人单位按照国家规定缴纳生育保险费，职工不缴纳生育保险费。用人单位已经缴纳生育保险费的，其职工享受生育保险待遇；职工未就业配偶按照国家规定享受生育医疗费用待遇，所需资金从生育保险基金中支付。

生育保险待遇包括生育医疗费用和生育津贴。生育医疗费用包括下列各项：生育的医疗费用；计划生育的医疗费用；法律、法规规定的其他项目费用。

职工有下列情形之一的，可以按照国家规定享受生育津贴：女职工生育享受产假；享受计划生育手术休假；法律、法规规定的其他情形。

生育津贴按照职工所在用人单位上年度职工月平均工资计发。①

2. 社会福利

社会福利是指由国家、社会组织和个人举办的能够给人们生活提供帮助、提供方便或带来利益的事业，是社会保障的最高层次，是实现社会保障的最高纲领和目标。它的目的是增进群众福利，改善国民的物质文化生活。它把社会保障推上最高阶段。社会福利基金的重要来源是国家和社会群体。社会福利主要包括以下四方面内容。

一是由国家或社会组织举办的以全体人民为对象的社会公共福利事业，包括教育、科学、环境保护、文化艺术、体育、卫生等公益性设施和场馆以及公园等免费开放。这些都充分体现了以全民为对象的社会公共福利。

二是由国家、集体和个人举办，以社会特殊困难群体为主要对象的专门性社会福利事业。为保障特殊困难群体的生活权益，国家颁布了《中华人民共和国老年人权益保障法》《中华人民共和国残疾人保障法》和《农村五保

① 中华人民共和国社会保险法[A/OL].[2010－10－28].http://www.gov.cn/jrzg/2010－10/28/content_1732870.htm.

供养工作条例》等法律法规。主要为无劳动能力、无生活来源、无法定抚养人或赡养人的残疾人、老年人、孤儿、弃婴等提供养护、康复、托管。有关法律法规规定，对城市孤寡老人、符合供养条件的残疾人和孤儿实行集中供养，对农村孤寡老人、符合供养条件的残疾人和孤儿实行集中供养与分散供养相结合；集中供养一般通过举办社会福利院、敬老院、疗养院、儿童福利院等福利机构进行；对于残疾人，通过政府的优惠政策来兴办多种形式的社会福利企业，帮助适合参加劳动的残疾人获得就业机会；等等。

三是国家为照顾一定地区或一定范围内的居民对部分必要生活自理的需求，所采取的福利性补贴措施。例如，育龄妇女免费妇检、儿童免费接种乙肝等疫苗、60 岁以上老人免费乘公交、80 岁以上老人免费体检等，以及对炎热地区的高温补贴、对寒冷地区冬季取暖补贴、对住公租房的居民给予房租补贴等。这些福利性补贴措施随着生产的发展、条件的改变，会有所增加、减少或取消。

四是在国家政策指导下，以本单位职工为特定对象，由用人单位举办的福利事业和实施的福利措施。

3．社会救助

社会救助是指国家和社会对依靠自身能力无法维持基本生活的公民以及遇到紧急、突发和特殊困难的公民提供基本物质帮助和相应服务的制度安排。社会救助属于社会保障体系的最低层次，是实现社会保障的最低纲领和目标。一是社会救助的目的是保障被救助者的最低生活需要。二是社会救助的对象主要是失业者、遭到不幸者。三是社会救助的基本特征是扶贫。四是社会救助的基金来源主要是国家及社会群体。社会救助体现了浓厚的人道主义思想，是社会保障的最后一道防护线和安全网。

社会救助体系是指国家为保障城乡贫困人口的基本生活并帮助解决各种特殊困难而建立的相关法律法规、规章制度，以及为保证这些政策法规顺利实施的管理体制、运行机制、工作网络、物质条件和技术支撑等要素有机结合而形成的统一整体。

我国新型社会救助体系的基本框架是：以城乡居民最低生活保障、农村五保供养、城市生活无着的流浪乞讨人员救助和灾民救助为基础，以教育、医疗、住房、就业和法律等专项救助为支柱，各种救助项目有机衔接、相互协调，各类优惠政策全面整合、相互配套。这种新型城乡社会救助体系的主要特征和发展方向是：救助项目法定化、覆盖范围全民化、施救标准科学化、操作程序规范化、监督管理民主化、工作手段现代化、服务方式社会化。

近年来，我国社会救助不断创新发展，社会救助制度不断完善，整体功能不断增强，城乡社会救助体系基本建立。但是，我国是自然灾害多发频发的国家，每年有大量因自然灾害而导致生活困难的灾民需要救助，城乡居民最低生活保障制度还不完善，教育、医疗、住房等专项救助基础还很薄弱，社会救助体系还需要进一步健全和完善。具体要抓好以下工作：

（1）完善城乡居民最低生活保障制度。要继续完善城市居民最低生活保障制度，建立与经济增长和物价水平相适应的救助标准调整机制；建立健全临时救助制度，帮助群众解决突发性、暂时性困难；完善城市生活无着的流浪乞讨人员救助制度，特别要加强对流浪未成年人的救助。要完善农村最低生活保障制度，在健全政策法规和运行机制基础上，将符合条件的农村贫困家庭全部纳入低保范围。中央和地方各级财政要逐步增加农村低保补助资金，提高保障标准和补助水平。落实农村五保供养政策，保障五保供养对象权益。要不断提高扶贫开发水平，加大对农村贫困人口和贫困地区的扶持力度。加大移民扶贫力度。集中力量解决革命老区、民族地区、边疆地区和特殊类型地区的贫困问题。

（2）完善教育救助制度。着眼于促进教育公平，在全国城乡普遍实行免

费义务教育。国家将继续增加农村教育公用经费，提高保障水平。适当提高农村贫困家庭寄宿生生活费补助标准。继续落实保障经济困难家庭、进城务工人员子女平等接受义务教育的措施。在试点的基础上，全面免除城市义务教育学杂费。进一步完善普通本科高校、高等和中等职业学校国家奖学金、助学金制度。

（3）完善城乡医疗救助制度。全国所有省、市、县都要建立城市医疗救助制度，研究探索医疗救助制度与城镇居民基本医疗保险制度相衔接的有效形式。继续完善农村医疗救助制度，并加强与新型农村合作医疗制度的衔接，资助符合条件的农村五保户、贫困户家庭成员和其他贫困农民参加新型农村合作医疗，对因患重、大病经合作医疗补助后个人负担医疗费过高、影响家庭基本生活的，再给予适当医疗救助。

（4）建立健全廉租住房制度。所有省、市、县对符合规定住房困难条件、申请廉租住房租赁补贴的城市低保家庭，基本做到应保尽保。东部地区和其他有条件的地区要将廉租住房保障范围扩大到低收入住房困难家庭。同时地方各级政府都要加强农村住房建设规划和管理，切实解决农村困难群众住房安全问题。

（5）进一步加强救灾减灾工作。据统计，我国一般年份因自然灾害造成的人员伤亡数千人，直接经济损失达1 000亿元以上，重灾之年，造成的人员伤亡和经济损失更为严重。要把救灾减灾工作摆到社会应急建设的重要位置，常抓不懈。防止各种自然灾害，对灾区经济造成重大损失，给群众生活带来很大困难。要抓紧灾后恢复和重建，同时要从这次特大自然灾害中总结经验教训。加强电力、交通、通信等基础设施建设，提高抗灾减灾能力；加强应急体系和机制建设，提高预防和处置突发事件能力；加强对现代条件下自然灾害特点和规律的研究，提高防灾减灾能力。

（6）支持慈善事业加快发展。要完善和落实社会捐赠免税减税政策，进一步完善志愿服务扶持政策和激励措施，壮大志愿服务队伍。积极培育发展社会慈善类民间组织，探索建立慈善组织行业自律机制和评估机制，促进慈善组织提高社会公信力。要推动社会捐助活动大众化、经常化、规范化。大力培养公众慈善意识，在全社会树立团结互助、和衷共济、扶贫济困、平等友爱的社会风尚。

此外，还要在社会救助领域加强专业社会工作人才培养和社会工作职业岗位开发，积极应用社会工作方法，提升社会救助管理和服务的科学化、专业化和人性化水平。①

4. 社会优抚安置

社会优抚安置是社会保障的特殊构成部分，属于特殊阶层的社会保障，是实现社会保障的特殊纲领。社会优抚具体内容包括：①抚恤。这是政府对因公伤残人员、因公牺牲及病故人员家属采取的一种物质抚慰方式，包括伤残抚恤和死亡抚恤。②优待。优待是指从政治上和物质上给予优待对象良好的物质或资金待遇、优先照顾与专项服务。③优抚社会化服务。国家和社会筹资建造服务设施，如革命伤残军人休养院、荣复军人慢性病疗养院等。

完善落实优抚政策。要落实有关政策规定，统筹解决退役军人的实际困难。健全抚恤补助、生活待遇自然增长机制。按照政府补助和个人负担相结合、政策照顾和大病救助相结合的原则，逐步建立体现优待优惠的优抚医疗保障制度。推进退役军人安置改革，多方面帮助退役士兵实现就业。

我国的社会保障体系，除了社会保险、社会救助、社会福利、社会优抚安置外，还有社会互助、个人储蓄积累保障。这几项社会保障是相互联系、相辅相成的。社会保障体系是社会的“安全网”，它对社会稳定、社会发展有着重要的意义。

---

① 如何健全社会救助体系[Z/OL].[2008-03-19]. http://www.gov.cn/2008gzbg/content_924056.htm.

（二）我国“社会保障网”的发展现状

“十一五”时期是新中国成立以来社会保障体系建设发展最快的时期，制度建设取得突破性进展，覆盖城乡居民的社会保障体系框架基本形成，保障水平较大幅度提高，社会保障管理服务体系初步建立。颁布了《社会保险法》，修订了《工伤保险条例》；建立新型农村社会养老保险制度并开展试点，全面建立企业职工基本养老保险省级统筹制度；全面实施城镇居民基本医疗保险制度、新型农村合作医疗制度和城乡医疗救助制度，职工基本医疗保险制度进一步完善；建立和实施农村最低生活保障制度、城市生活无着的流浪乞讨人员救助制度，完善了灾害救助、临时救助等制度；推进了社会慈善、社会捐赠、群众互助等社会扶助活动和志愿服务活动的制度化建设。社会保障事业的历史性进步，是改革开放以来经济快速发展、综合国力大大增强的结果，是以人为本的执政理念和科学发展观的集中体现。①

党和国家为推进社会保障体系建设做出了一系列重大决策部署，先后建立了城镇居民基本医疗保险、新型农村社会养老保险和城镇居民社会养老保险等重要制度，颁布实施《社会保险法》，社会保障体系框架基本形成，社会保障覆盖人群迅速扩大，社会保险基金规模不断扩大，社会保障水平大幅提高，是社会保障制度改革和事业发展最快的时期，是广大人民通过享有社会保障得到实惠更多的时期。

（1）制度建设取得突破性进展。《社会保险法》颁布实施，城镇居民基本医疗保险、新型农村社会养老保险和城镇居民社会养老保险等重要制度先后建立，实现了由单位和家庭保障向社会保障、由覆盖城镇职工向覆盖城乡居民、由单一保障向多层次保障的根本性转变。

（2）覆盖范围迅速扩大。2011 年，全国城镇职工基本养老保险、城镇

---

① 温家宝. 加快健全城乡居民社会保障体系［J］. 审计月刊，2012（5）.

基本医疗保险、失业保险、工伤保险、生育保险的参保人数分别达到 2.84 亿人、4.73 亿人、1.43 亿人、1.77 亿人、1.39 亿人，比 2001 年分别增长 100.2%、549.8%、38.3%、307.2%、302.1%；新农保和城镇居民养老保险参保人数达到 3.64 亿人，新农合参合人数达到 8.32 亿人。

（3）保障水平稳步提高。2005—2012 年连续 8 年上调企业退休人员养老金，2012 年全国企业退休人员人月均基本养老金达到 1 721 元，是 2002 年的 2.8 倍。逐步提高基本医疗保险报销比例和最高支付限额，失业、工伤、生育保险待遇明显提高。

（4）社保基金规模不断扩大。2011 年，城镇 5 项社会保险基金总收入、总支出和累计结余规模分别达到 2.4 万亿元、1.81 万亿元和 2.9 万亿元，分别比 2001 年增长 6.7 倍、5.5 倍和 16.8 倍。

自党的十六大以来的十多年，我国社会保障改革发展的成就举世瞩目，积累的经验弥足珍贵，为今后社会保障的持续发展奠定了坚实的基础。①坚持以人为本，把社会保障作为重要的民生工程。党中央、国务院和各级党委、政府把加快推进社会保障体系建设作为保障和改善民生的重要举措，摆在经济社会发展全局的突出位置，公共财政支出更多地向社会保障领域倾斜，推动实现人民群众分享经济社会发展成果。②坚持从我国基本国情出发，与经济发展水平相适应。立足基本国情，充分考虑各方面的承受能力，遵循量力而行、尽力而为的原则，根据城乡、区域不平衡的特点和不同人群的实际情况，有针对性地制定相关政策和待遇标准。③坚持与时俱进、改革创新。根据城镇化和统筹城乡发展的新形势，在经济改革与发展完善城镇社会保障制度的同时，大力推进农村社会保障制度建设，加强社会保障法治建设，实现城乡社会保障制度的有效衔接，不断提高社会保险统筹层次和共济能力，使社会保障覆盖人数成倍增长。④坚持公平与效率相结合、权利与义务相对应。坚持以缴费型社会保险制度为主体、以非缴费型福利项目为补

充，建立社会保险待遇水平与缴费挂钩的激励约束机制，引导和鼓励劳动者积极就业，多劳多得，早缴费、多缴费、连续缴费、长期缴费。⑤坚持正确处理改革发展稳定的关系。注重保持政策的连续性，坚持统筹城乡、整体设计、分步实施、配套推进，坚持试点先行，及时总结经验，由点及面，渐次推进改革，充分考虑促进事业发展和维护社会稳定的需要。

（三）我国“社会保障网”存在的问题

在看到成就的同时，我们也必须认识到，我国社会保障体系建设还面临着城镇化和人口老龄化带来的巨大挑战，有许多体制性、制度性的重大问题亟待解决，改革和发展的任务十分艰巨，具体问题如下：

（1）管理体制分割。城乡医疗保险分别由不同的部门管理，制度、机制间缺乏衔接和协调，存在重复参保和政府重复补贴、机构重复建设、资源浪费等问题。社会保险费征收体制不一，征收机构由省级政府各自确定，导致社会保险管理环节脱节。社会保险的统筹层次仍不高，不利于在更大范围分散风险。城乡低保、医疗救助与社会保险之间需要统筹安排和搞好衔接。

（2）待遇差别较大。城乡间、不同群体间社会保障待遇差距仍然较大，不同群体内部和之间相互攀比，成为影响社会稳定的因素。

（3）基金长期平衡及保值增值压力大。社会保险基金收大于支。但据测算，到2050年我国每4个人中就有一个老年人。人口老龄化对养老保险和医疗保险影响巨大，将导致社会保险基金收支缺口逐步扩大，制度运行有隐患。结余积累的社会保险基金只能存银行、买国债，投资渠道窄，保值增值困难。

（4）管理服务体系不能适应发展的要求。随着社会保障制度覆盖人群的快速扩大，特别是向农村的延伸，基础建设薄弱、人员配备不足、能力建设滞后的问题越来越突出。①

---

① 尹蔚民．统筹推进城乡社会保障体系建设[J/OL]．求是，2013(3)．http://theory.people.com.cn/BIG5/n/2013/0205/c83846-20433447.html.

（5）社会保障体系还很不完善。存在覆盖范围窄、保障水平低、法律不够健全、监察执法等一系列亟待解决的问题。人口老龄化使老年人的养老、医疗、社会服务等问题更加突出。中国养老保险长期实行现收现付制，没有留出积累资金。老龄化提前到来，意味着“未富先老”，中国社会保障制度面临着养老负担重、筹集资金难和医疗费用大等诸多挑战。

（6）就业方式日益多样化使扩大社会保障覆盖面问题更为凸显。2000年以来，中国就业格局发生明显变化，全国职工中，有超过一半的人在非公有制企业工作，相当数量的非公有制职工没有享受社会保障。在当前情况下，如何把这些人纳入社会保障的覆盖范围，是必须研究解决的问题。

（7）城镇化进程加速给社会保障制度带来新问题。2009 年失地农民有 4 000 多万人，每年还有 1 亿多农民进城务工，他们已成为产业大军中的重要力量。而中国的就业和社会保障制度主要是针对城镇人口设计实施的，如何适应城镇化过程中数亿农村转移劳动力的需求，是一个重大课题。

（8）目前我国城乡社会保障发展还很不平衡，农村地区明显滞后，一些基本保障制度覆盖面较窄。随着城镇化的推进，迫切需要加强制度整合与衔接，加快实现管理服务一体化。“十二五”时期，要坚持“广覆盖、保基本、多层次、可持续”的基本方针，以增强公平性、适应流动性、保证可持续性为重点，更加注重保障公平，更加注重统筹城乡发展，更加注重优质高效服务，更加注重可持续发展，加快建立健全覆盖城乡居民的社会保障体系。力争到“十二五”期末，形成基本完备的社会保障制度，比较健全的管理服务体系，并稳步提高保障水平，基本解决历史遗留问题，为全面建设小康社会提供水平适度、持续稳定的社会保障网。①

（四）构建我国“社会保障网”的对策

社会保障是保障人民生活、调节社会分配的一项基本制度。社会保障与

---

① 温家宝．加快健全城乡居民社会保障体系［J］．审计月刊，2012（5）．

人民的幸福安康息息相关，事关改革发展稳定大局。党的十八大提出，要全面建成覆盖城乡居民的社会保障体系。这是一项十分重要而艰巨的任务，要实现这一目标，主要从以下几方面着手。

1. 完善社会保障制度

按照党的十七届五中全会的要求，“十二五”期间要在加快完善社会保障制度上下功夫，重点推进四项制度建设。

（1）实现新型农村社会养老保险制度全覆盖。这是统筹城乡社会保障制度的重大举措。党的十七届三中全会决定提出：“按照个人缴费、集体补助、政府补贴相结合的要求，建立新型农村社会养老保险制度。”2009 年 9 月，国务院印发了《关于开展新型农村社会养老保险试点的指导意见》，正式启动新农保试点，首批试点覆盖面达 11.8%。2010 年试点范围扩大至 23%左右。

新农保制度实行普惠与激励相结合，年满 60 周岁的农村居民都可以领取由政府支付的基础养老金，农民个人缴纳的养老保险费全部计入个人账户，政府还给予补贴。新农保制度的建立，是中央继免除农业税、实行农村直补和新型农村合作医疗之后又一重大惠农政策，是我国建立覆盖城乡居民的社会保障体系的又一重大突破。“十二五”时期，要进一步扩大新农保试点面，到期末实现在全国全面实施；要完善新农保政策，搞好与相关制度的衔接和政策配套；要加强基金的监管，确保基金安全完整；还要结合新农保制度推进的情况，适时制定实施城镇非就业居民养老保障制度，并逐步实现城乡居民养老保障制度的统一。

（2）推动机关事业单位养老保险制度改革。这是统一基本养老保险制度的必然要求。党的十七大要求“促进企业、机关、事业单位基本养老保险制度改革”。

2008 年，国务院制定《事业单位工作人员养老保险制度改革试点方案》，决定在5个省市先期试点，与事业单位分类改革试点配套推进。“十二五”期间，要在继续完善企业职工养老保险制度的同时，推动机关事业单位养老保险制度改革，重点是实行统账结合的基本制度，适应人员流动的需要；基本养老金待遇与缴费长短和多少更紧密地联系，增强激励机制；实行适合机关事业单位特点的补充养老保险办法，实现多层次的保障；要确保国家规定的原有待遇水平不降低，实现新老制度的合理衔接和平稳过渡。

（3）实现基础养老金全国统筹。这是养老保险制度的重大突破，符合社会保险的大数法则，有利于在大范围分散风险，提高资金使用效率；又可以厘清中央与地方政府的责任，实现养老保险制度的统一、规范；还有利于实现养老保险关系在全国范围内顺畅转移接续，从体制上消除影响劳动力跨地区合理流动的障碍。到2009年底，全国已全面实现了基本养老保险基金的省级统筹，为实现基础养老金全国统筹奠定了坚实的基础。实行基础养老金全国统筹，涉及中央和地方、各地方之间利益关系的重大调整，既要统一规范，又要适合各地特点，给地方留有调节余地，充分发挥中央和地方两个积极性。还需要建立健全一整套机制和政策，并在实施中不断完善。

（4）进一步做实养老保险个人账户，积极稳妥推进养老基金投资运营。这是应对人口老龄化、实现养老保险可持续发展的重大战略决策。到2009年，已有13个省份开展“做实”试点，累计做实1 600亿元。全国企业职工养老保险结余积累资金1.3万多亿元，个人账户的大部分还只是权益记录，没有做实；同时，随着制度的健全和普及，新农保和机关事业单位养老保险制度中的个人账户基金也将迅速积累，做实和投资运营的需求愈益突出。“十二五”期间，我国60岁以上老年人口比重将从期初的不到13%提高到期末的15%左右；到20年代末将进入人口老龄化高峰期，届时养老保险基金和财政资金都将面临更大压力。我们必须抓住经济平稳较快发展的有利时机，在确保当期养老金发放的前提下，进一步扩大做实个人账户规模，

积极稳妥推进基金投资运营，实现保值增值，为应对老龄化高峰的挑战奠定更加坚实的物质基础。

2．扩大社会保障覆盖范围

覆盖面大小是反映社会保障制度可及性和有效性的首要指标。到 2010 年 9 月底，我国城镇职工养老保险、城镇医疗保险、失业保险、工伤保险、生育保险分别达到 25 025 万人、42 072 万人、13 147 万人、15 871 万人、11 973万人，均超额完成“十一五”规划确定的指标任务。从 2009 年开始，到 2012 年 7 月 1 日，仅 3 年时间就基本实现了社会养老保险制度全覆盖，填补了农村居民和城镇非就业居民养老保险长期以来的制度空白，人人享有养老保险成为现实。“十二五”期间扩大社会保障覆盖范围的重点：一是对城镇就业群体，重点做好农民工、非公有制经济组织从业人员、灵活就业人员的参保工作。二是继续解决体制转轨的历史遗留问题，全面落实关闭破产企业退休人员纳入城镇职工基本医疗保险的政策，将未参保集体企业职工和原“家属工”“五七工”等纳入基本养老保险制度，将企业“老工伤人员”全部纳入工伤保险统筹管理。三是对实行自愿参保原则的新农保、新农合以及城镇居民基本医疗保险制度，通过强化政策激励，引导符合条件的群众积极参保、长期参保，并对残疾人等困难群体参保给予更多支持。四是完善被征地农民的社会保障政策，实行先保后征，切实保障他们的合法权益。

3．提高社会保障待遇标准

党的十六大以来，随着经济持续快速发展，我国社会保障的水平不断提高。“十二五”期间，进一步提高社会保障待遇水平，使人民群众切实分享经济社会发展成果。但是，我国人口多、底子薄、差别大，提高社会保障水平必须始终坚持“保基本”的方针，积极而为，量力而行，加大公共财政对社会保障的投入，区别轻重缓急，循序渐进逐步缩小地区之间、城乡之间和各类群体之间的待遇差距。一是继续提高企业退休人员基本养老金待遇，并

研究建立与经济发展、工资增长、物价水平相联系的正常调整机制。二是通过实行门诊统筹，把多发病、常见病的诊疗费用纳入基本医疗保险支付范围，扩大受益面，稳步提高职工医保、居民医保和新农合的报销水平和最高支付限额。三是大幅度提高工亡待遇及相关工伤保险待遇标准。四是扩大失业保险基金支付范围，发挥预防失业、促进就业的作用，并建立预防、补偿、康复三位一体的工伤保险体系，使参保者不是消极地等待风险补偿，而是从积极的社会保险政策中获益。

4. 构建多层次社会保障体系

我国多层次的社会保障体系主要分三个层次。①“托底层”。主要是通过最低生活保障、医疗救助、农村“五保”等制度对城乡的贫困家庭和居民给予社会救助，通过社会福利制度对鳏寡孤独等特定群体给予照顾。所需资金全部由政府支出。②“主干层”。主要是通过实施权利与义务相联系的社会保险制度，为参保人员提供养老、医疗、失业、工伤、生育等基本保障。政府强制或引导社会保险制度实施，并承担必要的财政责任。③“补充层”。国家鼓励和引导用人单位根据条件，建立企业年金、职业年金和补充医疗保险制度，发展商业保险，以满足不同社会成员的保障需求。

“十二五”时期，构建多层次社会保障体系要从以下三个方面着力推进：①积极发展和规范养老保险的企业年金和职业年金，通过更有力的税收优惠政策鼓励用人单位为劳动者建立补充保险。②发展商业人寿和健康保险，引导和规范各类社会机构和市场主体兴办补充性社会保障事业，满足人民群众更高的或特定的保障需求。③进一步完善城乡社会救助制度，逐步扩大最低生活保障制度和医疗救助制度保障范围，逐步提高城乡低保、农村五保、医疗救助等待遇水平，切实保障城乡贫困人口、在校贫困大学生等群体的基本生活。

5. 提高社会保障管理服务水平

目前我国的社会保障管理服务体系已在全国普遍建立，随着社会保障制

度覆盖人群的扩大和社保基金规模的增长，对服务高效、便捷和管理严密、精细的要求也越来越高。“十二五”时期，要进一步提高社会保障管理服务水平：①以基层为重点加强社会保障基层服务平台建设，按照以人为本的要求，规范和优化社会保障管理服务流程，推进标准化建设。②加强社会保障信息网络建设，加快建设项目齐全、全国联网的社会保障信息管理系统，及时、准确记录保障对象的缴费和权益，确保待遇支付。③大力推进标准统一、功能兼容的社会保障卡的应用，争取早日实现“人手一卡”和“一卡通”，方便参保者随时随地查询自己的权益记录，对全体参保群众做到“记录一生，服务一生，保障一生”。[①]

（五）“社会保障网”的具体“节点”

科学解决社会个体住房、医疗、交通、食品安全等方面的基本需求，需要构建覆盖公民衣、食、住、行等多节点、全领域的“社会保障网”。

1. 教育保障

要加快提升基础教育，高质量普及学前到高中15年义务教育，推进义务教育均衡优质发展；壮大高中优质学校集群；政府鼓励和补助高等教育；加快发展特殊教育，促进教育公平；规范私立学校，使其遵循市场机制做强做大。教育保障包括“有学上”和“上好学”两个方面的问题。解决“上好学”问题的一个重要方面是要深化高等教育体制改革，加快建立现代大学制度。我国1999年扩招以来，高等教育规模增长幅度显著，从不到700万人的规模增至2 979万人，总规模居世界第一；毛入学率从不到10%增至24.2%，进入国际公认的“大众化”阶段。高考招生制度也进行了三个方面改革：分类考试、综合评价以及多元录取，取得初步成效。但高等教育存在的问题仍然很多，其中有些还是带有根本性质的。对此，要进一步深化办学

---

① 尹蔚民．健全覆盖城乡居民的社会保障体系［J］．求是，2010（24）．

体制改革，坚持教育公益性原则，健全政府主导、社会参与、办学主体多元、办学形式多样、充满生机活力的办学体制。

2. 就业保障

就业保障是国家社会保障工作的重要环节，事关劳动者合法权益的保护以及整个社会的和谐与稳定。国家为了保障公民实现劳动权，采取各种措施积极创造就业条件、扩大就业机会。2007 年 8 月 30 日，第十届全国人民代表大会常务委员会第二十九次会议通过中华人民共和国主席令第七十号，颁布了《中华人民共和国就业促进法》（简称《就业促进法》）。《就业促进法》自 2008 年 1 月 1 日起施行，在政策支持、公平就业、就业服务和管理、职业教育和培训、就业援助、监督检查等方面做出了明确规定。提出国家建立健全失业保险制度，依法确保失业人员的基本生活，并促进其实现就业。县级以上人民政府建立健全公共就业服务体系，设立公共就业服务机构，为劳动者免费提供下列服务：①就业政策法规咨询。②职业供求信息、市场工资指导价位信息和职业培训信息发布。③职业指导和职业介绍。④对就业困难人员实施就业援助。⑤办理就业登记、失业登记等事务。⑥其他公共就业服务。公共就业服务机构应当不断提高服务的质量和效率，不得从事经营性活动。公共就业服务经费纳入同级财政预算。县级以上地方人民政府对职业中介机构提供公益性就业服务的，按照规定给予补贴。地方各级人民政府和有关部门、公共就业服务机构举办的招聘会，不得向劳动者收取费用。企业应当按照国家有关规定提取职工教育经费，对劳动者进行职业技能培训和继续教育培训。地方各级人民政府鼓励和支持开展就业培训，帮助失业人员提高职业技能，增强其就业能力和创业能力。失业人员参加就业培训的，按照有关规定享受政府培训补贴。以上种种规定为广大劳动者提供了充分的就业保障。

3. 收入保障

仅仅有了就业保障，还不足以满足社会个体的正常生存需要。只有收入

达到一定的水平才能保证个体的生存和发展需要。因此，我国通过立法确立了最低工资保障制度，从而使社会个体有了收入保障。最低工资是指劳动者在法定工作时间内提供了正常劳动的前提下，其所在企业应支付的最低劳动报酬。它不包括加班加点工资，中班、夜班、高温、低温、井下、有毒有害等特殊工作环境、条件下的津贴，以及国家法律法规、政策规定的劳动者保险、福利待遇和企业通过贴补伙食、住房等支付给劳动者的非货币性收入等。《劳动法》第五章明确规定，国家实行最低工资保障制度，用人单位支付劳动者的工资不得低于当地最低工资标准。最低工资的确定实行政府、工会、企业三方代表民主协商的原则，主要根据本地区低收入职工收支状况、物价水平、职工赡养系数、平均工资、劳动力供求状况、劳动生产率、地区综合经济效益等因素确定，另外，还要考虑对外开放的国际竞争需要及企业的人工成本承受能力等。当上述因素发生变化时，应当适时调整最低工资标准，每年最多调整一次。最低工资保障制度适用于我国境内的所有企业，包括国有企业、集体企业、外商投资企业和私营企业等。截至目前，我国已有除西藏外的30个省、自治区、直辖市建立并实施了最低工资保障制度，正式公布了最低工资标准。最低工资保障制度的实施，对促进劳动力市场的发育，促进工资管理和工资支付的法制化，加强企业工资收入的宏观调控，制止部分企业过分压低职工工资，保护劳动者合法权益，发挥了积极作用。①

4. 食品及食品安全保障

食品问题无小事，它直接关系到群众身体健康和生命安全，关系到经济社会发展大局，关系到公众对政府的信心。党的十八大提出，一定要改革和完善食品药品安全监管体制机制。食品一旦发生问题，社会影响面广，容易引起连锁反应。“一有适当的利润，资本就会非常胆壮起来。只要有10%的

① 周艳琼. 我国社会保障制度有关工资管理的规定［J］. 四川会计，2001（7）.

利润，它就会到处被人使用；有 20%，就会活泼起来；有 50%，就会引起积极的冒险；有 100%，就会使人不顾一切法律；有 300%，就会使人不怕犯罪，甚至不怕绞首的危险。”① 这段话可以解释为何不法食品生产和经营商胆敢铤而走险。美国在“镀金时代”也曾经历过伪劣食品猖獗时期，厄普顿·辛克莱在他的《屠场》中描述说：

“病死动物成为肉类加工原料；被毒死的老鼠被加工成火腿肠；掉进锯末堆里的火腿肠被包装出厂；劳累过度的工人一旦不慎跌入高温的大肉桶中，除去骨头便立时一无所剩，整个人都被送到了公众手里，成了高级食用猪肉……经过化学处理，需要什么颜色、什么香味、什么味道就能有什么颜色、什么香味、什么味道……已经生霉发白没人买又运回来的食品，用硼砂和甘油处理之后，又作为原料重新制成正品。香肠是最可怕的：肉仓里肉就丢在地下，和垃圾、锯末混在一起，一任工人在上面践踏、吐痰，留下成亿的肺结核细菌……人在吃进大量熏肠时，那些为掩饰腐肉的质地而使用的化学物质也使他们自己慢慢地中毒。然而，对于这一切，政府的食品监督员在重金贿赂之下，则是熟视无睹，听之任之……”

据说西奥多·罗斯福刚巧在吃早餐时读了《屠场》，当时就把吃的香肠全呕吐出来，总统从此变成了一位素食主义者。当年 6 月，美国国会通过了严厉的《纯净食品和药品管理法》《肉类检查法》，形成了美国食品药品监督管理局（Food and Drug Administration，FDA）的雏形，制造、出售掺假食品和药物被定为联邦刑事罪行，西奥多·罗斯福首次提出“消费者权利”这个概念。1938 年，更为严厉的《食品、药品和化妆品法》由富兰克林·罗斯福签发。现在，美国已形成食品“供应链管理”，即“田头到餐桌流程管理”模式，肉制品上市都要有一张“身份证”，标明“来龙去脉”，以确保

① 马克思. 资本论：第一卷［M］. 北京：人民出版社，1958：839.

安全。值得一提的是，在美国食品安全监督不断进步的过程中，深入调查、揭露实情的黑幕揭发者（Muckrakers，被西奥多·罗斯福称为“扒粪人”）与媒体一道，配合政府发挥了巨大作用。

中国13亿多人口每天消耗200万吨粮食、蔬菜、肉类等食品，共有食品生产企业40多万家、食品经营主体323万家、餐饮单位210万家、农牧渔民2亿多户，小作坊、小摊贩、小餐饮数量更巨。在这些数字背后，是不容忽视的食品安全问题。概括起来，一个是供求矛盾问题，一个是食品质量问题。尤其是日益频繁和泛滥的食品质量问题，凸显了食品安全监管的缺位和乏力，主要包括：监管体制改革尚未到位，监管职能调整没有完成，体制改革还未全部启动；综合协调机制不健全。各地虽然就如何加强综合协调工作进行了一些有益的探索，但总体上看，尚未建立起强有力的工作机制；各监管部门的职责有待细化，《中华人民共和国食品安全法》（简称《食品安全法》）及相关法律法规难以对各监管环节的具体事务做出详细规定，依然存在监管边界不够清晰的问题。例如，在豆芽生产、生猪收购运输、超市现做现卖、餐具集中消毒、食品仓储和运输等很多问题上，存在管理部门不明确或互相推诿责任的情况；监管技术能力不足和检验资源重复配置、利用效率低的问题同时存在；对食源性疾病等预警风险监测评估体系的构建才刚起步；标准数量少、指标粗，需要加快标准管理体系建设；一些食品企业尚未落实责任促进规模化、标准化、现代化等。

对此，要抓紧通过“六个手段”确保食品供给的数量安全和质量安全。一是规划手段，搞好粮油棉菜相关的土地规划、产业规划、人口规划，确保供求整体平衡，既要保障老百姓的“米袋子”“菜篮子”安全，又要防止“谷贱伤农”问题发生。二是经济手段，整合食品生产及流通产业链，驾驭国际粮油棉菜市场，积极应对游资炒作；保证食品安全是食品生产经营者最基本的行为准则。要落实企业主体责任，强化质量理念，并开展相关活动。

三是科技手段，运用先进技术特别是生物技术、信息技术助推粮油棉菜在生产领域、流通领域的转型升级，同时运用先进管理技术（比如“云技术”）切实加强对食品质量安全全领域、全流程、全方位监管。四是法律手段，据统计，中国针对食品安全有20多部法律、近40部行政法规、150多部部门规章，从《食品安全法》出台到《刑法修正案（八）》增加严惩危害食品安全犯罪内容，中国有关食品安全之法律法规，不能算少。但是食品安全恶性事件仍难以禁绝，核心问题之一是执法监管体系不健全。国务院食品安全委员会办公室主任张勇曾坦陈，食品安全监管体系链条长、环节多，存在政出多门、职责不清、衔接不畅的问题，检测检验手段不强，基层监管力量薄弱等问题，确需改进完善。为此，要以《食品安全法》等法律法规为准绳，重典治乱，加大惩处力度，切实改变违法成本低的问题，要让不法分子付出高昂代价，真正起到震慑作用。强化行政执法的专业分工和高效整合，通过政府和民间的共同努力，保护合法，打击非法。对涉案政府工作人员，情节严重的要依法纪开除公职，对涉嫌犯罪的要及时移送司法机关，并依据《刑法修正案（八）》，从重、从快予以严惩。五是行政手段，要把整治食品非法添加作为保障食品安全的重要切入点，追踪溯源，实现全过程管理，严查食品制作和加工源头，严管食品添加剂使用，严禁非法添加物，严把食品生产、流通、消费各道关口，一旦发现食品问题，要快查、快处，第一时间查封问题产品，责令停产停业，并给予严厉经济处罚，对恶意生产的，一律吊销证照，罚没设备，企业负责人不得再从事相关食品行业。六是宣传手段，通过广播、电视、报纸等媒体和广泛张贴公告等方式，向公众广泛宣传食品安全，包括食品安全犯罪的惩治办法等，切实夯实食品安全的基础，加强舆论监督。要畅通举报渠道，开通24小时投诉举报热线，聘请食品安全义务监督员，深入各社区摸排食品安全隐患，使劣质食品无藏身之地。对引起社会恐慌的谣言和不实消息，也要及时澄清。

5. 医疗保障

健康是促进人的全面发展的必然要求。要坚持为人民健康服务的方向，坚持预防为主、以农村为重点、中西医并重，按照保基本、强基层、建机制要求，重点推进医疗保障、医疗服务、公共卫生、药品供应、监管体制综合改革，完善国民健康政策，为群众提供安全有效、方便廉价的公共卫生和基本医疗服务。健全全民医保体系，建立重特大疾病保障和救助机制，完善突发公共卫生事件应急和重大疾病防控机制。巩固基本药物制度。健全农村三级医疗卫生服务网络和城市社区卫生服务体系，深化公立医院改革，鼓励社会办医。扶持中医药和民族医药事业发展。提高医疗卫生队伍服务能力，加强医德医风建设。改革和完善食品药品安全监管体制机制。开展爱国卫生运动，促进人民身心健康。坚持计划生育的基本国策，提高出生人口素质，逐步完善政策，促进人口长期均衡发展。①

今后一个时期，政府应着重从以下几个方面入手。①政府建立预防保障服务体系，防患于未然，尽可能减少全社会总疾病的发生率，从源头上减轻整体医疗负担压力。加大出生缺陷预防力度，做好健康教育、优生咨询、高危人群指导、孕前筛查、营养素补充等服务工作，降低出生缺陷发生率和农村 5 岁以下儿童生长迟缓率，预防和控制先天性感染、遗传性因素对出生人口健康的影响，健全疾病预防控制、健康教育等专业公共卫生网络，加强食品药品监管，完善全民健身服务体系。充分发挥中医药在预防保障医疗服务中的独特优势，加快基层医疗卫生机构中医科和中药房的标准化、规范化建设，率先建立健全中医“治未病”预防保障服务网络。②切实建立医疗层级诊治体系，完善县、镇、村三级卫生服务网络，推进“一村一站、一镇一院、一县（区）三院”建设。合理配置镇、村、社区卫生资源，重点培养社区全科医生，规

---

① 胡锦涛在中共第十八次全国代表大会上所作报告[R/OL].[2012－11－27]. http://politics.people.com.cn/n/2012/1117/c1024－19611447－6.html.

范医疗检查检测体系，使医疗检查结果可以异地互信，科学实现分级分层诊治。③在上述两点基础上实施全民医疗保险制度和政府对居民大病补助、对特困群体医疗救助制度。构建职工医保、居民医保和新型农村合作医疗统一管理、可转换衔接的社会医疗保险制度。④通过建立国家基本药物制度、推进公立医院改革、强化规范监管等，切实减轻医药费用负担。

6. 住房保障

政府解决社会个体的住房问题，应当在其住房保障账户基础上，高度重视在“三个环节”加强引导调控。①在供应环节上，坚持从我国人多地少的基本国情出发，建立科学、合理的住房建设和供应体系。注重土地合理供应、集约利用和管理，切实转变地方政府长期形成的“土地财政”观念，调整城市土地供给结构，增加中小套型住房用地，保证保障性住房建设用地的提供，大力发展省地节能环保型住宅。通过政府新建、收购、改建、配建以及社会捐赠等途径，增加保障性住房供应，扩大经济适用房、廉租房、限价房、公租房等覆盖面，逐步提高实物配租的数量。加快形成以廉租住房制度为重点，多渠道解决城市低收入群体住房问题的住房保障制度和政策体系。加快城乡危旧房改造和旧住宅区综合整治，大力扶持农村贫困户危破泥砖房改造和水上渔民安居。②在流通环节上，逐步实现低端有保障、中端有支持、高端有市场的局面，兼顾中高收入阶层灵活按照市场经济原则购买房地产商开发的高档商品房。当前要加强对房地产市场的调控和监管，规范和维护市场秩序。加强市场监管，严格控制房地产企业市场准入和退出条件。依法查处闲置囤积土地、房源和炒地炒房行为。要避免资产泡沫延伸到金融领域，从银行贷款角度加大对投机性购房的管理力度，避免“郁金香事件”[①]。16 世纪，郁金香从土耳其传入西欧，在荷兰种郁金香成为一种时尚，稀有品

---

① http://baike.baidu.com/view/1005782.htm?fromtitle=郁金香狂热&fromid=2076021&type=syn.

种的郁金香球茎的价格一路飙升。到1636年，较高级品种的一个球茎，就可以换到两匹马、一辆马车和一套马具。贵族、平民、农民、手工业者、船员、仆人，还有扫烟囱的、开旧货店的，几乎无人不染指郁金香。很多人都将财产换成现金，进行郁金香投资。“谁都相信郁金香热会永远持续下去，似乎世界上每个角落的富人都在订购球茎”。然而，不可避免的泡沫破裂终于在1637年2月4日这一天到来。这天，希望出手的人挤满了各地的交易所，价格急剧下落，市场迅速崩溃。许多靠贷款进行买卖的人，突然之间变得身无分文甚至破产。③在消费环节上，提倡“梯级消费”，鼓励在住房消费上先租后买、先小后大、先旧后新。

7. 交通保障

交通拥堵越来越成为一个不容忽视的社会问题，对此必须采取综合举措，方能收到成效。要通过推进以综合交通体系为重点的基础设施建设和政府公交补贴制度，保障居民公交出行经济便利；私人轿车出行则由私人负担并受到合理限制。

（1）探索“居住、工作同域化”布局，尽可能从总体上减少出行率。“居住、工作同域化”是后工业化、环境保护和信息化时代产生的规划新理念，生产流程的高度环保为“居住、工作同域化”提供了可能性，而信息化则为“居家办公模式”打下了基础，这些都是减少出行率的有效手段。

（2）坚持公交优先，增加公交投放，补贴公交费用，切实提高公交出行率。我国城市在公共交通建设投入的“历史欠账”太多。日本东京的地铁有13条，线路总长312.6公里；而我国地铁最发达的城市之一——北京，市民公交出行仅约占40%；发达国家市民公交出行比例达70%。对此，要进一步落实公交优先政策，从规划、投资、建设、营运、管理、税收等各个环节，为公共交通发展提供优惠政策支持，确保公交在土地利用、基础设施建设、资金投入、高效运营等方面的优先权。鼓励社会资本（包括境外资本）

以合资、合作或委托经营等方式，参与公共交通投资、建设和经营，确立国有主导、多方参与、规模经营、有序竞争的市场格局。建立环保车辆更新的专项经济激励机制，鼓励公共交通企业采用符合相关车辆技术标准的清洁环保公交车型。实行鼓励选择公共交通出行的票价政策，综合考虑企业经营成本和群众承受能力，科学合理地核定公共交通票价，优化价格结构，有效发挥公共交通出行价格优势，最大限度地吸引客流。同时要加快整合城市公共交通资源，整合公交企业，优化配置公交线网和运力资源，鼓励企业做大做强，发挥行业规模经营效益，提高资源利用效率。加快推进轨道交通和常规公交的一体化进程，实现轨道交通与常规公交的有机衔接和优势互补，进一步提高整个公共交通系统的运行效率。

（3）合理限制私人轿车出行率。在过去 20 年间，中国汽车数量增长速度是公路里程增长量的 3 倍，如北京的交通速度已经低至不及伦敦的一半。因此，要引导公众对小汽车的理性消费。大力宣传综合交通政策，鼓励小汽车使用者转向选择公共交通方式。坚持“用者自负”的原则，对小汽车实行分时、分区有弹性的管制政策，比如新加坡就通过实施“拥车证”制度和智能化收费系统等措施合理限制私人轿车出行，逐步改变小汽车使用成本偏低的状况，使小汽车的使用成本趋向合理。

（4）以轨道交通、高速公路和高等级干线公路为纽带，完善轨道交通、公交、机动车、自行车和行人五大网络系统，实现交通方式多元化，大力发展交通电子收费及电子动态调解、电子管制系统，实现智能化交通。世界可持续发展工商理事会发布的《2030 年的流动性》研究报告，把智能交通系统定义为“一个基于并包括了有线、无线网络，卫星等现代电子信息技术面向交通运输的服务系统。其突出的特点是以信息的收集、处理、发布、交换、分析、利用为主线，为交通参与者提供多样性的服务”。智能系统将先进的信息、电子通信、自动控制、计算机以及网络等技术有效、综合地运用

于包括城市公交、BRT（快速公交系统）、地铁、轮渡、轻轨、出租、高速公路等整个交通系统，并能将上述交通工具加以综合管理与控制，以综合提高通勤效率。

（5）严格驾照考试和管理，提升司机素质修养和行人文明交通意识。严格的驾驶考试制度是道路交通畅通的一个重要保证。比如德国驾校学员一开始就进行“实战练习”，路考在车水马龙的街道上而非空旷的野外进行，大部分驾驶注意事项都会考到。驾照含金量高，驾车者上路的时候就不会造成太多交通问题，相反，一个极小的交通事故都会造成交通堵塞的“蝴蝶效应”。

8. 养老保障

养老保障主要靠个人就业收入积累的养老账户基金解决，政府则重点考虑三点：一是建立健全个人养老金免受通货膨胀冲击的长效机制。二是加大跨地域、跨群体统筹力度。三是建立健全特困老年群体社会救助体系，并充分发挥慈善事业在社会管理中的作用，及时救助特困老年群体。

自德国建立世界上第一个强制性公共养老金计划以来，世界上已有100多个国家和地区建立了养老金制度，各国政府大都在设计和实行公共养老金制度的过程中承担了主要责任。近年来，许多国家对公共养老金制度掀起了新一轮改革热潮：不少发达国家在巨大的人口老龄化压力下对现有的公共养老金制度进行大幅度调整，大量发展中国家和经济转型国家加快建设本国的公共养老金制度体系。虽然各国的做法不同，但其目标都是要建立一个与本国发展水平相适应的养老保障体系，以实现老有所养，并促进国家稳定和经济发展。

我国现行基本养老保险制度形成于1997年《国务院关于建立统一的企业职工基本养老保险制度的决定》（国发〔1997〕26号文），而“社会统筹与个人账户相结合”（以下简称“统账结合”）的基本制度模式是在1993年中共中央十四届三中全会所做的《关于建立社会主义市场经济体制若干问题的决定》（简称《决定》）中规定的，《决定》提出“城镇职工养老保险金由单位和个人共同负担，实行社会统筹与个人账户相结合”，肯定了个人账户制，从根本上承认了养老金作为职工个人的一部分延迟支付的劳动报酬的性质。由于个人账户制实际上是基金积累制的表现形式，因此，“统账结合”实际上就是现收现付制与基金积累制的结合。“统账结合”模式在我国取得了很大成效，但也存在一些问题，比如养老保险资金流的收入、支出、核算、管理的统筹层次很低，统筹单位高达 2 000 多个，除了个别一些地方实现了省级统筹，此外几乎都是市县级统筹。基金过于分散，规模很小，难以建立起基金管理的法人治理结构进行集中投资进入资本市场，投资渠道仅限于银行存款或者是购买国债，平均收益率徘徊在 2% 左右，远远低于同期通货膨胀的水平，形成负利息。对此，我们要按照权、责、利对等原则，对养老基金实施科学统筹，抓紧建立跨地域流转机制，合理安排缴费性保障制度与非缴费性保障制度的互补关系，形成养老保险的良性治理局面。

9. 困境救助保障

（1）加强特殊人群权益的保障。这里所讲的特殊人群是指街头流浪人员、戒毒康复人员、刑满释放人员、邪教痴迷人员等。这部分人虽然数量不多，但是他们的权益能否得到保障，将关系到整个社会的和谐稳定。要采取积极措施促使特殊人群顺利融入社会，建立健全对特殊人群的社会关怀帮扶体系。把解决特殊人群就业等问题作为工作重点，加强对服刑在教人员进行文化教育和技能培训。建立完善有关部门、家庭成员、社区组织及社会工作者密切配合的社区矫正、刑满释放人员及社区戒毒康复人员安置帮教工作体系，降低重新违法犯罪率。推进刑满释放人员过渡性安置基地、戒毒康复人员就业安置基地、精神病人治疗管护专业机构、违法犯罪艾滋病人收治中心、街头流浪人员救助机构等特殊人群管理项目建设。建立社会心理干预机制，推进“回归社会工程”，加强对邪教痴迷者的帮教工作。

（2）加强特殊青少年群体的服务管理。①要完善对行为偏常和闲散青少年群体分类动态服务管理和社会化帮教机制。通过及时走访偏常、闲散青少年，建立与他们的联络方式，了解和把握偏常、闲散青少年的生活规律和特点，建立偏常、闲散青少年的登记和管理档案，主动帮他们解决困难。②采取有效措施防止义务教育阶段学生失学或流失，帮助他们完成学业。根据特殊青少年个人特点和需求，主动帮其解决求学道路上的困难，促使其早日回归学校或者顺利完成学业，保障特殊青少年群体的学习权利。对于已满16周岁的青少年，可以加强职业技能培训、职业介绍、信息咨询等服务，拓展就业渠道。③建立健全流浪未成年人救助机制。通过走访流浪儿童，主动搜寻和摸查社会流浪儿童的基本信息和生活情况，完成接收、转交和教育、管理工作，逐步控制和减少社会流浪儿童数量。同时根据流浪未成年人的生活状况，采取社会救济、捐助、收养等方式，解决特殊青少年的基本生活需要，保障特殊青少年的生存权利。④健全服刑在教人员未成年子女和农村留守儿童关爱服务体系。通过定期走访服刑人员未成年子女，做好服刑人员的基本家庭情况搜集和信息核对工作，实现对服刑人员及其子女的双重关爱。通过自愿结对、志愿服务、工作访问等形式定期走访农村留守儿童，逐步建立关心、关注、关怀农村留守儿童的工作体系。根据特殊青少年的精神和感情需要，通过接待日、临时家庭、代理亲属等方式，保障特殊青少年的情感权利。⑤在社区建立对有不良行为的青少年进行有效教育帮扶的工作机制。通过走访不良行为青少年，建立不良行为青少年的基本档案，针对不良行为青少年的数量、特点和处罚措施，建立跟踪联系和帮扶制度。⑥建立完善未成年人刑事案件配套工作体系。首先，要建立健全办理未成年人刑事案件的专门机构。公安部、省级和地市级公安机关应当指定相应机构负责指导办理未成年人刑事案件；最高人民检察院和省级检察院应当设立指导办理未成年人刑事案件的专门机构。地市级检察院和区县级检察院一般应当设立办理未成年人刑事案件的专门机构或专门小组，条件不具备的，应当指定专人办理；最高人民法院和高级法院应当设立少年法庭工作办公室。其次，要求办理未成年人案件和执行刑罚时，应当综合考虑案件事实和社会调查报告的内容，对违法和轻微犯罪的未成年人，有条件的地区可以试行行政处罚和轻罪消灭制度。社会调查由司法行政机关社区矫正工作部门负责。公安机关提请检察院审查逮捕或移送审查起诉未成年人刑事案件，应当将犯罪嫌疑人办案期间表现等材料和经公安机关审查的社会调查报告等随案移送检察院；检察院应当认真审查公安机关移送的社会调查报告等材料，全面掌握案情和未成年人的身心特点，作为教育和办案的参考。检察院提起公诉的未成年人刑事案件，社会调查报告等材料应当随案移送至法院。最后，要对未成年犯罪嫌疑人、被告人年龄进行查证与审核：公安机关应当查清未成年犯罪嫌疑人作案时的实际年龄；检察院如发现年龄证据缺失或者不充分，或者未成年犯罪嫌疑人及其法定代理人基于相关证据对年龄证据提出异议等情况，可能影响案件认定的，在审查逮捕时，应当要求公安机关补充证据，公安机关不能提供充分证据的，应当做出不予批准逮捕的决定，并通知公安机关补充侦查。补充侦查仍不能证明未成年人作案时已达到法定刑事责任年龄的，检察院应当依法做出有利于未成年犯罪嫌疑人的认定和处理；法院对提起公诉的未成年人刑事案件进行审理时，应当着重审查未成年被告人的年龄证据。[①]

（3）重视推动异地务工人员融入当地。这对于当地经济社会的发展具有十分重要的意义。具体来说，主要从以下这些方面着手：①大力推进流动人口计划生育基本公共服务均等化。统筹加强对异地务工人员的人口计生服务管理工作，按照统筹管理、均等服务的要求，深化和拓展以免费技术服务为重点的流动人口计生基本公共服务全覆盖。②把异地务工人员子女接受义务

---

① 六部门. 建立和完善办理未成年人刑案配套工作体系[N/OL]. 检察日报,2010. http://news.xinhuanet.com/legal/2010-09/16/c_12575091.htm.

教育纳入当地公共教育体系。切实解决异地务工人员子女接受义务教育问题，充分挖掘公办学校的潜力，逐步提高公办中小学校接纳异地务工人员子女就学的比例。进一步加大对民办教育的扶持力度，规范对民办学校的办学管理，切实提高办学水平，鼓励民办学校积极吸收异地务工人员子女就读。③做好异地务工人员社会救济工作。将已参加当地社会基本医疗的异地务工人员纳入医疗救助范围，为其提供及时有效的医疗救助。对因突发性、特殊性原因造成临时出现生活困难的异地务工人员给予及时规范的救助。④积极培育发展异地务工人员服务组织（包括服务协会和互助组织）。使之成为服务管理异地务工人员的重要载体，引导异地务工人员自我教育、自我服务、自我管理，促进异地务工人员与当地居民有效融合，形成共建共享的社会治理格局。⑤加强异地务工人员就业服务和职业技能培训工作。完善公共就业服务体系，规范人力资源市场秩序，打击非法职业介绍行为。公共就业服务机构为异地务工人员提供免费的求职登记、就业指导、职业介绍、政策咨询等综合性就业服务。实施在岗职工技能提升培训计划，安排配套资金，为参加职业技能培训的异地务工人员提供培训补助。⑥依法维护异地务工人员的合法权益。加强劳动保障法律法规宣传，增强用人单位的守法意识和异地务工人员依法维权意识。进一步完善异地务工人员劳动合同管理，积极推进工资集体协商制度，强化劳动关系三方协调机制，严厉打击各种侵害异地务工人员合法权益的行为。加强对异地务工人员的法律援助，维护异地务工人员的合法权益。⑦扩大异地务工人员参加社会保险的覆盖面。积极推进异地务工人员参加职工基本养老保险、基本医疗保险、失业保险和工伤保险工作。完善异地务工人员医疗保障制度。扩大异地务工人员参加大病医疗保险的覆盖面。为所有参保人包括异地务工人员及其参保子女建立补充医疗保险制度，减轻异地务工人员患有特别重大疾病医疗费用负担问题。⑧积极改善异地务工人员居住条件。通过政府提供政策支持，建设公租房、员工宿舍、保障性住房等，力争就地就近解决异地务工人员基本居住需求。⑨丰富异地务工人员精神文化生活。实行改善异地务工人员文化生活的相关政策，逐步将丰富异地务工人员精神文化生活纳入当地文化事业发展规划和公共文化服务体系范围。进一步开放公益性文化体育设施，积极开展适合异地务工人员特点的文体活动，引导异地务工人员保持良好心理状态，推进文明城市建设。⑩进一步落实异地务工人员入户政策。实施异地务工人员积分制入户实施办法和高技能人才入户政策，重点引进高技能人才，以及重点企业、重大项目急需招调的业务骨干，让优秀异地务工人员优先入户当地。⑪建立优秀异地务工人员奖励机制。开展优秀异地务工人员评选活动。对获奖的优秀异地务工人员，在子女教育、卫生医疗、计划生育、社会保险等方面享受与当地户籍人员同等待遇；符合入户条件且本人愿意转为当地户口的，可办理入户手续。

五、保障公民基本权利，维护公平正义

维护公平正义是维系社会秩序和活力的基本条件，是社会主义和谐社会的内在要求。其核心是要依法维护所有公民的权利。公民的权利名目繁多，范围广泛，既有基本权利，也有一般权利。政府主导编织的“社会保障网”主要是维护群众在住房、养老、医疗、交通、食品安全等方面的基本保障权，随着基本保障权实现的水平不断提升，还必须进一步发展和维护群众在经济生活、政治生活、文化生活、社会生活等方面的权利，唯有如此不断动态发展，才能不断提高群众的幸福感和满意度。我国公民的权利和自由非常广泛，这种广泛性主要表现在两个方面：第一，享有权利和自由的主体非常广泛。我国是人民民主专政的社会主义国家，绝大多数人是国家的主人。在现阶段，我国的权利主体包括占全国人口绝大多数的社会主义劳动者、拥护社会主义的爱国者、拥护祖国统一的爱国者、社会主义事业的建设者以及其

他服从国家法律的人；即使那些极少数被剥夺政治权利的公民，也仍然享有与其身份相适应的公民权利。比如根据法律规定，罪犯除依法被剥夺或限制的权利以外，享有申诉权、辩护权、合法财产不受侵犯权、控告权与检举权等。第二，公民享有的权利和自由的范围非常广泛。根据《宪法》的规定，我国公民享有的权利和自由涉及政治、经济、文化、教育以及人身等各个方面。从权利体系来看，包括政治权利、人身权利、宗教信仰自由、社会经济权利、文化教育权利等。随着社会主义政治经济文化的不断发展，我国公民权利与自由的范围还将得到进一步扩大。①

（一）建立健全公民合法权利保障机制

（1）建立健全物质保障机制。①限制权力经济，发展权利经济，为保障公民合法权利提供经济基础。②为公民实现自身应享的权利和自由提供必要的物质条件。③通过不断完善社会保险、社会救济，不断加强医疗卫生条件的改善，贯彻落实物质帮助权等措施，切实保障公民的权利。

（2）建立健全法律保障机制。①对公民权利内容的规定要具有现实性。也就是说，关于公民权利的规定，要从国情出发，实事求是，具有可行性、可操作性。具体来说，不要把在现有情况下很难实现的权利写入法律，这样只能削弱法律的权威。例如，公共场所禁止吸烟，保障公民不吸二手烟，目前在我国就很难做到，一旦列入法律，也将是一纸空文。因此，关于公民的权利内容的规定，一定要切实可行。②要在法律上严格规定对侵犯公民权利行为的惩罚措施。如果不对侵犯公民权利的行为进行处罚，那么，保障公民的权利就是一句空话。③要建立权利平等、机会平等、规则平等的法律制度，尊重公民的合法权利。建设公平、高效、权威的司法制度，秉公执法，廉洁执法。④加强法律援助，加强人权保障，促进人权事业全面发展。

---

① 百度文库. http://wenku.baidu.com/view/ff4af93043323968011c92bb.html.

（3）建立合理的"权利—权力结构"，发展社会主义民主政治，从各个层次、各个领域扩大公民有序参与政治，为保障公民合法权利提供政治条件。

（4）剔除传统文化的糟粕，弘扬社会主义先进文化，树立社会主义法治理念，弘扬法治精神，形成人人学法守法的良好社会氛围，为保障公民合法权利提供思想文化条件。

（二）切实加强公民权利的保障

《宪法》规定我国公民的基本权利，包括法律面前一律平等、政治权利和自由、宗教信仰自由、人身与人格权、监督权、社会经济权利、社会文化权利和自由等权利，但是如何实现这些权利，则需要做好以下几方面。

1. 要努力保障社会成员在政治、人身、经济、社会、文化等方面享有的权利

（1）要保障公民的政治权利。公民的政治权利是公民有序参与国家政治活动的一切权利和自由的总称。公民的政治权利是一种"主权意义上的权利"，它既构成了实现人民主权原理及其各种具体民主制度不可或缺的前提条件，又反过来体现了人民主权原理及其各种具体民主制度的内在要求。因此，公民的政治权利在整个公民权利体系中居于特别重要的地位。公民的政治权利主要包括平等权、选举权和被选举权以及政治自由。此外，还包括其他各种政治参与的权利。如根据我国现行《宪法》的规定，公民有对国家机关及其工作人员的监督权，以及各种途径和形式的管理国家事务、管理经济和文化事业、管理社会事务的权利等。要依法维护公民的平等权，确保所有公民都平等地享有权利和承担义务，所有公民的合法权益都平等地受到法律的保护，任何公民都不享有法律以外的特权，任何公民都不得强迫其他公民承担法律以外的义务。简而言之，就是确保法律面前人人平等。选举权和被选举权是公民政治权利中传统而典型的类型。但在现实政治生活中，言论、

出版、集会、结社、游行和示威的自由，作为公民表达政治意愿的权利，也在现代国家政治生活中逐渐取得重要地位。因此，我国现行《宪法》第34条规定公民有选举权和被选举权，同时在第35条又规定公民有言论、出版、集会、结社、游行和示威的自由。这六项自由就是公民在法律范围内享有的表达意愿、参加社会活动和政治生活的政治自由权利。

（2）要依法维护公民的宗教信仰自由。宗教信仰自由的含义是：每个公民都有按照自己的意愿信仰宗教的自由，也有不信仰宗教的自由；有信仰这种宗教的自由，也有信仰那种宗教的自由；在同一宗教里，有信仰这种教派的自由，也有信仰那种教派的自由；有过去不信教而现在信教的自由，也有过去信教而现在不信教的自由；有按照宗教信仰参加宗教仪式的自由，也有不参加宗教仪式的自由。[①] 任何国家机关、社会团体和个人不得强制公民信仰宗教或者不信仰宗教，不得歧视信仰宗教的公民和不信仰宗教的公民。正常的宗教活动受国家保护。但任何人不得利用宗教进行破坏社会秩序、损害公民身体健康、妨碍国家教育制度的活动。宗教是一种历史现象，它的产生有着深刻的自然和历史原因。不能用行政命令的手段，强迫群众改变宗教信仰，而要引导他们把信教与爱国结合起来，把宗教活动纳入宪法和法律的范围，做到同社会主义相适应。因此，我们必须严格执行国家的宗教信仰自由政策，尊重和保护公民的宗教信仰，但同时又要大力揭露披着宗教外衣进行违法犯罪活动的邪教势力。正统宗教有自己特有的宗教信仰、宗教感情和与此相应的宗教理论、教义教规，有严格的宗教仪式、戒律、组织、制度和修行体系。我国的五大宗教：佛教、道教、基督教、伊斯兰教、天主教，已经成为中国文化体系的一个组成部分。一般来说，正统宗教都较少干涉世俗事务，并且积极参与社会的公益事业，劝人行善，对净化社会风气、促进社会

---

① 宪法练习题6[Z/OL]. http://wenku. baidu. com/view/ff4af93043323968011c 92bb. html.

稳定能起到一定的积极作用。这种对世俗生活的超脱，可以说是正统宗教的标志，正因为如此，它才能够长期流传不衰，并能得到国家和政府的保护。而邪教则在本质上有反人类、反社会、反政府的特点，一般都大肆鼓吹教主的超人力量，伪造许多奇迹和神话，以欺骗群众。严重危害社会和人民群众的生命财产安全，因而历来被任何负责任的政府所不容。只有依法打击邪教才更有利于保护正常的宗教活动和公民的宗教信仰自由。①

（3）要依法维护公民的人身自由。公民的人身自由是指公民的人身（包括肉体和精神）不受非法限制、搜查、拘留和逮捕。广义的人身自由，除公民的人身自由不受侵犯外，还包括与人身自由相联系的人格尊严和公民住宅不受侵犯，公民的通信自由和通信秘密受法律保护，以及公民的宗教信仰自由。由于公民的人身自由是公民正常地生活、学习和工作的保障，是公民参加各种社会活动、参加国家政治生活、享受其他权利和自由的前提条件，也是公民最基本的人身权利，公民一旦失去人身自由，其他权利和自由也就无从谈起；因此，人身自由是公民最基本、最起码的权利。

（4）要依法维护公民的人格权。宪法学中公民的人格尊严即公民的人格权，它反映的是公民个人与国家之间的关系，是一种公民权利；而民事意义上的人格权，是指由法律所认可的人格主体地位，具有权利能力的含义，或多指与个人不可分离的身体、自由、名誉以及姓名、肖像、个人隐私等利益，它反映的是私人之间的相互关系。人格权有狭义和广义之别。狭义的人格权是指与个人人格价值具有基本关联性的、不可侵犯的权利，主要包括名誉权、姓名权、肖像权以及隐私权。广义的人格权，同时还包括构成人格本质的个人生命、身体、精神以及与个人生活相关联的利益等内容。我国现行

---

① 宜人. 从宗教与邪教的区别看保护公民的宗教信仰自由[Z/OL]. [2008-09-27]. http://www.rbw.org.cn/article.aspx?i=uMT&ky=!YVc8kd7k17L2xV2T&langu=f&pgnum=15811.

《宪法》第38条规定："中华人民共和国公民的人格尊严不受侵犯。禁止用任何方法对公民进行侮辱、诽谤和诬告陷害。"《宪法》这一规定中的"人格尊严"相当于狭义上的人格权。

（5）要依法维护公民的批评、建议、申诉、控告等权利。对于任何国家机关和国家工作人员的违法失职行为，公民有向有关国家机关提出申诉、控告或者检举的权利和国家赔偿及补偿的请求权，但是不得捏造或歪曲事实进行诬告陷害。其中，申诉权是指当公民的合法权益，因行政机关或司法机关wdt出的错误的、违法的决定或判决，或者因国家工作人员的违法失职行为而受到侵害时，受害公民有向有关国家机关申诉理由、要求重新处理的权利，包括诉讼上的申诉权和非诉讼上的申诉权。提出控告或检举的权利是指公民对于任何国家机关或国家工作人员的违法失职行为，有向有关国家机关揭发、指控或检举，并请求予以惩罚或制裁的权利。国家赔偿及补偿请求权，是指公民个人或其他权利主体的权利，因国家或公共权力机关的行为而蒙受损害时，依法享有的向国家提出赔偿及补偿的权利。我国现行《宪法》第41条对公民的申诉、控告或者检举以及国家赔偿请求权做了明确规定。[①] 为了保障公民的批评、建议和申诉、控告或者检举权利的行使，《宪法》还规定，对于公民的申诉、控告、检举，国家有关部门必须认真核查。对于公民的申诉、控告、检举行为，任何人不得压制，不得打击报复。《宪法》《中华人民共和国刑法》《中华人民共和国国家赔偿法》对国家工作人员侵害公民行使上述权利的行为也做了惩罚性规定。国家机关及国家机关工作人员违法行使职权侵犯公民、法人和其他组织的合法权益造成损害的，受害人有依法取得赔偿的权利。

（6）要依法维护公民的社会经济权利。公民的社会经济权利是公民参与

① 周叶中法学笔记．［Z/OL］．［2012－08－04］．http://wenku.baidu.com/view/e358fb7601f69e314 3329463.html.

国家政治生活的物质保障，宪法对公民享有的社会经济权利做了具体的规定。在我国，公民享有广泛的社会经济权利，这些权利包括公民的劳动权、休息权，以及退休人员生活保障权、物质帮助权和财产权。《宪法》规定公民享有劳动就业和获得相应劳动报酬的权利，以及为保护身体健康和提高劳动效率而休息和休养的权利。公民的休息权，是劳动者在享受劳动权的过程中，为保护身体健康，提高劳动效率，根据国家法律和制度的有关规定而享有的休息和休养权利。我国现行《宪法》第43条规定："中华人民共和国劳动者有休息的权利。""国家发展劳动者休息和休养的设施，规定职工的工作时间和休假制度。"《宪法》还规定了公民在退休后，有获得生活保障的权利；公民在年老、疾病或者丧失劳动能力后，有权从国家和社会获得帮助。公民的私有财产权是指公民通过合法劳动或其他合法方式获得，并对其拥有的合法财产有占有、使用、收益和处分的权利，是维持公民生存必不可少的基本权利。财产权包括对生活资料和一定生产资料的所有权。其中，生活资料主要包括劳动的和非劳动的薪金、租金、储蓄、房屋、交通工具、债券、股票以及其他日常生活用品等；生产资料主要是指公民合法拥有的生产工具、原材料、劳动产品、牲畜等。

（7）要依法维护公民的教育、科学、文化权利和自由。《宪法》规定了公民有受教育的权利和义务。公民接受教育，既是权利，又是义务。作为权利，公民只要达到一定的年龄，就有权进入各类学校或通过其他教育设施和途径学习科学文化知识；任何人包括其监护人在内都无权剥夺公民的受教育权；国家要重视发展教育事业，以保证公民受教育权的充分实现。同时，受教育作为一项义务，公民又必须按照国家的有关规定，在一定形式的教育设施中，接受科学文化知识的教育；其监护人也有责任帮助公民接受教育。公民受教育的权利主要内容包括：按照能力接受教育的权利，公民按照自己所具有的能力接受相应的教育。国家和社会应提供合理的教育制度以及适当的

教育设施等条件，使有一定能力的公民享受相应的教育；享受教育机会的平等，每个公民在宪法和法律所规定的范围内，享有平等的受教育权，不因除能力之外的民族、种族、职业、性别、宗教信仰等原因而受不平等的待遇；受教育权通过不同阶段和不同形式得到实现，在我国的受教育权保障体系中直接与教育功能相联系的形式主要有幼儿教育、初等教育和初级中等教育、普通高等教育、成人教育等。此外，公民有从集体经济组织、国家企业事业组织和其他社会力量举办的教育机构接受教育的机会，就业前的公民有接受必要的劳动就业训练的权利等；另外，《宪法》还规定了公民有进行科学研究、文学艺术创作和其他文化活动的自由，对于从事教育、科学、技术、文学、艺术和其他文化事业的公民的有益于人民的创造性工作，国家给以鼓励和帮助。

（8）要依法维护其他方面的权利。法律除对所有公民应普遍享有的权利和自由做出规定外，还对特定群体的公民做了专门规定，给予特别保护，主要是指保护妇女、未成年人、老年人、残疾人以及华侨、归侨、侨眷的合法权益等。

2. 要把握好最大多数群众的根本利益、现阶段的共同利益、不同群体的特殊利益的关系，寻找最佳结合点

近十几年来党中央始终强调，要坚持把改善人民生活作为正确处理改革发展、稳定关系的结合点，正确把握最广大人民的根本利益、现阶段群众的共同利益和不同群体的特殊利益的关系，统筹兼顾各方面群众的关切点。这标志着我们党对中国特色社会主义社会矛盾的认识达到了一个新的高度，对中国共产党执政规律的认识达到了一个新的境界。那么，如何才能做好这项工作？

（1）必须首先考虑并满足最大多数人的利益要求，把实现好、维护好、发展好最广大人民的根本利益作为做决策、办事情、做工作的根本出发点和

落脚点。最大多数人的利益是最紧要和最具有决定性的因素，只有首先考虑和满足了最大多数人的利益要求，才能赢得绝大多数人的理解和支持，才能为改革开放和现代化建设创造必需的社会政治环境。

（2）必须把实现利益共享作为推动改革发展必须遵循的一条重要原则。我们的发展成果，无论是物质成果还是精神成果，都应该为最广大人民群众所共享。虽然改革发展措施不可能使所有群众同时同等程度受益，但从总体上讲，改革发展措施的制定和出台，必须使绝大多数社会成员的利益得到程度不同的增进，否则，我们就背离了改革发展的初衷。

（3）必须把统筹兼顾作为一条重要的工作方法。改革已进入到全面调整利益关系的阶段。在大规模的利益格局调整过程中，一部分人或群体利益的增进，有时会意味着另一部分人或群体利益的损失。在这种情况下，必须把统筹兼顾作为调整利益关系必须遵循的一条重要工作方法，充分发挥我们党的社会整合功能，最大限度地反映和体现社会各个方面的利益要求。

（4）必须着力解决人民群众最关心、最直接、最现实的利益问题，维护社会公平，促进社会公正。当前，我国现阶段的许多社会矛盾和社会问题，已经明显集中到与人民群众基本民生问题具有直接关系的环节，任何可能导致人民群众基本生活水平有所下降的举动，都可能会招致广泛的社会抵触。因此，必须充分考虑到当前我国经济转轨时期的特殊国情，必须紧紧抓住并着力解决人民群众反映最为强烈的利益问题，维护社会公平，促进社会公正，把我们党执政的基本群众紧紧地团结在自己的周围。①

3．加强特殊人群权益保障

加强对服刑在教人员进行文化教育和技能培训。建立完善有关部门、家

① 如何准确把握和妥善处理最广大人民的根本利益、现阶段群众的共同利益与不同群体的特殊利益的关系[N/OL]. 光明日报,2006－12－15. http://www.gmw.cn/01gmrb/2006－12/15/content_522683.htm.

庭成员、社区组织及社会工作者密切配合的社区矫正、刑满释放人员及社区戒毒康复人员安置帮教工作体系。推进刑满释放人员过渡性安置基地、戒毒康复人员就业安置基地、精神病人治疗管护专业机构、违法犯罪艾滋病人收治中心、街头流浪人员救助机构等特殊人群管理项目建设。建立社会心理干预机制，等等。

4. 加强对特殊青少年群体的服务管理

（1）完善对行为偏常和闲散青少年群体分类动态服务管理和社会化帮教机制。

（2）采取有效措施防止义务教育阶段学生失学或流失，帮助他们完成学业。对于已满 16 周岁的青少年，可以加强职业技能培训、职业介绍、信息咨询等服务，拓展就业渠道。

（3）建立健全流浪未成年人救助机制。

（4）健全服刑在教人员未成年子女和农村留守儿童关爱服务体系。

（5）在社区建立对有不良行为青少年进行有效教育帮扶的工作机制。

（6）建立完善未成年人刑事案件配套工作体系。

5. 重视推动异地务工人员融入当地

（1）大力推进流动人口计划生育基本公共服务均等化。

（2）把异地务工人员子女接受义务教育纳入当地公共教育体系。

（3）做好异地务工人员社会救济工作。

（4）积极培育发展异地务工人员服务组织。

（5）加强异地务工人员就业服务和职业技能培训工作。

（6）依法维护异地务工人员的合法权益。

（7）扩大异地务工人员参加社会保险的覆盖面。

（8）积极改善异地务工人员居住条件。

（9）丰富异地务工人员精神文化生活。

（10）进一步落实异地务工人员入户政策。

（11）建立优秀异地务工人员奖励机制。

6. 完善外国人服务管理机制

要积极推动涉外管理立法，建立涉外服务管理信息共享机制，加快建立党政领导、部门联动、公众参与的外国人服务管理工作协调联动机制。建立统一、高效的服务管理机制，完善入出境和停居留制度。强化外国人入出境、通关、居留等服务措施，在外国人居住或活动较多的社区建立外国人服务站点，提供“一站式”服务。完善外国人就业管理制度，加强对“三非”外国人管理。强化外国人就业许可管理和就业劳动监察，开展对非法入境、非法居留、非法就业的外国人问题的综合治理。

总而言之，政府必须从教育入手，为受教育者的就业创业奠定基础，进而获得个人财富。但实现社会和谐稳定的关键是科学地解决群众住房、医疗、交通、养老、食品安全等方面的基本需求。因此，政府必须建立与上述需求相关的个体保健预防机制。即：促进创业就业以增加个人收入，以个人收入作为“社会保健之绳”，由政府主导为其编织“社会保健之网”并负责修补漏洞，从而实现以自我保障为基础，政府救助为托底，慈善帮扶为辅助的自助、家助、互助、共助、公助相互配合的社会保健机制。与此同时，还必须保证社会个体的权利，维护公平正义，使社会和谐保健机制处于法律监督和保障之下。只有这样，才能提高群众幸福感、满意度，实现社会管理，建设和谐社会。

第三章　公共危机的预防体系

在现代社会管理中，不仅要重视社会个体保健，也要重视社会群体保健，避免群体性事件发生，因此必须积极建立公共危机预防体系。现代公共危机管理的一个重要理念，就是危机管理的重心前移，从传统的重视对危机事件处理（事中）的被动应对转到了事前阶段即主动管理、主动防范上。公共危机的预防就是尽量使用最少钱来寻求最大的效用。所以要在危机爆发前做好充分的准备，通过平时最大努力地采取预防措施消除或减少危机的隐患，从而避免或把危机发生的几率和危害降至最低。这就需要建立一套规范、全面的公共危机预防体系，达到最大限度地维持社会的和谐稳定。

一、公共危机的含义和特点

（一）公共危机的含义

公共危机事件是指一种危及全体社会公众的整体生活和共同利益的突发性和灾难性事件。相对于社会个体矛盾，公共危机危害的对象具有公共群体性，构成了和谐社会管理必须面对的另一个重要方面。公共危机包括自然灾害、事故灾难、突发公共卫生事件、突发社会安全事件、经济领域的公共危机等，极大地影响到和谐社会建设和人民群众的生命财产安全。

自然灾害：主要包括水旱灾害，台风、冰雹、雪、高温、沙尘暴等气象灾害，地震、山体崩塌、滑坡、泥石流等地质灾害，森林火灾和重大生物灾害等。

事故灾难：主要包括民航、铁路、公路、水运、轨道交通等重大交通运输事故，工矿企业、建筑工程、公共场所及机关、企事业单位发生的各类重大安全事故，造成重大影响和损失的供水、供电、供油和供气等城市生命线事故以及通信、信息网络、特种设备等安全事故，核辐射事故，重大环境污染和生态破坏事故等。

突发公共卫生事件：主要包括突然发生，造成或可能造成社会公共健康严重损害的重大传染病疫情、群体性不明原因疾病、重大食物和职业中毒，重大动物疫情，其他严重影响公众健康的事件。

突发社会安全事件：主要包括重大刑事案件、涉外危机、民族宗教冲突、恐怖袭击事件以及规模较大的群体性突发事件。

经济领域的公共危机：主要包括资源、能源和生活必需品严重短缺，金融信用危机和其他严重经济失常、经济动荡等涉及经济安全的危机。

（二）公共危机的特点

一般认为，公共危机是一个过程或者是一个非均衡的状态，这主要是由于社会偏离了正常的轨道而形成的。或者认为公共危机是涉及公共安全的危机。还有学者认为公共危机是一种危险情况和紧张状态，这种状态的出现是由于受到内部或者外部各种高度不确定的变化因素影响而对社会的公共利益和公共安全造成了严重的威胁。公共危机具有如下一些特点：

1. 突发性

突发事件的突发性是指对于突发事件能否发生，何时、何地、何种方式爆发，以及爆发程度如何，人们都难以预料，难以准确把握；突发事件的起因、规模、事态变化、发展趋势及其影响力和影响面也无法预知。恰恰是因为事件的突发性，才会使它在极短的时间内迅速成为全社会关注的焦点和热点，并产生非常大的影响面和影响力。

2. 不确定性和多变性

不确定性主要表现在突发公共事件的原因、变化方向、影响因素、后果等各方面都无规则，导致事件瞬息万变，难以准确预测和把握。因此，人类

的有限理性对应于事件的不确定性使得人们往往无所适从，从而更增强了人们的恐慌感并扩大成为不安全感。突发事件影响的地域往往比较广，涉及的人员比较多，还往往引起“多米诺骨牌”效应和涟漪效应。这种连锁反应带来的一个直接后果就是突发事件变得复杂化，已经超出纯粹的经济、政治和文化话题，变成一种含有多项内容的综合性社会危机。突发事件的这种特点增加了人们处理突发事件的难度。

3. 破坏性

从某种意义上说，突发事件以人员伤亡、财产损失为标志。不论什么性质和规模的突发事件，都会不同程度地给国家和人民造成政治、经济上的损失或精神上的伤害，都会影响政治局面的稳定、破坏经济建设、危及正常的工作和生活秩序，甚至威胁人类的生存。突发事件造成的损害有直接损害和间接损害。这种损害性不仅体现在人员的伤亡、组织的消失、财产的损失和环境的破坏上，而且还体现在突发事件对社会心理和个人心理所造成的破坏性冲击，并进而渗透到社会生活的各个层面。突发事件越是严重，其危害范围和破坏力就越大，所造成的损失也就越严重。①

4. 持续性

持续性，也称滞后性。所有的突发事件一旦发生，就会持续一段时间，而不会突然结束，其带来的影响也是长久的。首先，在突发事件中，人民群众的安全遭受巨大威胁，生命可能瞬间消逝，即使幸存下来，目睹灾难、肢体残疾、亲人逝去所带来的心理上的痛苦和创伤也可能是伴随一生的。其次，突发事件给人民群众的财产带来了巨大的损失，对公共基础设施造成了巨大破坏，人民群众的生活质量将在短期内急剧下降，事后重建恢复工作需要长期进行。另外，突发事件往往会对环境造成危害，带来的水源污染、大

---

① 孙崇勇，秦启文．突发公共事件的两个基本理论问题探讨［J］．西南师范大学学报（人文社会科学版），2005（2）．

气污染和生态破坏，也会对人的持续发展带来明显影响，需要长期治理。

5．紧急性

罗森塔尔认为，突发事件是一种对社会系统的基本价值和行为结构产生的严重威胁，并且在时间压力和不确定性很强的情况下必须对其做出关键性决策的事件。突发事件发生时组织所面临的环境达到了一个临界值和既定的阀值，组织急需快速做出决策，并且缺乏必要的训练有素的人员、物质资源和时间；同时危机事件的发生往往会带来重大的人员和财产损失，并造成巨大的社会影响，所以必须马上要求做出正确的、有效的应急反应，以减轻危机事件给社会带来巨大的经济损失和不可估量的政治后果。例如，在汶川发生8级大地震后，党和政府高度重视，迅速采取措施，第一时间对震区实施了救援，把人民群众的生命财产损失控制在最小范围内，稳定了灾区局势，进一步提高了党和政府的威信，增强了中华民族的凝聚力。

6．公共性

一般来说，事件的内涵包含个体、组织和社会等各种主体，但突发公共事件则是专指在公共管理范畴内的危机事件，其影响和涉及的主体具有公共性。此外，突发公共事件的直接涉及范围不一定是在普遍的社会公众领域，但是事件都会因为迅速地传播引起社会公众的普遍关注，成为社会公共热点问题并造成巨大的公共损失、公众心理恐慌和社会秩序混乱等。

7．信息的有限性

由于突发公共事件的随机性和不确定性，很多信息是随着事态的发展而演变的，而时间的紧迫性，又使得决策者掌握的信息有可能不是那么全面，得到的信息不是那么及时，并且在信息的反馈和处理过程中，信息的准确性和有效性也难以保证，从而导致信息的失真。① 因此，公共突发事件信息有

① 苏娴．我国城市突发性事件管理研究［D］．武汉：武汉科技大学，2006.

限性的这种特点，是对决策者的判断能力最严峻的考验之一。

8. 机遇性

突发公共事件既会带来破坏甚至灾难，也会带来机遇。在社会领域，突发公共事件具有社会的安全阀和促进社会进步和发展的功能，可以为社会的发展提供一次进行变革、改进和创新的机会。

二、我国公共危机概况

我国每年因突发公共事件造成的损失十分巨大。根据资料显示：根据民政部网站信息，2013 年各类自然灾害造成全国 38 818.7 万人次受灾，1 851 人死亡，433 人失踪，1 215 万人次紧急转移安置，直接经济损失 5 808.4 亿元。应对频繁的自然灾害和瘟疫流行，考验了我们应对突发事件的能力。各地应对突发事件的综合能力明显增强，应急覆盖面从以自然灾害为主逐渐扩大到覆盖自然灾害、事故灾难、公共卫生事件和社会安全事件等方面，应对突发事件的方式从被动式处置逐渐演变为从事前预防、事中处置到事后评估的全过程管理，应急管理体制从专门部门应对单一灾害过渡到综合管理，但也存在不少薄弱环节。总的来说，危机意识相对薄弱，政府和公众相对缺乏强烈的危机意识和忧患意识。从调查情况看，部分人员甚至是领导干部的危机意识还十分薄弱，对黄金发展期和矛盾凸显期交织的社会转型期阶段性特征认识不深，对经济社会、自然生态的变化趋势关注不够，对潜在的危机隐患重视不足，对全球化下所滋生的各种风险和危机认识不足，对现代社会存在的各种危机缺乏分析判断机制，缺少风险评估机制。防微杜渐、防患于未然的意识不强，“亡羊补牢”多，“未雨绸缪”少。在政府转型过程中，尚未树立足够的、非传统的危机意识和危机管理意识，这是导致危机应急工作被动的根本原因。

三、公共危机预防体系建设

由于公共危机具有突发性、不确定性、紧迫性和高度的破坏性等特点，这就给社会管理带来了极大的挑战，如果仅仅头痛医头脚痛医脚，只能是疲于应付，治标不治本。因此，要从根本上搞好社会管理，就必须从我国实际情况出发，积极从预防环节下手，建立公共危机预防体系，维护社会的和谐稳定。公共危机预防体系建设主要从两个方面着手。

（一）加强公共危机预防体系硬件建设

硬件建设是预防公共危机的基础，重在日积月累、未雨绸缪，不要临渴掘井。日本是一个地震多发国家，长期以来，他们狠抓防灾减灾工程，狠抓建筑物的防火抗震标准和实施，同等条件下其建筑物的抗震能力远远超过其他国家。例如日本岩手县釜石市投入巨资，花费了近30年时间，于2009年建成被吉尼斯世界纪录认定为世界“最大最深的防波堤”（其弧形迎水面的北堤全长990米，南堤全长670米，高63米，满潮时露出水面的高度为4.5米，水下为58.5米）。在2011年百年一遇的日本9.0级大地震中，虽然未使居民完全免遭海啸袭击，但却最大限度地化解了其破坏力，使死亡人数大大减少，受灾程度大大减轻。

我国应凭借多年经济发展的积累，狠抓基础设施建设，构建公共危机预防的硬件体系。

1. 构建现代化综合运输体系

要按照适度超前原则，统筹各种运输方式发展，尽快建成国家快速铁路网和高速公路网，初步形成网络设施配套衔接、技术装备先进适用、运输服务安全高效的综合交通运输体系。要完善区际交通网络，加快铁路客运专线、区际干线、煤运通道建设，发展高速铁路，形成快速客运网，强化重载货运网。完善国家公路网规划，加快国家高速公路网剩余路段、瓶颈路段建设，加强国省干线公路改扩建。大力推进内河高等级航道建设，推动内河运

输船舶标准化和港口规模化发展。完善煤炭、石油、铁矿石、集装箱等运输系统，提升沿海地区港口群现代化水平。完善以国际枢纽机场和干线机场为骨干、支线机场为补充的航空网络，积极推动通用航空发展，改革空域管理体制，提高空域资源配置使用效率。要建设城际快速网络，适应城市群发展需要，以轨道交通和高速公路为骨干，以国省干线公路为补充，推进城市群内多层次城际快速交通网络建设。建成城市群城际交通网络，推进重点开发区域城市群的城际干线建设。要大力发展城市公共交通系统，提高公共交通出行分流比率。科学制定城市轨道交通技术路线，规范建设标准，有序推进轻轨、地铁、有轨电车等城市轨道交通网络建设。积极发展地面快速公交系统，提高线网密度和站点覆盖率。要加快综合交通枢纽建设，推广先进装备技术应用，提高交通运输信息化水平。优化运输组织，创新服务方式，推进客票一体联程、货物多式联运。大力发展节能环保的运输工具和运输方式。加强安全管理，保障运输安全。①

2. 构建现代化能源保障体系

按照战略储备、应急储备、物价调控储备三个等级，科学安排储备好经济战略资源，包括经济安全物资（粮食、稀有金属、黑色金属、金属矿等）和战略安全能源（石油、天然气等）。实施能源多元化发展战略，推进以电力为中心，油气和新能源等全面发展，努力构建清洁、高效、安全、稳定、多元的能源供应体系。要加快西北、东北、西南和海上进口油气战略通道建设，完善国内油气主干管网。统筹天然气进口管道、液化天然气接收站、跨区域骨干输气网和配气管网建设，形成天然气、煤层气、煤制气协调发展的供气格局。我国能源资源集中在西部，而用电需求集中在东部，呈现逆向分布的特点。近期结构性矛盾尤其突出表现在：新增发电装机的区域分布不平

① 国民经济和社会发展第十二个五年规划纲要[A/OL].[2011－03－16].http://www.china.com.cn/economic/zhuanti/sewgh/2011－03/17/content_22158366_4.htm.

衡，用电需求大的东中部地区新增发电装机较少；电源和电网建设不同步，尤其是电网建设滞后使得西部的电不能充分送到东中部。在迎峰度夏期间，一边是电荒重灾区拉闸限电甚至波及居民，电力缺口达3 000万千瓦；另一边却是东北、西北、蒙西电网的电力富余超过3 000万千瓦，只能窝电。电荒时代的窝电现象凸显出电力外送通道建设滞后。当然，地方电厂、五大电力和电网之间复杂的竞争博弈、利益格局加剧了这种结构性电荒。对此，应适应大规模跨区输电和新能源发电并网的要求，加快现代电网体系建设，强化区域间大容量的电力输送，以平衡各地的电力供需，进一步扩大西电东送规模，完善区域主干电网，发展特高压等大容量、高效率、远距离先进输电技术，依托信息、控制和储能等先进技术，推进智能电网建设，切实加强城乡电网建设与改造，增强电网优化配置电力能力和供电可靠性。

3. 构建现代化信息承载体系

加快建设宽带、融合、安全、泛在的下一代国家信息基础设施，统筹布局新一代移动通信网、下一代互联网、数字广播电视网、卫星通信等设施建设，形成超高速、大容量、高智能国家干线传输网络。引导建设宽带无线城市，推进城市光纤入户，加快农村地区宽带网络建设，全面提高宽带普及率和接入带宽。推动物联网关键技术研发和在重点领域的应用示范。加强云计算服务平台建设。以广电和电信业务双向进入为重点，建立健全法律法规和标准，实现电信网、广电网、互联网三网融合，促进网络互联互通和业务融合。要加强网络与信息安全保障，实施信息安全等级防护、风险评估等制度。加快推进安全可控关键软硬件应用试点示范和推广，加强信息网络监测、管控能力建设，确保基础信息网络和重点信息系统安全。推进信息安全保密基础设施建设，构建信息安全保密防护体系。①

---

① 中华人民共和国国民经济和社会发展第十二个五年规划纲要[A/OL].[2011 - 03 - 16].http://www.china.com.cn/economic/zhuanti/sewgh/2011 - 03/17/content_ 22158366_ 4.htm.

4. 构建现代化防灾减灾体系

着力建设一批对经济社会发展具有基础性、全局性、关键性作用的防灾减灾工程，做好水利减灾、防震减灾、地质减灾、防控农业生物减灾等工作，提高防灾减灾能力。《中华人民共和国国民经济和社会发展第十二个五年规划纲要》提出，要加强水利基础设施和防灾减灾体系建设。在继续推进大江大河管理基础上，积极开展重要支流、湖泊和中小河流管理，增强城乡供水和防洪能力。健全防灾减灾体系，增强抵御自然灾害能力。要提高供水保障能力。完善南北调配、东西互济、河库联调的水资源调配体系，建设一批跨流域调水和骨干水源工程，统筹推进中小微型水源工程建设，增加水资源供给和储备能力。推动解决西南等地区工程性缺水和西北等地区资源型缺水问题。加强雨洪资源和云水资源利用。推进水文水资源管理基础设施和重大水利工程调度管理系统建设。要增强防洪能力，继续加强大江、大河、大湖管理和重要蓄滞洪区建设，建成一批控制性枢纽工程，提高重点防洪保护区的防洪能力。加大中小河流堤防建设和河道整治力度，加快病险水库和水闸除险加固，消除安全隐患，增强防洪能力。加强海堤达标建设和重要河口综合管理。搞好跨界河流国土防护管理。要加强山洪地质气象地震灾害防治，提高山洪、地质灾害防治能力，加快建立灾害调查评价体系、监测预警体系、防治体系、应急体系，加快实施搬迁避让和重点管理。加强重点时段、重点地区山洪地质灾害防治，对滑坡、泥石流等重点突发性地质灾害隐患实施监测预警和综合管理示范，开展重要城市和地区地面沉降、地裂缝等缓变性地质灾害的综合管理。加强气象灾害监测预警预报和信息发布系统建设。提高地震监测分析与震灾防御能力。①

① 中华人民共和国国民经济和社会发展第十二个五年规划纲要[A/OL].[2011-03-16].http://www.china.com.cn/economic/zhuanti/sewgh/2011-03/17/content_22158366_7.htm.

5. 构建现代化环保生态体系

以日本为例，其自然禀赋并不是很好，但是通过多年的努力，如今已构建了较好的现代化环保生态体系，不仅仅北海道，日本许多地方的生态建设都让人羡慕：青山、绿地、蓝天、碧水，人与自然和谐相处。能做到这一点的主要原因，一是环保科技领先，节能环保业已成为引领世界潮流的新兴产业并成为日本新的竞争优势。比如日本松下中心利用阳光、风、热、雨水四大因素高效节能并实现零排放，技术领先让人叹服。二是垃圾处理真正实现3R（reduce、reuse、recycle），连焚烧垃圾的最后的灰渣也被用来制造生物水泥，一点都不浪费，而且垃圾处理厂已解决了噪声和异臭的问题，比如武藏野市的垃圾处理厂就与政府大院为邻，漂亮得像个花园。三是日本人环保素质高。四是重视生态保护。日本是世界上森林覆盖率最高的国家之一，但日本木材55%依赖进口，是世界上进口木材最多的国家。这一切保证了日本的干净和清静，优美的环境不但提高了人们的生活质量，而且还完善了公共危机预防的硬件体系。

我们应积极借鉴先进国家的经验，以战略眼光，大力加强环境保护基础设施建设。良好的环境基础设施是确保废弃物得到有效处理的前提条件。随着经济规模的扩大，污水、固体废弃物、废气等的产生量必然会有所增长，必须加快建设完善环境基础设施，提高污染物收集和处理能力。要综合考虑现有污染状况和社会经济发展趋势，推进污水处理系统、环卫设施、一般固体废弃物处理设施、危险废弃物处置中心和旧电子废物回收分拣中心等环境基础设施的建设。要区分市区、中心镇和农村废弃物的处置，城区要建设完善的污水处理系统、垃圾分类收集处理系统；中心镇的环境基础设施的规划建设要适度超前；农村在抓紧推行固体垃圾集中收集处理的同时，要充分利用当地自然生态系统处理污水和可以降解的生活垃圾。要大力推进企业脱硫、污水处理等环保设施建设，加大监管力度，促进环保设施的有效运行，

保证企业污染物的达标排放。要加强水环境、大气等污染防治，实行严格的饮用水水源地保护制度，提高集中式饮用水水源地水质达标率。加强造纸、印染、化工、制革、规模化畜禽养殖等行业污染管理，继续推进重点流域和区域水污染防治，加强重点湖库及河流环境保护和生态管理，加大重点跨界河流环境管理和污染防治力度，加强地下水污染防治。推进火电、钢铁、有色、化工、建材等行业二氧化硫和氮氧化物管理，加大机动车尾气管理力度，深化颗粒物污染防治，加强恶臭污染物管理，建立健全区域大气污染联防联控体系，控制区域复合型大气污染。强化污染源头控制，加大对重点地区、重点水道、重点行业和重点企业的环境污染整治力度，构建环境安全保障体系。构建生态安全屏障，加强重点生态功能区保护和管理，增强涵养水源、保持水土、防风固沙能力，保护生物多样性，构建以生态屏障、森林带、防沙带以及大江大河重要水系为骨架，以其他国家重点生态功能区为重要支撑，以点状分布的国家禁止开发区域为重要组成的生态安全战略格局。实施天然林资源保护工程，培育森林资源，增加森林碳汇，巩固和扩大退耕还林还草、退牧还草等成果，推进荒漠化、石漠化和水土流失综合管理，保护好林草植被和河湖、湿地。搞好森林草原管护，加强森林草原防火和病虫害防治。强化自然保护区建设监管，提高管护水平。加强生物安全管理，加大生物物种资源保护和管理力度，有效防范物种资源丧失与流失，积极防治外来物种入侵。加强重金属污染综合管理，开展重金属污染管理与修复试点示范。加大持久性有机物、危险废物、危险化学品污染防治力度，开展受污染场地、土壤、水体等污染管理与修复试点示范。强化核与辐射监管能力，确保核与辐射安全。推进历史遗留的重大环境隐患管理。加强对重大环境风险源的动态监测与风险预警及控制，提高环境与健康风险评估能力。[①] 大力

① 中华人民共和国国民经济和社会发展第十二个五年规划纲要[A/OL].[2011-03-16].http://www.china.com.cn/economic/zhuanti/sewgh/2011-03/17/content_22158366_7.htm.

发展环保产业，全面改善城乡生态环境。

6. 构建现代化公共安全体系

为保障民生需求，保持经济社会可持续发展，维护社会和谐稳定，提高群众的幸福感和满意度，必须建立健全完善现代化公共安全体系。主要从以下几方面着手：

（1）建立食品药品安全保障体系。制定和完善食品药品安全标准，建立食品药品质量追溯制度，形成来源可追溯、去向可查证、责任可追究的安全责任链。健全食品药品安全应急体系，强化快速通报和快速反应机制。加强食品药品安全风险监测、评估、预警和监管执法，提高监管的有效性和公信力。继续实施食品药品监管基础设施建设工程。加强检验检测、认证检查和不良反应监测等食品药品安全技术支撑能力建设。加强基层快速检测能力建设，整合社会检测资源，构建社会公共检测服务平台。强化基本药物监管，确保用药安全。

（2）严格安全生产管理体系。落实企业安全生产责任制，建立健全企业安全生产预防机制。加强安全监管监察能力建设，严格安全目标考核与责任追究。健全安全技术标准体系，严格安全许可。实行重大隐患管理逐级挂牌督办和整改效果评价制度，深化煤矿、交通运输等领域安全专项管理。健全协调联动机制，严厉打击非法违法生产经营。防范管理粉尘与高毒物质等重大职业危害。开展安全科技攻关和装备研发，规范发展安全专业技术服务机构，加强对中小企业安全技术援助和服务。加强安全宣传教育与培训。切实控制单位国内生产总值生产安全事故死亡率和工矿商贸就业人员生产安全事故死亡率。

（3）健全突发事件应急体系。坚持预防与应急并重、常态与非常态结合的原则，建立健全统一指挥、结构合理、反应灵敏、保障有力、运转高效的国家突发事件应急体系，提高危机管理和风险管理能力。健全应急管理组织

体系，完善应急预案体系，强化基层应急管理能力。加强应急队伍建设，建立以专业队伍为基本力量，以公安、武警、军队为骨干和突击力量，以专家队伍、企事业单位专兼职队伍和志愿者队伍为辅助力量的应急队伍体系，提高生命救治能力。建立健全应急物资储备体系，加强综合管理，优化布局和方式，统筹安排实物储备和能力储备。建立健全应急教育培训体系，完善特大灾害国际救援机制。

（4）完善社会治安防控体系。坚持打防结合、预防为主和专群结合、依靠群众的方针，完善社会治安防控体系，加强城乡社区警务、群防群治等基层基础建设，强化城乡防盗报警、视频监控系统、公共消防设施等公共安全设施建设，做好刑罚执行和教育矫治工作。完善和规范安全技术防范工作，广泛开展平安创建活动，加强社会治安综合管理。加强公共安全设施建设。建设国家人口基础信息库。加强特殊人群安置、救助、帮教、管理和医疗工作，加大社会治安薄弱环节、重点地区整治力度。加强情报信息、防范控制和快速处置能力，增强公共安全和社会治安保障能力。加强刑事犯罪预警工作，严密防范、依法打击各种违法犯罪活动，切实保障人民生命财产安全。①通过在地铁口、大型剧院等重要场所设置安检通道，在金融网点、要害部位普遍安装区域联网自动报警系统，在特定车辆上安装卫星定位系统，在出租车、客运车上安装智能报警设施，在居民楼群推广应用电子对讲防盗门等先进技防设施，在小区建立规范的有人看护的机动车停车站和摩托车、自行车存车棚等物防技防设施，实现对城区街面、交通干线、重要部位的全方位、全天候控制，切实提高公共安全系数。严格公正廉洁执法，提高执法能力、执法水平和执法公信力。

① 中华人民共和国国民经济和社会发展第十二个五年规划纲要[A/OL].[2011-03-16].http://www.china.com.cn/economic/zhuanti/sewgh/2011-03/17/content_22158366_10.htm.

（二）加强公共危机预防体系软件建设

公共危机预防体系软件建设包括法制建设、体制建设和机制建设三个方面。

1. 法制建设

社会无论处于常态还是危机状态，依法行政都是政府实施有效管理的基本原则。完备的法律体系是公共危机管理的保障。实践证明，将危机管理纳入法制化轨道，有利于保证突发事件应急措施的正当性，提高处置行动的效率。作为非常态法制，危机应对法制是整个法律体系的重要组成部分，它具有许多不同于常态法制的特征。它是应对危机的更为有效与有序的手段，也是避免法治危机和保障人权的需要。公共危机下政府应积极履行不可推卸的法定职责，并依法行使必要的紧急权力。紧急权力应依法受到范围、程度、程序、目的及条件方面的规制。同时，在公共危机中，公民权利也依法得到必要的保障。例如，美国一贯重视通过立法来界定政府机构在紧急情况下的职责和权限，先后制定了上百部专门针对自然灾害和其他紧急事件的法律法规，建立了以《国家安全法》《全国紧急状态法》和《灾难和紧急事件援助法案》为核心的危机应对法律体系。又如，日本到目前为止，共制定有关危机管理（防灾救灾以及紧急状态）的法律法规达200多部。

我国虽然已经制定了若干突发事件应急处理的规定，但是没有形成纲领性的公共危机应急处理基本法；我国《宪法》虽然明确了戒严和战争状态，也制定了《中华人民共和国戒严法》，但未确立国家紧急状态制度。在一定程度上，我国应对公共危机，政策和行政手段还代替着法律的功能。对此，一是针对自然灾害、事故灾难、突发公共卫生事件、突发社会安全事件、经济危机等，出台、完善《中华人民共和国消防法》《中华人民共和国传染病防治法》《中华人民共和国防洪法》《中华人民共和国防震减灾法》《国有土地上房屋征收与补偿条例》等，从法制层面尽量减少灾难和事故的发生。二

是加大危机应对法制建设步伐。主要包括：突发事件与紧急状态基本法及各项专门法，一般法律、法规，国际条约中的突发事件与紧急状态条款等，同时要做好细化《突发事件应对法》工作。《突发事件应对法》自2007年11月1日起施行，为开展应急管理工作提供了有力的法律保障，但这部法律是原则性规定，需要在地方立法权限下进行细化和完善。

2. 体制建设

一些国家的经验表明，建立一个权威、高效、协调的中枢指挥系统，是确保危机管理有序高效的重要保障。该系统既体现最高领导层的战略意图和应变能力，同时也是具体危机处置过程的方案制订者和指挥者。例如，美国于20世纪70年代建立了以总统为核心的危机管理机制，其中国家安全委员会为决策中枢，国务院、国防部、司法部等有关部委分工负责，临时性危机决策特别小组发挥重要作用。又如，日本的危机管理机制是以首相为最高指挥官，内阁官房长官负责整体协调和联络，通过安全保障会议、中央防灾会议等决策机构制定危机对策，由国土厅、气象厅、防卫厅和消防厅等部门进行具体实施的组织体系，其中包括由日本地方政府行政“一把手”牵头的都道府县危机管理机构。

我国危机应对体制方面存在的问题主要有：第一，目前的危机应对管理体制存在条块分割、效率不高、协调不畅等弊端，难以形成快速有效的危机反应机制。应急管理机构及专项应急指挥机构之间的协调联动需进一步磨合，应急管理机构的职责需进一步明确、细化，各职能部门的协同应对、快速反应能力需进一步提高。目前，政府系统纵向信息网络已经畅通，但各职能部门之间基本没有建立横向信息网络，缺乏日常沟通，在发生公共危机事件时，仍然习惯以部门为单位逐级上报，缺乏相关部门的沟通协调，信息报到政府综合部门后，又要返回到相关部门核查、会审或会签，严重影响了处置效率。第二，统筹机制欠缺。西方国家的抢险救灾机制，是一种全民动员的机制，它充分发挥了非政府组织（NGO）、慈善机构和社会公众的智慧和力量，如国际红十字会、联合国儿童基金会、乐施会、宣明会以及无国界医生等机构组织。而“全能政府”的管理思维限制了民间组织在公共危机中扮演角色和发挥作用，未能给这支力量发挥作用提供适度空间和保障；有的虽然不搞“全能政府”，但缺乏快速统筹协调机制，民间组织的力量和效益得不到充分发挥，甚至出现负面效果。如“汶川抗震救灾”时，大量自发的救援队伍，从都江堰至震中地区一路上摩肩接踵，不同程度地影响了救灾部队和救灾物资车辆开进的速度。第三，应急平台资源尚未整合。不少地方应急信息数据分散在不同的部门、单位，而且标准不统一，难以互通共享，应急平台资源尚未整合，政府综合应急指挥平台尚未建立。大部分单位的应急系统在平时缺少模拟演练，影响应急指挥的实施。安全生产、公共卫生、动物疫病等领域信息化程度不高。应急移动指挥和通信保障能力亟待加强。应急救援设备以及生物、化学等有毒有害物质的监测、检验等特种高端技术装备不足。

（1）要建设统一高效的公共危机应对指挥系统，协调、高效、统一、反应迅速的组织机构，以及科学合理的职能体系。应急委员会负责统一领导突发事件管理和处置工作。对于特别重大并且影响全市社会稳定的突发事件，由党委、政府统一领导相关处置工作。强化应急指挥决策和现场处置，特别是事件处理和舆论引导。横向整合各个部门之间的应急联动，纵向整合国家之间、省市之间的协调处置。充分发挥专家在处置事件时的技术指导作用。各级领导干部要深入一线，靠前指挥，掌握情况，科学决策。尤其重视在公共危机应对中不断建立健全领导体制的同时，也要重视非政府组织和社会力量在公共危机管理中的作用。

（2）要全面完成国务院、省、市三级政府综合应急指挥平台建设，使其满足值守应急、信息汇总与发布、指挥协调、综合研判和视频会商等基本

功能。

（3）要整合应急资源，实现互联互通。综合应急指挥平台与公安、城管、卫生、安监、人防、三防、森林防火、交通运输、国土防管、地铁、海事等各专项应急指挥部和气象预警中心等要实现互联互通，在确保信息安全的基础上，可随时调看各专项应急指挥部资料、画面，消除各专项应急指挥平台的单一性和局限性。

3．机制建设

（1）居安思危，针对各种各样的自然灾害、事故灾难、突发公共卫生事件、突发社会安全事件、经济危机建立长效预防机制。

要坚持预防为主，防患于未然，积极学习国外经验，抓紧建立重大事项社会稳定风险评估机制。建立重大事项社会稳定风险评估机制，第一，可以在重大事项决策时统筹考虑各方面不同群众的利益要求。这对于正确协调经济社会发展各方面关系，把改革的力度、发展的速度和社会可承受度有机统一起来，增强发展的协调性、平衡性，促进社会和谐稳定，实现可持续发展具有十分重要的意义。第二，维护广大人民群众的根本利益。重大事项往往涉及群众根本利益，建立重大事项社会稳定风险评估机制，使决策真正建立在了解民情、反映民意、集中民智、珍惜民力的基础之上，对于实现科学决策、民主决策、依法决策，切实维护最广大人民群众的根本利益具有十分重要的意义。第三，积极应对矛盾纠纷高发态势。建立重大事项社会稳定风险评估机制，对重大事项实施过程中可能引发社会不稳定因素进行先期预测、先期研判、先期介入、先期化解，对于从源头上有效预防和减少社会矛盾具有十分重要的意义。

①重大事项社会稳定风险评估机制的四类评估内容。第一，计划出台的重大政策。该政策的制定和出台是否符合相关法律法规的规定，是否符合本地区经济社会发展的总体水平，财力能否承受；是否兼顾了各方面利益群众

的不同需要，反映了绝大多数群众的意愿，是否能得到多数群众的接受和支持；政策是否具有稳定性、连续性和严密性，并与周边地区相关政策基本协调一致，不会导致相关行业和不同地区群众的相互攀比；政策出台的时间是否恰当；组织实施的单位、人员和责任是否明确；宣传教育工作能否跟上。第二，计划建设的重大项目。该项目是否履行了审批、核准、备案的法定程序；资金的组织使用及资金来源保证措施，主要包括资金筹措渠道是否合法可靠，所需资金总额是否能按计划按时足额到位，资金能否做到专储、专账、专管、专用；涉及土地利用、房屋拆迁补偿问题，征地是否报批，拆迁安置方案是否与城市规划方案相衔接和协调，征地补偿安置费用标准是否符合法律法规及政策规定，应安置人员的安置办法是否可行，拆迁安置补偿标准是否符合法律法规及政策规定，是否切实维护了拆迁群众的合法权益；群众对该拆迁方案是否满意，拆迁准备金是否充足并专项储存，过渡方案能否落实，征地拆迁补偿安置争议的调查处理单位、人员和责任领导是否明确，在处理拆迁日常事务中能否按程序办事；工程建设涉及生态环境问题，对地形、地貌有无较大破坏，“三废”（废水、废渣、废气）、噪声能否得到妥善处理。第三，重大改革措施。改革方案是否经过了法定程序，是否征求了群众的意见、兼顾了群众的现实利益和长远利益；改革的时机是否恰当，改革的程序是否严密；改革是否遵循了公开、公平、公正的原则。第四，重大事项决策。事关群众切身利益的决策，是否坚持公开、公平、公正的原则；重大行政决策是否举行了听证制度，群众的反应和意见如何。

②重大事项社会稳定风险评估机制的两种评估程序。重大事项社会稳定风险评估分一般评估和重点评估。一般评估适用于评估责任主体认为没有社会稳定风险或风险较少，不会引发群众大规模集体上访或群体性事件发生的重大事项；重点评估适用于评估责任主体认为社会稳定风险较大，有可能引发群众大规模集体上访或群体性事件的重大事项。一般评估由评估责任主体

根据有关规定，就重大事项征求意见、论证和公式的同时，对社会稳定风险进行认真预测，形成社会稳定风险评估。重点评估由评估责任主体成立专门的社会稳定风险评估小组，组织相关部门和专家、学者或委托有资质的第三方机构进行。其程序为：第一，确定评估事项。凡是涉及上述四类评估内容、评估责任主体认为存在较大社会稳定风险的，必须将其确定为需重点评估事项。第二，制定评估方案。明确指导思想、组织形式、工作目标、时间安排及具体要求。第三，组织进行评估。由评估小组根据征求意见、论证和公式过程中掌握的情况对涉及稳定工作的方方面面进行缜密分析，科学预测。第四，编制评估报告。对社会稳定风险评估工作进行全面汇总和分析论证；对稳定风险做出风险很大、有风险、风险较小或无风险的最终评价；对重大事项的实施做出可实施、可部分实施、暂缓实施或不实施的建议。第五，制定工作预案。对评估出来的不稳定隐患，制定调查处理化解和应急处置工作预案。第六，评估主体将社会稳定风险评估报告上报审批。

③重大事项社会稳定风险评估报告的必备内容。评估报告内容必须包括拟决策事项、评估过程、评估结论和其他需要说明的事项。特别是评估结论部分，应对稳定风险做出“风险很大”“风险较大”“风险一般”“风险较少”等最终评价。

④重大事项社会稳定风险评估结果的运用。第一，责任主体单位的运用。责任主体单位对绝大多数群众赞成的拟决策事项，应按照决策权限，提交有关会议研究决策；对多数群众赞成的拟决策事项，同时提出了需要重视和妥善解决的问题，责任主体单位需对决策方案做进一步修改完善，再提交有关会议研究决策；虽然拟决策事项正确，但多数群众不理解、不支持，责任主体单位要加大宣传力度，做好解释工作，取得群众拥护和支持后，再进入决策程序；虽然拟决策事项符合群众长远利益，但超出群众及基层和企事业单位目前实际承受能力的，责任主体单位应暂缓提交决策；发现拟决策事

项损害广大群众利益的，责任主体单位应终止提交决策。责任主体单位要提前对可能出现的稳定隐患制定应急预案，落实解决矛盾问题、维护社会稳定的具体措施，严防发生规模型集体上访和群体性事件。对经评估付诸实施的重大事项，坚持全程跟踪并做好后续工作，及时发现并协调相关部门化解实施过程中遇到的矛盾和问题，完善相应措施，确保决策、政策的正确贯彻执行和项目建设、改革措施的顺利推进。第二，决策单位的运用。各级党委、人大常委会、政府及有关职能部门等决策单位要将重大事项社会稳定风险评估作为必备内容，评估报告作为决策的重要参考和依据。没有开展社会稳定风险评估的重大事项不能进入决策程序，评估报告不完善的暂缓决策，评估报告论据充分、论证科学、合理可行的及时做出决策。

（2）建立应急准备制度。

应急准备制度包括应急机构、应急方案、应急人员、应急财物、应急专家、应急技术、应急宣传、应急演习等各个方面的准备。要提高预案的针对性和有效性，加强预案演练，确保预案规定内容落到实处，提高预案管理水平。

应急预案是预先准备应对突发事件的工作方案。我国各级政府已经制定突发公共事件总体应急预案，但与国外的防灾规划或应急事务规划相比，我国的应急预案还是以简单的条条框框为主，难以实际操作。同时，各地区、各部门缺乏详细具体的应急预案，有的还处于纸上谈兵状态；照抄上级文件多，联系具体实际少，普遍编制水平不高，实用性、针对性和操作性不强；专项应急预案与部门应急预案之间兼容性差，缺乏有效的衔接、协调，没有充分考虑联动性；预案大多缺乏演练，即使演练了，也往往局限于本系统、本行业，局限于单一灾种、单一管辖单位，跨行业、跨系统、跨辖区、多灾种的综合性演练很少。

对此，第一，要抓紧编制、修订完善各类应急预案。政府部门以及各类

企事业单位要抓紧完成编制应急预案工作，不断修订完善应急预案，加快构建“横向到边，纵向到底”的应急预案体系。第二，要提高预案操作性。按照简明适用、注重实效的原则，突出明确应急预案的防范措施和处置程序，细化突发事件期间各环节的工作运行机制和责任，以及预警响应中各责任主体的工作责任与工作流程，增强预案的针对性、操作性和实用性。第三，要加强预案演练。加强应急预案的演练，特别是涉及跨部门、跨地区的预案，要通过综合演练促进各部门之间的协调配合和职责落实。

（3）加强全民风险防范和应急处置能力建设。

中国香港以及德国、韩国都十分重视公民危机意识教育，注重培养公民自救、互救能力，注重培养市民主动配合政府行动能力。中国香港的危机教育有三个特点：第一，教育市民绷紧危机这根弦，平时做好应对危机的物资和心理准备。政府要求每个家庭备有下列用品，在紧急时应用：微型收音机及后备电池、电筒、哨子、小型急救药箱、蒸馏水、饼干等。第二，注重对一般紧急事故应变知识的宣传，做到家喻户晓。比如，出现暴雨天气怎么办，遇到可疑物体怎么办。第三，教育中学生科学认识和应对危机。德国则把增强国民危机意识作为危机管理的一项重要内容，利用“危机预防信息系统”（DENIS）向人们集中提供各种公民保护以及危急情况下自我保护的知识。通过宣传手册、互联网、展览以及听众热线，重点介绍如何应对新型急性瘟疫、化学品泄漏和恐怖危机等。居民保护与灾害救助部门出版《居民保护》季刊，普及防灾救灾知识。韩国也非常重视防灾宣传和教育，有关部门印制了宣传手册，图文并茂，易看易懂，效果很好。韩国政府还规定每年的5月25日为“全国防灾日”，在这一天举行全国性“综合防灾训练”，通过演习让政府官员和群众熟悉防灾业务，提高应对灾害的能力。

我国城乡居民普遍存在安全意识薄弱，在突发事件中缺乏自救、互救基本常识的问题。因此，加强群众应急知识的宣传教育，既是提高群众自救互救能力的需要，也是应急管理体系真正发挥重要作用的关键。要加强应急知识和相关法规的全民宣传教育，将公共安全纳入公民教育体系。要加强应急管理科普宣教进社区、进乡村、进学校、进企业，修订《中小学教育指导纲要》，将应急管理教育纳入学生素质教育内容，纳入学校基础教育序列，使中小学生具备应对突发事件和自救互救的能力。要通过发放应急知识小手册、纳入干部培训等方式加强宣传教育，实现宣传教育规范化、长期化、常态化。要加强宣传教育力度，做到宣传教育广覆盖、多角度、深挖掘。要创新宣传教育手段，利用各种新闻媒体普及应急知识，播放公益广告以及开展应急相关知识咨询等，向公众介绍突发事件的种类、危害及其应对措施，做到群众喜闻乐见、入脑入心。要提高政府部门应对突发事件的应对处置能力，提高全社会防灾救灾和应对危机的能力。

案　例　1

青岛大学生创业者带动就业　市财政5亿资金扶持[①]

《中国教育报》报讯（记者：孙军）　作为青岛市大学生创业孵化基地首批尝鲜者，青岛理工大学机械专业2008届毕业生聂明勇，2009年创办青岛新领域信息服务有限公司时，公司只有4人，短短几个月发展到20多人，目前已经在全国16个城市开设子公司，带动100多名大学生就业。

近年来，青岛市坚持以大学生创业孵化基地建设为依托，探索实施了“政府、企业、学研、金融、中介”五位一体的创业孵化模式，积极助推大学生创业。大学生创业孵化基地倍增效应显现：青岛市大学生创业者的比例从2008年的0.3%攀升到了2011年的4.8%；2011年青岛市大学生就业率为93.7%。目前，青岛市大学生创业带动就业40 966人，平均1名大学生创业者能带动5人就业。

2009年，青岛市投资1 600万元创建的大学生创业孵化中心实行市场化运作，广泛动员企业、行业等社会力量兴建多类型、有特色的孵化基地。

为解决大学生创业企业资金问题，青岛市财政安排5亿元创业引导基金作为大学生创业扶持资金。创业孵化中心与社会专业投资公司合作，设立了首期4 000万元的“大学生创业投资基金”，目前已发放1 500万元，并正在

① 孙军．青岛大学生创业者带动就业　市财政5亿资金扶持［N］．中国教育报，2012－07－18．

筹建1亿元“大学生创业股权投资基金”。

“对于入驻孵化基地的大学生创业企业，实行第一年100%、第二年50%、第三年30%的房租补贴；实行政府购买创业培训成果和免费创业培训制度，将创业培训补贴范围由失业人员扩大到高校毕业生，补贴标准由每人800元提高到2 000元。”青岛市人力资源和社会保障局高校毕业生就业处处长陈慧平告诉记者，政府对大学生创办企业在场地、资金、培训等方面给予全方位支持，采取政府购买场地、购买服务、免费培训等措施，为创业者提供减免租金、财政补贴、税收返还等优惠政策，积极完善创业指导培训等公共服务体系，为大学生创业就业营造了良好发展环境。

青岛市人力资源和社会保障局副局长刘卫国告诉记者，在政府前期扶持和宏观指导的同时，青岛市组建了以中国工程院院士侯保荣为主任的创业指导专家委员会和600多人的创业专家志愿团，在17所驻青岛高校设立了创业指导分中心，为大学生创业提供项目支持和科技服务。

此外，青岛市每年还在全市评选出“十佳创业明星企业”“十佳创业明星”“十佳高校毕业生创业孵化基地”等，让更多的创业者通过学习创业明星和示范企业的先进经验提升自我，有效增强可持续发展能力。

案　例　2

昆明城市拆迁中的民办养老院之痛[1]

“细雨蒙蒙落江面，船头撑开油纸伞。”一支话筒，一把二胡，原汁原味的花鼓戏、傈僳族舞蹈，台上20多位老人的表演，把台下的人都迷住了。

不久前，在临时安置的简易板房里，昆明知青老年公寓给48位老人举办了一场热闹的集体生日，抗战老兵肖朝清也度过了他100岁的生日。来参加生日活动的社会志愿者们和公寓里200多名老人一起唱生日歌，抢着吃生日蛋糕，沾一沾喜气。

看着老人们绽放的笑脸，昆明知青老年公寓院长段玲英的心里又酸又甜。10年来，这个老年公寓给无数老人带来安顿的老年时光。然而两年前，由于城市改造拆迁，养老院几次被限时搬离拆迁，段玲英四处打报告乞求解决，但一直杳无音信。目前，临时安置时间即将过去，养老院又将面临搬迁的尴尬境地。

城市越来越大，养老院越搬越远

在风景优美的昆明大观楼公园附近，2002年，段玲英用自己所有的积蓄创办了拥有3个院落，1 020个床位的昆明知青养老院，成为昆明最大的民营养老机构。10年来，它荣获了“全国百家杰出养老服务机构”“中国养老

① 张文凌，刘春媛．昆明城市拆迁中的民办养老院之痛［N］．西部时报，2013-10-11（3）．

产业标杆示范单位”“中国文化养老养生示范基地”“中国社会福利协会常务理事单位”等荣誉。

2009年，昆明实施旧城改造，知青老年公寓列入了拆迁范围，老年公寓被要求限时搬离。在未完全拿到补偿款的情况下，在“先搬迁，才批准办理相关手续”的要求下，段玲英卖掉了自己和子女的三套房子，还把兄妹的房子也拿来抵押贷款，在附近的小岛村，修建了简易板房，将400余位老人搬了过去，作为期两年的暂时安置。2012年年底，在“冬不暖，夏不凉，隔音效果也不好”的简易活动板房中，昆明市知青老年公寓举行了成立10周年的庆典活动。

为妥善解决昆明知青老年公寓的拆迁安置问题，养老院所在区政府发函安排将“原昆明电机厂子弟学校用地作为昆明知青老年公寓安置用地”，然而快两年了，相关部门却表示“并不知情，无法解决”，段玲英重建养老院的愿望再次被搁浅。眼下，一号院周边是断壁残垣，也面临着拆迁。相关部门原承诺给段玲英的700万元拆迁补偿，目前只给了356万元。

比起段玲英，昆明美好时光养老院院长李永红更感到“心凉”。养老院租用的是转手的租用地，在被强制拆除之后，连可以得到补偿的主体身份都无法明确，陷入无休无止的扯皮之中。

美好时光养老院经历了三次搬家之后，老人们不得不搬到了昆明远郊的哈马者村，在一个闲置的装饰公司的接待处住了下来。4年时间3次搬家，家具都搬烂了，全都摞放在院子里临时搭建的棚里。

由于房间有限，场地有限，这里的老人由原来的几百人，到现在只剩下37位。剩下的老人大多数都是身有残疾，有的瘫痪在床，有的坐着轮椅，有的患有先天智力障碍，其中有3个老人还是李永红在报纸和电视上看到的流浪老人，免费收留的。

坐着轮椅的武爷爷十分怀念过去的养老院：“以前每个房间都有独立卫

生间，墙上贴满瓷砖，有木地板，有浴缸。室外有各种锻炼的场地。现在这个地方太小了，什么都没有。”

“政府承诺的补偿，我一分钱都没有拿到。我卖了房子，靠贷款维持现在的运营，”李永红说。

与此同时，位于昆明市杨马村的春城老人院现在已经是一片废墟，在此之前养老院经历了断水、断电以及强拆。

2012 年 12 月 4 日早上 7 点 40 分，院长施征霞接到了一个电话，“老人院现在被拆迁”“当时就懵了，怎么可能拆迁，没有任何人找我们协商过”。20 分钟后，施征霞和儿子赶到现场。“当时看见两辆挖土机正在拆养老院的办公楼。我和儿子上去阻拦，里面还有医疗设备、办公用品、家具等东西。”施征霞感到事情的严重，真的遭遇了强拆。“这时上百号‘身份不明’的人围了过来，推着我和儿子‘有什么话，出去说’。”

“我们敬老院又不是钉子户，为什么关于拆迁及补偿的问题从来没有人找我们谈过?”施征霞联系了各级政府部门、房地产商、政府热线、公安局，“但依然没有任何回应”。

鼓励民办福利养老院的政策得不到落实

今年夏天，全国大部分城市持续高温，被评为“全国首批三十家异地养老旅游定点单位”的美好时光养老院每天接到全国各地几十个电话，“但是我们的养老院场地有限，都一一回绝了”。李永红无奈地说。

今年是深圳的邹苏琴和老伴儿在昆明度过的第六个暑假。春城昆明作为全国适宜居住养老的城市之一，每年都会迎来一部分省外老人，他们到这里选择一家养老院，住上几个月，消暑休闲，这种“候鸟式养老”颇受欢迎。但 68 岁的邹苏琴不知道下次来的时候，昆明知青老年公寓还会不会存在。

“城市越来越大了，越来越漂亮，老人却越搬越远。”李永红说：“很多文件鼓励民营资本办福利院，却没有实施的具体细则。比如养老院可以享受低息贷款的政策，但是在我们养老院非常困难的时候，很多家银行都没有贷款给我们，我不得不找亲戚做担保借贷。”

段玲英也有同样的体会：“许多政府工作人员把民办的福利机构当‘外人’，不关心，不支持，不提供服务，不落实政策。”

办民营养老院，让段玲英这个60岁的女人身心疲惫。

“我苦苦经营10年的养老院，投入进去1 300多万元，现在只能收到承诺补偿700万元，而目前实际到手的只有356万元。”她说：“我一心想做养老事业，帮别人养老，到头来自己的养老都成问题，谁来帮我养老?”

这些养老院的困境，引起了云南省人大代表张艳萍的关注。在今年的云南省“两会”上，张艳萍提交了《保障社会力量养老机构权益，应对老龄化社会的到来》的建议。建议指出，目前，“昆明市社会力量所兴办的养老机构，普遍存在‘投入大，见效慢’‘经营困难，难以为继’等问题。这些社会养老机构的负责人，处于奔波于各级各类政府机构之间而又求告无门的境况”，希望政府能“限期解决昆明知青养老公寓等一批社会养老机构亟待解决的问题”。

今年4月16日，昆明市民政局给予了答复，答复说：“近几年来，昆明市加大了城市改造和建设力度，对不符合规划或没有经过规划审批的一些设施进行拆迁，有的民办养老机构也在其中，如知青老年公寓、美好时光养老院等都在搬迁范围。虽然他们在养老设施建设中起步较早，但他们都是通过租用场地或租赁房产来开办养老设施，一旦拆迁就没有退路。就连补偿他们都形不成补偿主体，导致他们几经搬迁，困难重重。所涉及的知青老年公寓、美好时光养老院都向所在的区政府反映了他们的实际困难。虽然他们遭遇搬迁重重困难，但目前还是以不同的规模或方式负责对老人的照管。”

答复称，西山区政府及其相关部门在积极协调知青老年公寓用地，盘龙区相关部门也表示按照政策落实好拆迁的具体处理事宜。“目前美好时光养

老院正积极协调在富民建一个休闲养老基地的相关事宜，对此我们将积极做好协调工作，使被搬迁的养老机构尽快开工建设。”

公办养老机构“一床难求”

然而从4月至今，段玲英仍然没有得到任何消息。每天，她都要思考跑哪个部门，才能让养老院快点建设起来。有时她也会劝老人去其他的养老院，但大部分养老院都没有床位。

资料显示，截至2012年，昆明市有60岁以上户籍老年人口共87万人，占全市户籍人口的16%，其中80岁以上的老年人有12万，占老年人口总数的15%。据统计，昆明市空巢老人已达23万人，占老年人口总数的26%，失能或半失能的老年人达19万人，占老年人口的22%。

然而，面对庞大的老年人口，昆明市的养老机构却捉襟见肘。

据资料显示，昆明市119所各类养老机构中仅有床位1.6万张，每千名老人仅拥有床位18张。这些养老机构大部分床位少、建筑标准低、设施设备短缺，养老服务大多停留在基本的生活照料上。如昆明市社会福利院有床位1 200个，若老人要入住，需提前登记，有的等一两年还等不到；昆明长青老年公寓，有床位400个，是目前昆明较好的公办养老机构，普通房间床位价格1 100～1 400元/月不等，但床位一直处于供不应求状态。

在昆明市119所养老机构中，有46家是民办养老院。然而，2009年至今，在城镇化建设中，有的搬迁、有的因补偿不到位，无法继续经营，46家养老院只剩下20多家。位于主城区的24家民营养老机构，已有14家被拆除。

“公办养老机构已经远远不能满足飞速增长的养老需要，而民办养老机构却因无人重视而举步维艰。养老事业的‘欠债’越来越多。”段玲英说。

对此，云南省政协社会和法制委员会在对云南老龄化问题的专题调研报告中也深表担忧：“云南省进入老龄化社会已经10年，但社会对这个问题的严重性认识不足，应对措施大都缺乏前瞻性、全局性、系统性。大多数地方的决策部门没有把发展养老服务业摆到应有的位置，没有将其纳入当地经济社会发展规划，也没有专门的养老服务业发展规划；没有对老龄化问题的严峻性、应对之策、发展前景进行研究和评估。有关部门在工作中被动应对。大多民众感觉老龄工作与己无关。”

云南省现有的养老机构不仅数量少且分布不合理。目前，80%的人口在农村，而80%的养老机构却在城市，发展极不平衡。

据政协委员们调查，云南全省有2/3的州、市和县（市、区）尚无一个公办养老机构，民办养老机构就更少了。已有的养老机构规模很小。委员们在调查中看到，文山州马关县小坝子敬老院，居住条件十分简陋，这里集中供养着残疾老人11名，孤儿3人。其中有两间房屋十分黑暗、潮湿，完全不具备居住条件。“不用说老人，就是身强力壮的年轻人住进去，也必定住得一身病。”

这份报告指出，目前，“养老工作社会化差距较大，现行的养老工作基本上是民政部门在唱独角戏”，“民办养老机构难以得到与公办养老机构同样的待遇，政府对非营利机构几乎没有给予直接资助”，“缺乏用地、融资、市场准入等方面的配套政策和实施办法，影响了社会力量投资养老的积极性，与其他省区形成很大的反差”。

“爱心食堂”何时能得到爱心帮助

46岁的下岗女工王兰兰，一直在用她的慈善行动纪念着女儿的离世。

2005年，王兰兰15岁的女儿因尿毒症去世。临终前，女儿在一张照片后面写下一句话：“妈妈，请不要忘记我。祝你天天开心！”

这张令人撕心裂肺的照片，让一个人居住在昆明幸福家园廉租房小区里的王兰兰天天以泪洗面。为了纪念女儿，为了让自己有活下去的信心，王兰兰收集了大量衣物，自费送给偏远贫困山区的孩子。

随后，她发现她所居住的幸福家园小区里，有130多位60岁以上的独居老人，其中，不少老人丧失了劳动能力，只能靠每月370元的低保金维持生活。2012年10月，王兰兰用自己不多的积蓄在小区出口一楼租下一个铺面，办起了“爱心食堂”，为老人们做饭。并征召了15名没有任何报酬的志愿者轮流参与服务。食堂提供午餐、晚餐，每餐价格为3元，三菜一汤，一荤两素，每月180元。社区100多位老人开始长期就餐。

这样的餐费标准很快让“爱心食堂”入不敷出。

王兰兰做了个统计：2012年11月，就餐收入13 600元，而支出却达25 813.50元，亏损12 213.50元；12月收入14 620元，支出26 885.00元，亏损12 265元。食堂每份饭菜的成本费平均在5.7元，而就餐的老人每餐费用仅交3元。每份饭菜需补贴2.7元，这还不包括另外一些必要的成本支出。另外，还有10位特困老人不交纳餐费。

尽管王兰兰的善举得到了一些部门、社区、企业和社会各界的帮助、支持，但要把食堂办下去，仍需要王兰兰“到处化缘”，爱心捐款并不稳定。

“从食堂的运行情况看，食堂要长期开办下去，实际上是难以维系的。”幸福社区的一位工作人员说。

云南省政协社会和法制委员会（简称“社法委”）的相关负责人指出，目前，社区养老面临着严峻的现实。云南全省共有城市社区1 121个，不少国有企业退休人员已移交社区管理，部分离退休人员也逐渐融入社区，但现状却是，大部分城市社区没有老年服务设施，居家养老服务只是在少数社区零星开展，绝大部分社区不具备开展居家养老服务的条件，而农村居家养老依托社区服务还是空白。

据有关部门统计，昆明市的老年人口以每年3.5%的速度增长，预计到2015年，全市户籍老年人口将接近100万人。

“老龄产业有广阔的发展空间和市场需求，目前我国老年人市场的年均

需求为6 000亿元，但每年能为老年人提供的产品不足1 000亿元，供求之间存在巨大差距。”云南省政协社法委的一位专家说，云南有得天独厚适宜老年人颐养天年的气候、生态环境和条件，应尽快将养老服务业的发展纳入社会经济发展规划，出台优惠政策，鼓励各类组织、企业和个人从事养老服务，在土地、办照、税收、信贷等方面给予扶持。同时，政府在资金投入上要改变过去那种只投入公办养老机构的单一做法，采取补贴形式，引导社会力量参与养老服务业。

下 编

社会问题化解

当代中国，政治总体稳定，经济迅速增长，社会矛盾问题较为突出。社会问题已经成为危及我们社会发展的一个致命性毒瘤。尤其是现阶段，我国社会正处在转型期，所有制结构、产业结构和经济结构都发生了巨变，这使得我国社会快速发展的同时，各种社会矛盾也经历了分化、组合与震荡，表现出多样化、差异化、复杂化的特征。

社会问题既然已经出现，就必须正确地面对、合理地化解。因此，要判断一个社会是否良性运行，不应以有无社会矛盾、利益纠纷为标准，而应考量其社会治理机制是否完善，是否有能力正确化解矛盾纠纷，是否有能力把冲突控制在有序的范围中。按照习惯性的传统思维方式，司法化解就是我国当前社会矛盾化解的主要方式。实践证明，光靠司法机关孤军奋战是不可能化解所有的社会问题的，而应该建立和健全社会问题化解机制，并努力促使这种机制良性运作，这才是化解社会问题的根本。

围绕我国社会矛盾发生及化解途径等问题，国内外学者们从不同视角进行了理论和经验性的探讨，积累了丰富的研究成果，这对我们当今分析和化解矛盾纠纷具有重要的指导意义。在这一编里，我们将社会问题的化解分为社会个体矛盾的化解、公共危机的应对化解特别是群体性突发事件的治理来分析。另外，对当前面临的恐怖主义威胁也提出了一定的治理对策。

对社会个体矛盾的论述，本编主要从我国目前阶级、阶层的变化分析了它的主要特征，梳理了我国社会矛盾化解机制的历史演进，并从建立完善化解机制的角度阐述了如何积极推进我国社会个体矛盾纠纷化解。对于应对化解公共危机方面，本编主要从公共危机的基本理论、我国公共危机应对中存在的主要问题两个方面着手，提出了公共危机的应对策略。并特别针对公共危机中管理中的群体性突发事件治理，本编首先阐述了它的概念，分析了它的基本特征、类型，并提出了治理群体性突发事件的具体措施。分析了当前恐怖主义呈现的新特征，以及由此而采取的防控和治理措施。

第四章 社会问题化解与社会治理的关系

社会问题化解是社会治理的重要组成部分。社会治理通过社会和谐保健等做法可以有效地预防大多数社会矛盾和社会问题，但社会矛盾和社会问题依然会存在。因此必须建立科学的社会问题化解体系，这是良性社会治理的应有之义。社会问题化解有赖于社会治理的革新来推动。当前，应该一方面坚持在社会矛盾解决方面的成功做法，避免失误和教训；另一方面积极探索新的社会矛盾解决方式以适应新的形势，切实推动社会主义和谐社会建设。

20 世纪 80 年代末 90 年代初出现的社会治理理论对于探索当代中国社会矛盾的妥善解决具有一定借鉴意义。

社会治理是以政府为主体、多种公私机构并存的新型社会公共事务管理模式，是建立在市场原则、公共利益和相互认同基础之上的国家与社会、政府与非政府组织、公共机构与私人机构的合作，政府在管理社会公共事务方面将其一部分职能转交给社会，利用更加多样的管理手段与方法，增进和实现公共利益。

1. 构建以政府为主体，公私机构共同发挥作用的多主体社会问题化解模式

在坚持政府在解决社会矛盾中发挥主导和关键性作用的同时，要正视改革开放以来，在所有制结构多样化、文化多元化的影响下，社会矛盾向纵深发展这一实际，认识到解决社会矛盾，必须坚持多个主体共同地、普遍地发挥作用，构建以政府为核心和主导，多个公私机构构成多层次、多方面的社会矛盾解决主体的社会问题化解模式。

2. 推进以公平竞争为基础的法制建设，扩大公共利益和各个阶级阶层、利益群体的相互认同，营造有利于妥善化解社会问题的环境

市场竞争激发出来的无穷活力是当代中国迅速发展的强大动力，同时，市场竞争中存在的非公平竞争所造成的社会不公平问题又是当代中国社会矛盾的重要诱因。因此，政府应该处理好市场竞争和社会公平之间的关系，大力推进以公平竞争为基础的法制建设，保护和促进公平竞争，限制和打击非公平竞争；应该扩大公共利益，团结各个阶级阶层和利益群体，扩大相互认同和共识。

3. 积极稳妥地推进政府职能转变，使非政府组织、私人机构和社会承担起更多化解社会问题的责任

发挥多种公私机构在解决社会矛盾中的主体地位和积极作用，必须使其承担更多的公共管理职能。这一过程要从两个方面共同努力，一方面是公私机构自身的成长，另一方面是政府职能的转变。在当代中国，后者的意义显得尤为重要。政府职能转变本身就包含政府把一部分公共管理职能转移给非政府组织、私人机构和社会。这些被转移的公共管理职能中包含着解决社会矛盾的职能和责任。做好政府与社会之间的职能转变需要从三个方面着手：第一，继续促进基于社会的非政府组织和私人机构的成长，培育职能转变的可靠受体。第二，汲取20世纪八九十年代以来西方国家行政改革运动中出现的市场式政府、参与式国家、弹性化政府、解制型政府趋势的有益经验，使政府与非政府组织、私人机构之间更好地融合与合作。第三，推进中国特色事业单位改革，使以事业单位为主体的非政府组织拥有更大的自主权和责任。

4. 积极探索新形势下多主体解决社会矛盾的方式方法

在政府把一部分公共管理职能转移给非政府组织、私人机构和社会的过程中，应积极探索利用这些主体解决社会矛盾的方式方法。例如，建立健全

重大社会矛盾的多主体及时调处机制，重大社会矛盾在政府介入之前先由非政府组织、私人机构寻求暂时的缓和，同时尽快寻求根本解决的办法。建立健全紧急社会矛盾的多主体应急调处机制，利用非政府组织、私人机构接近社会矛盾源头，反应灵敏等特点使紧急社会矛盾得到及时解决或有效缓解。建立健全一般社会矛盾的多主体经常调处机制，利用社会矛盾与非政府组织、私人机构利益紧密相关的特点，使非政府组织、私人机构密切关注社会矛盾的发展动向，把社会矛盾解决在源头和起始阶段，防止其激化。

第五章　我国社会矛盾化解的历史演进和基本经验

一、我国社会矛盾化解机制的历史演进

我国的社会个体矛盾在不同时期、不同阶段呈现出不同的种类和特点，其化解机制必然会随着社会矛盾的变化而不断演变。我国的社会个体矛盾化解机制经过党的几代领导集体的丰富和发展，不断地科学化、具体化，揭示了我国社会矛盾产生和变化的内在规律。

1．1956—1978 年我国社会矛盾化解机制

“以毛泽东同志为核心的党的第一代领导集体首创了人民内部矛盾学说，为我国社会矛盾化解机制的建立奠定了基础。在这一时期，我国基本完成三大改造，建立了社会主义制度，国民经济逐步恢复，我国踏入了社会主义建设的新时期。国内的主要矛盾成为人民对建立先进的工业国的要求同落后的农业国的现实之间的矛盾、人民对于经济文化迅速发展的需求同当前经济文化不能满足人民需要之间的矛盾。此时，国内阶级关系变化巨大，社会矛盾逐步显露。如何正确处理这些社会矛盾成为党和政府急需化解的问题，成为保证社会主义胜利果实的关键。正是在这样的社会历史背景下，以毛泽东同志为核心的党的第一代领导集体积极探索化解社会矛盾方式方法。”①

（1）初步建立利益表达机制。毛泽东在 1951 年就曾指出，必须重视人民的通信，要给人民来信以恰当的处理，满足群众的正当要求，要把这件事

① 许波．新时期我国社会矛盾解决机制研究［D］．长沙：湖南师范大学，2012：19.

看成是共产党和人民政府加强和人民联系的一种方法。[①]“信访制度作为利益表达机制的重要组成部分，在1956年‘闹事’事件发生后，被党中央重新重视，并进一步建立健全。首先是在国家各部委和直属机构设立了信访机构、配备了相应的信访干部，而各省市县也随之建立了信访机构，开展信访工作。其中创新了许多工作方式和方法，如设立领导接待来访日、市县长定期接待人大代表、与调解委员会合作妥善处理上访事件等。这些制度的建立标志着我国利益表达机制的初步形成，这些机制为群众利益的表达，及时化解因利益而产生的社会矛盾发挥了积极的作用。”[②]

（2）强调思想政治工作机制。“思想政治工作是我党在革命战争时期就已经形成的优良传统和科学的工作机制，它在化解社会矛盾引起的突发性事件中有着不可替代的作用，它也是人民团结和凝聚人民力量的强大武器。”[③]1957年，毛泽东在《关于正确处理人民内部矛盾的问题》中指出：“现在需要加强思想政治工作，不论是知识分子，还是青年学生，都应该努力学习，除学习专业之外，在思想上要有所进步，政治上也要有所进步。”[④]通过思想政治教育工作，将党中央的大政方针与人民息息相关的政策精神传递给人民，这样增强了党和人民的血肉联系，也有效地从思想上预防和减少了社会矛盾的产生。

（3）初步建立社会管理机制。“社会管理是指政府与其他社会组织在自己的权限范围内，对包括社会事业、社会生活等社会事务的管理。社会管理的主体是政府和其他社会组织，社会管理的客体是社会事业、社会生活等社会事务。随着社会主义改造的完成，我国建立了社会主义制度，军队逐步退

---

① 刘絮，聂玉春．信访工作手册［M］．北京：高等教育出版社，1988：26.

② 许波．新时期我国社会矛盾解决机制研究［D］．长沙：湖南师范大学，2012：19－20.

③ 许波．新时期我国社会矛盾解决机制研究［D］．长沙：湖南师范大学，2012：20.

④ 毛泽东．毛泽东著作选读：下［M］．北京：人民出版社，1986：780.

出社会管理体系。早在1954年，城市基层便设立了居民委员会来管理社会事务，其性质为基层群众自治组织。虽然当时的居民委员会实际上是基层政权进行社会管理的组织机构，但是它对及时发现和化解基层社会矛盾起着非常重要的作用，也为我国以后社会管理机制尤其是基层组织的社会管理机制的发展奠定了基础。"①

2. 1978—2002年我国社会矛盾化解机制

"'文化大革命'使得我国的社会主义建设实践脱离了社会实际。党的十一届三中全会召开后，我国进入了改革开放的新时期，以邓小平同志为核心的党的第二代领导集体对毛泽东人民内部矛盾学说进行了扬弃，对新时期两类社会矛盾的区分和处理进行了详细论述，为社会主义建设创造了稳定环境，为我国社会矛盾化解机制的发展指明了方向。随着改革开放的深入，中国政治、经济和文化各方面得到了飞速的发展，同时也步入了社会转型期，社会矛盾日益增加，在这一敏感期如何处理好各种社会矛盾关系到党的执政地位、关系到社会的政治稳定。以江泽民同志为核心的党的第三代领导集体正是处于这样的社会背景下，对社会矛盾化解机制进行不断地探索，为我国社会矛盾化解机制建设提供了新思路。"②

（1）完善社会利益整合机制。"改革开放以来，第二、第三代领导集体都十分重视社会利益整合机制的建设，并反复强调要通过改革，正确处理各种利益关系。以邓小平为核心的党的第二代领导集体处理社会矛盾的核心是以经济建设为中心，大力发展生产力，通过经济体制改革扫除经济发展的障碍，提高人民的物质生活水平，从经济上化解社会矛盾。以邓小平为核心的党的第二代领导集体处理社会矛盾的基本途径是以先富带动后富，最终达到共同富裕，同时又要统筹兼顾，实现公平和效率相结合。通过经济体制改革

① 许波. 新时期我国社会矛盾解决机制研究［D］. 长沙：湖南师范大学，2012：20.

② 许波. 新时期我国社会矛盾解决机制研究［D］. 长沙：湖南师范大学，2012：21.

化解众多由经济利益引起的社会矛盾，调整好人民之间的利益关系，使得社会主义事业在人民利益一致的基础上不断前进。以江泽民为核心的党的第三代领导集体将这一思想得以贯彻。”[①] 江泽民同志在《党的十三届七中全会闭幕时的讲话》指出：“要通过改革正确处理各种利益关系，比如中央和地方，沿海和内地，城市和农村，大中型国营企业和其他企业，以及全局和局部，长远和眼前，国家、集体和个人等之间的利益关系。改革一定会涉及这些利益关系。基本的原则应该是，从全国人民的共同利益出发，统筹兼顾，适当安排，发挥社会主义制度能够调动各方面积极因素、激发各方面创造精神的优越性，能够集中必要的人力、物力、财力办一些大事情的优越性。这就是说，既要照顾各个方面的利益，又要坚持局部利益服从全局利益，眼前利益服从长远利益。”[②]

（2）建立健全法律化解机制。毛泽东的学说在一定程度上忽视了民主和法制建设，邓小平则弥补了这方面的不足，提出了民主制度化、法律化的主张，使这种制度和法律不因领导人的改变而改变，不因领导人的看法和注意力的改变而改变，[③] 从而提出依法治国，让社会矛盾用法律的手段解决，创造和谐社会。江泽民提出了一系列化解社会矛盾的具体措施，重视法制建设。

（3）加强思想政治工作机制。“文化大革命”期间，用疾风暴雨式的群众斗争方式不但不能化解人民内部矛盾，反而使人民内部矛盾深化，破坏了安定团结的政治局面。邓小平针对以上情况，提出了以思想政治教育的方法化解人民内部矛盾和各种具体的社会矛盾，大力发展精神文明建设的指导思想，这标志着我国社会矛盾化解机制的建设进入了一个新的阶段。江泽民同

---

① 许波．新时期我国社会矛盾解决机制研究［D］．长沙：湖南师范大学，2012：21.

② 中央文献出版社编委．十三大以来重要文献选编：中［M］．北京：中央文献出版社，2011：1431－1432.

③ 邓小平．邓小平文选［M］．北京：人民出版社，1994：146.

志针对党内日益严重的腐败现象，提出“以德治国”，努力加强社会主义道德建设的方针，这种化解社会矛盾的方式实际上是从思想文化领域出发的。许多人在市场经济利益的引诱下迷失了方向，在经济利益面前丧失了道德和党性。面对这种情况，江泽民提出道德理想应该高于金钱利益。这实际上是把“依法治国”和“以德治国”有机地结合起来，创新了新时期解决和化解社会矛盾的方式方法，对正确处理各种利益群体的关系具有十分重要的作用。

（4）建立健全社会保障机制。江泽民的重大贡献在于建立和完善社会保障体系。江泽民指出：“社会保障，是一个很重要的经济和社会问题。社会保障的主要作用，是帮助人们降低生活和工作中可能遇到的风险，保障社会成员的基本生活，增强他们的生活安全感。社会保障体系是否健全，这方面的法制是否完备，对一个国家的经济发展和社会稳定，会产生直接的影响。”① 面对日益增大的社会风险压力，第三代领导集体建立了社会保障体系，以此保障各方面、各层次的利益要求。江泽民设计了社会保障体制的建设框架，改革攻坚阶段的抗风险能力得到的大的提升，人们生活基本得到保障，社会趋于稳定，社会矛盾得到一定的缓解。

3. 2002 年至今

进入 21 世纪后，我国社会矛盾化解机制的建立显得更加迫切，各种社会矛盾的表现形式复杂，各种社会矛盾的处理难度也日益增加。胡锦涛同志创造性地提出了科学发展观、构建和谐社会等新思想，这不但丰富和发展了人民内部矛盾学说，更为社会矛盾化解机制的建立和完善提供了新的思路。

（1）以科学发展观指导社会矛盾化解机制。众所周知，以人为本是科学发展观的核心内涵，这与党的全心全意为人民服务的宗旨是一致的，只有维护最广大人民的根本利益，才能从真正意义上化解社会矛盾。要处理好这些

---

① 江泽民. 论社会主义市场经济［M］. 北京：中央文献出版社，2006：425.

矛盾首先是要发展，为社会创造更多的物质财富，只有化解社会矛盾的物质基础越来越牢固，社会矛盾解决和化解的可能性就会越来越高。毫无疑问，统筹兼顾是科学发展观的根本方法，如各种区域关系、城乡关系、中央地方关系、经济社会关系等，我们在社会主义建设中必须协调好各方面的关系，如果协调不好，便会出现更加错综复杂的社会矛盾。可见，科学发展观确实是指导社会矛盾化解建设中强有力的思想武器。

（2）构建和谐社会与社会矛盾化解机制相辅相成。胡锦涛同志提出构建社会主义和谐社会，这不仅是一个长期的历史任务，更是在发展的过程中正确处理各种社会矛盾的过程。这明确了构建社会主义和谐社会的一个根本问题便是正确处理各种社会矛盾，与和谐社会建设相结合，是社会矛盾化解机制建设的必然要求。众所周知，社会主义和谐社会的具体要求主要有：倡导公平正义，实现社会利益整合，妥善协调社会各方面利益关系，从利益层面来化解社会矛盾；发扬社会主义民主，落实依法治国，调动各方面积极因素化解社会矛盾；支持社会成员的创造愿望、行为，肯定其成果，为化解社会矛盾提供强大的智力支持；宣扬诚实守信，加强思想道德教育，使社会成员树立正确的世界观、人生观、价值观，从精神层面化解社会矛盾；保护生态环境，使人与自然和谐相处，建设两型社会，切实化解因能源、生态环境导致的社会矛盾。以上这些内容不仅是和谐社会的具体要求，更是社会主义矛盾化解机制的重要内容。

（3）确定机制建设的方向，注重机制的长效性。胡锦涛同志指出：“我们要正视矛盾，找到化解社会矛盾的正确途径和有效方法，形成妥善处理矛盾的体制机制，而不能让矛盾积累和发展起来，以致影响国家改革发展稳定的大局。”[①] 正确处理新形势下的人民内部矛盾，畅通诉求渠道，完善社会利

① 胡锦涛．在省部级主要领导干部提高构建社会主义和谐社会能力专题研讨班上的讲话［M］．北京：人民出版社，2005：24.

益协调和社会纠纷调处机制，是党的十六届五中全会的重要精神，这就要求我们提高处置突发性事件能力，逐渐建立和健全社会预警体系、应急救援、社会动员机制等。从根本战略上指出了化解社会矛盾长效机制的建设方向，工作中更加注重社会矛盾化解机制的长效性。以前过分注重“敌我矛盾”和“人民内部矛盾”，现在更多地强调社会矛盾的化解，这也体现出了“社会主义与时俱进的理论品质”①。

二、我国社会矛盾化解的基本经验

我国古代有儒、墨、道、法等各家学说，都蕴含着解决社会矛盾的思想，现代有毛泽东的两类矛盾学说。新中国成立以来，中国共产党结合我国实际情况，根据各种矛盾及其特点，有效化解各种社会矛盾和冲突，正确处理革命、建设、改革中遇到的问题，积累了化解社会矛盾的丰富经验。

（一）坚持以马克思主义为指导，科学认识社会的基本矛盾和主要矛盾

认识社会矛盾是化解社会矛盾的重要前提。马克思主义根据生产力和生产关系、经济基础和上层建筑这两对矛盾，指出：“人们在自己生活的社会生产中发生一定的、必然的、不以他们的意志为转移的关系，即同他们的物质生产力的一定发展阶段相适合的生产关系。这些生产关系的总和构成社会的经济结构，即有法律的和政治的上层建筑竖立其上并有一定的社会意识形态与之相适应的现实基础；物质生活的生产方式制约着整个社会生活、政治生活和精神生活的过程。”② 中国共产党人继承和发展了这一基本观点。

1. 坚持生产力和生产关系、经济基础和上层建筑的矛盾是社会主义社会基本矛盾的观点

斯大林在20世纪50年代提出，苏联的社会主义社会没有矛盾，生产力

① 许波. 新时期我国社会矛盾解决机制研究［D］. 长沙：湖南师范大学，2012：26.

② 中共中央马克思恩格斯列宁斯大林著作编泽局. 马克思恩格斯全集：第31卷［M］. 北京：人民出版社，1998：412.

和生产关系完全适应的错误主张。毛泽东对此提出质疑并且指出："许多人不承认社会主义社会还有矛盾，因而使得他们在社会矛盾面前缩手缩脚，处于被动地位；不懂得在不断地正确处理和解决矛盾的过程中，将会使社会主义社会内部的统一和团结日益巩固。"① 毛泽东进而分析道："社会主义生产关系已经建立起来，它是和生产力的发展相适应的，但是它又还很不完善，这些不完善的方面和生产力的发展又是相矛盾的；除了生产关系和生产力发展的这种既相适应又相矛盾的情况以外，还有上层建筑和经济基础的既相适应又相矛盾的情况。"②于是，关于社会主义社会基本矛盾的观点已经形成，这是对科学社会主义的贡献，更为中国共产党处理和化解社会主义社会及其矛盾奠定了理论基础。当今改革开放，中国共产党依然坚持这一观点，进行中国特色社会主义的建设和改革开放。

2. 坚持依据国情来判断社会主要矛盾的观点

根据矛盾具有普遍性和特殊性规律，社会矛盾有主要矛盾和次要矛盾之分。对此，毛泽东指出："研究任何过程，如果是存在着两个以上矛盾的复杂过程的话，就要用全力找出它的主要矛盾。捉住了这个主要矛盾，一切问题就迎刃而解了。"③

新中国成立初期，民主革命的任务还没有彻底完成，地主阶级和买办资产阶级还是发展生产力的主要障碍。当时私人资本主义在一定限度内还是适应生产力的发展的，还需要尽可能地利用其有利于国计民生的积极作用。中国共产党人对新民主主义社会的主要矛盾认识是正确的，即工人阶级和资产阶级的矛盾、新中国和帝国主义国家的矛盾。这种矛盾具有双重性、交叉性和过渡性。

---

① 毛泽东. 毛泽东文集：第七卷［M］. 北京：人民出版社，1999：213.
② 毛泽东. 毛泽东文集：第七卷［M］. 北京：人民出版社，1999：215.
③ 毛泽东. 毛泽东选集：第一卷［M］. 北京：人民出版社，1991：322.

1949—1952 年国民经济恢复时期，国家面临的主要任务是完成民主革命遗留下来的任务，当时的社会主要矛盾仍然是人民大众同帝国主义、封建主义和官僚资本主义的矛盾。1952 年国民经济恢复完成，生产资料的社会主义改造成为主要任务，工人阶级与资产阶级的矛盾也成为全国范围内的主要矛盾。依据这一时期的社会主要矛盾和主要任务，中国共产党制定了党在过渡时期的总路线，对农业、手工业和资本主义工商业全面地进行了社会主义改造，正确地解决了工人阶级同资产阶级的矛盾，创造了适合中国特点的社会主义改造道路。

1956 年社会主义改造完成后，无产阶级同资产阶级的主要矛盾已基本解决，中国社会进入社会主义初级阶段，对其主要矛盾也应重新做出判断。

社会主义改造完成后，1956 年党的八大对社会主义社会主要矛盾的认识也是符合当时的中国国情的。党的八大报告指出：我们国内的主要矛盾，已经是人民对于建立先进的工业国的要求同落后的农业国的现实之间的矛盾，已经是人民对于经济文化迅速发展的需要同当前经济文化不能满足人民需要的状况之间的矛盾。然而，遗憾的是这一认识被不久后发生的“大跃进”和“人民公社化”运动所断送，究其原因是中国共产党人对当时所处社会发展阶段认识的失误，急于向共产主义过渡，超越了中国社会发展的状况，教训异常深刻。

改革开放以后，特别是党的十三大提出我国正处在社会主义初级阶段。我们现阶段所面临的主要矛盾是人民日益增长的物质文化需要同落后的社会生产之间的矛盾。这一观点在之后的历次党代表大会上都被充分肯定，作为改革开放以来中国共产党制定一切路线方针政策的根本出发点和立足点。

可见，在社会主义社会发展的历史进程中，社会基本矛盾是一条主线，贯穿这一社会形态和若干发展阶段，而社会主要矛盾则是这条主线上的若干个关键节点，不同发展阶段会有不同的表现，而人民内部矛盾则是点缀其间

的繁星，无时不在却又时明时暗。中国共产党人对社会主义社会主要矛盾的判断符合人类社会的发展规律，必须遵循这一规律才能使社会发展走上健康的轨道。

毛泽东在《关于正确处理人民内部矛盾的问题》一文中，立足于中国共产党领导社会主义建设的崭新实践，紧紧围绕如何正确处理人民内部矛盾这一“总题目”，在农业合作化、工商业者、知识分子、少数民族、中国工业化道路等12个“小题目”上都进行了创造性的探索，提出了一系列正确处理人民内部矛盾的新原则、新方针。如用“长期共存、互相监督”方针解决共产党与民主党派的矛盾，用“百花齐放、百家争鸣”方针解决科学文化领域中的矛盾，用“统筹兼顾、适当安排”方针解决经济建设和全国城乡各阶层以及国家、集体、个人的矛盾等。这一系列的方针政策成为中国共产党人正确处理各种社会矛盾的基本原则，至今还具有重要的指导意义。

（二）树立全面系统的观点和实事求是的观点，准确把握社会矛盾的维度结构与具体表现

中国特色社会主义建设过程本身就是一个不断破解难题、解决矛盾的过程，没有矛盾就没有社会的发展和进步。不同社会发展时期社会矛盾有不同的表现。

1. 宏观矛盾和微观矛盾

新中国成立以来，社会矛盾中非对抗性的矛盾主要表现为工人阶级内部的矛盾、农民阶级内部的矛盾、新的社会阶层内部的矛盾以及工人阶级、农民阶级和新的社会阶层之间的矛盾等，这些属于平行关系的矛盾。还有执政党、政府同人民群众之间的矛盾，领导者同人民群众之间的矛盾，国家、集体、个人之间的矛盾以及企业经营者同生产者之间的矛盾等，这些属于垂直关系的矛盾。总而言之，这些都是属于宏观层面的矛盾。

从微观层面来看，新中国成立初期，我国经济缺乏活力，国民经济运行矛盾重重。城乡矛盾、区域矛盾、行业矛盾及官民矛盾，最后都集中到政府与群众、党和人民的关系上，再加上由于没能把握好矛盾转化的前提条件，“左”倾错误思想占主导地位，最终留下了惨痛的教训。

2. 社会矛盾在农村和城市的具体表现

改革开放以来，中国的社会矛盾呈现出新的特点。改革意味着社会资源的重新分配，利益关系的重新调整，必然引发社会结构要素的裂变，导致社会主体关系的复杂化、社会主体结构的层级化、社会利益矛盾的激烈化、弱势群体利益表达方式的对抗化，从而造成社会矛盾凸显、突发群体性事件增多、社会秩序紊乱、社会关系失和，使社会矛盾成为影响改革的重大现实问题。

从农村来看，伴随着农村改革的深入，社会矛盾主要表现为 3 个方面：

一是经济生活中的矛盾。主要表现为贫富差距拉大的矛盾，土地承包、资源开发、国家征用土地与赔偿等过程的利益分配矛盾，农村私人借贷、交易、继承等方面的经济纠纷等。

二是政治生活中的矛盾。主要是在村两委直选过程中产生的当选者与落选者的矛盾，还有村干部在经济管理中缺乏透明度、分配不公、贪污腐化等引发的矛盾，村党支部与村委会的权力之争等。

三是文化生活中的矛盾。主要是市场经济意识与传统经济观念的矛盾、封建宗族观念引发的矛盾、科学和迷信的矛盾等。

从城市来看，伴随着城市改革的深入和城镇化进程的加快，社会矛盾主要表现为以下 4 个方面。

一是收入差距不断扩大所产生的社会阶层之间的矛盾。我国城市社会阶层结构中不但出现了一批强势阶层，还存在着弱势群体。这些对社会资源占有不同的社会阶层，利益也呈现出明显的差异性。

《人民日报》2011 年 1 月 28 日发表了一篇文章《用全面的观点看收入

差距问题（学者论学问）》，即是收入差距引进社会矛盾的例证。文章指出，“改革开放30多年来，我国收入分配制度不断完善，形成了按劳分配为主体、多种分配方式并存的分配制度，有力地促进了经济社会发展，但同时出现了收入差距扩大问题。收入差距扩大的严重危害性，在于它会导致富者愈来愈富、穷者愈来愈穷，甚至产生两极分化。而两极分化背离共同富裕这一社会主义的本质要求，破坏社会公平，不仅会导致各种矛盾、影响经济社会发展，而且会引起人民群众不满、危及社会和谐稳定”①。

二是现有利益格局下城市居民与进城农民工之间的矛盾。城市居民与农民工产生了深刻的矛盾，城市化不能是脱离人的城市化。《陕西日报》于2013年5月23日发表了一篇文章《如何打开进城农民与城市居民的心墙》。文章指出：“随着城镇化的推进，越来越多的农民走进城市。对他们来说，真正融入城市的标志是心理上的融入。但是，相比于就业、社保上遇到的困难，进城农民精神上、心理上同样面临着不小的危机。”“在长期以来城乡二元对立、农村支援城市的历史条件下，城市被人为封闭，成为城里人独享的资源，当大批农民涌进城市的时候，城市居民和进城农民在政治、经济、文化等方面的矛盾就不可避免地显现出来。而城市居民对这些进城农民的认同、包容也远远不够。《2011年进城务工者生活现状与消费文化研究》显示，农民工与城市居民的社交意愿从2004年的72.4%下降到63.6%，23.9%的农民工没有城里人朋友。中国青年报社会调查中心对7 688人进行的一项在线调查显示，66.4%的受访城市居民表示自己愿意结交农民工朋友，但只有46.3%的城市居民确认自己身边有农民工朋友。我们离开放、平等、共享共有的城市理想还有相当的距离。”②

三是征地和动拆迁过程中各利益主体之间的矛盾。补偿费用是对被征地

① 用全面的观点看收入差距问题（学者论学问）［N］．人民日报，2011－01－28．

② 如何打开进城农民与城市居民的心墙［N］．陕西日报，2013－05－23．

农民、被动拆迁户最直接的经济弥补，也是最容易引起征地和动拆迁纠纷与冲突的焦点。在此方面，“定州事件”是一个血的教训。国华定州电厂是国家“十五”重点建设项目。2003 年 10 月，河北省定州市绳油村部分村民因对该电厂征地补偿款存有异议，在被征用作电厂贮灰场建设的土地上搭窝棚、挖地窨长期驻守，阻止施工。为定期完工，电厂方多次要求时任定州市委书记和××给予解决。2005 年 6 月 11 日，和××等人组织社会闲散人员 260 余人，携带凶器，暴力驱赶村民，造成 6 人死亡、15 人重伤、多人轻伤的严重后果。事件震惊了中央领导人。事件发生后，党中央、国务院高度重视，在河北省委、省政府直接领导下，各有关部门迅速采取措施。司法机关依法及时对案件做出宣判。

四是劳动力大量供应与较为有限的就业机会容量之间的矛盾。张一名和战梦霞在《中国农民工就业情况及展望》一文中指出，“十二五”期间，我国的农民工总量仍将继续增长。如有关数据预示，到 2015 年，农村劳动力转移人数将达 26 033 万人，外出务工人数将达 17 533 万人。此外，“十二五”期间，农村劳动力转移人数将增加 3 000 多万人，而外出务工人数也将增加 3 000 万人左右。“十二五”期间，随着我国社会经济各方面的进一步发展，给农民工就业带来了机会的同时也为其带来了较大的挑战。[①] 据我们分析，需要就业的农民工人数的增加，从总体上会直接挤占城市居民的就业空间。此外，农民工在某些职业技能上的提高，使他们已经具备了与城市劳动者公平竞争的基本素质，这无疑会对城市在岗或失业人员造成更大的压力，其中年龄偏大、劳动技能单一、文化素质较差的人员首先遭到冲击，于是就产生了较大的就业矛盾，这个矛盾不只体现在依靠体力这样的初级岗位上，也体现在需要一定文化知识和专业技能的中级岗位上。

---

① 张一名，战梦霞. 中国农民工就业情况及展望［R］//吴江，等. 中国人力资源发展报告（2011—2012）. 北京：社会科学文献出版社，2012.

（三）提高执政能力，有效化解社会矛盾

既然社会主义社会的基本矛盾和主要矛盾是长期稳定不变的，那么化解社会矛盾的对象也就主要集中在根本利益一致基础上的人民内部矛盾了。执政的中国共产党人化解社会矛盾的历史过程体现在从提出正确处理两类不同性质的矛盾到提出构建社会主义和谐社会这个历史轨迹之中，这个过程也是中国共产党执政能力不断提高的过程。

1．坚持发展生产力是有效化解社会矛盾的经济途径

社会矛盾问题，从根本上讲是利益问题。而利益问题的解决，关键的也是最终的要靠生产力的持续发展和经济水平的不断提高。因为只有生产力的发展是一个社会进步发展的最终推动力量，经济的发展是一个社会发展的坚实的物质保障。经济不发展，不可能创造更多的就业机会，不可能给人们更好的社会保障，不可能满足老百姓更多的物质文化需求，社会主义的各项事业不可能顺利进行。正因如此，邓小平指出，“发展才是硬道理”“贫穷不是社会主义”。

再则，从“三个不变”角度看，党的十八大和党的十八届三中全会都明确指出，我国人民日益增长的物质文化需求和落后的生产力之间的矛盾这个社会主要矛盾没有变，我国仍处于并将长期处于社会主义初级阶段的发展阶段没有变，我国是发展中国家的国际地位没有变。“三个不变”说明我们必须始终坚持社会主义的本质，这就是解放生产力，发展生产力，消灭剥削，消灭两极分化，最终实现共同富裕。其中，生产力的解决和发展是首要前提和根本保证，是解决我们一切社会矛盾的关键之举和根本之策。

2．坚持群众路线是有效化解社会矛盾的政治途径

革命战争年代，群众路线是中国共产党动员群众、组织群众战胜敌人的一大法宝，也正是依靠工农兵和广大知识分子，中国共产党才取得了执政地位。和平年代，群众路线最能体现党的宗旨，有效防止官僚主义。在化解社

会矛盾的过程中，所谓的群众路线就是要求党和政府要有这种宗旨意识，就是要深入到群众中去进行调查研究，倾听基层群众的意见和呼声，获得群众真实需求的第一手材料，制定出台政策不能凭空臆造想当然。

在我国经济社会发展的关键阶段，在改革攻坚的破冰时刻，只有始终坚持“群众利益无小事”的观点，与群众同呼吸、共命运，把握群众的真实心理，了解群众的切身疾苦，才能真正为群众解决困难，才能融洽党群关系、干群关系，切实化解党群矛盾、干群矛盾。在社会矛盾萌芽阶段，坚持群众路线，我们就能及时了解真实问题、把握事态发展形势，有针对地找到解决问题的办法，避免微小苗头扩大化，局部问题全局化，个别事件普遍化，社会问题政治化，内部矛盾敌对化，民间纠纷极端化。

3. 坚持依法办事是有效化解社会矛盾的法律途径

计划经济时代，一切靠上级指令，自上而下的权力，成为化解社会矛盾的重要资源。改革开放后，特别是建立社会主义市场经济体制以来，由于经济成分多样化，利益主体开始多元，利益矛盾开始增多，利益关系的调整难度加大，于是，单纯依靠过去人治的办法行不通了。为解决这个问题，中国共产党提出依法治国的基本方略，加快法律体系的建立和完善，构筑适应社会主义市场经济体制的法律框架，依法规范各个利益主体的行为。从制度和法律上遏制强势群体的贪欲，压缩他们的利益空间，保障弱势群体的社会利益，正视各阶层公民的利益诉求，建立多元利益表达机制，并在此基础上通过互相商谈和让步达成各阶层相对认同的公平。同时，通过普法教育等各种手段普遍增强公民的法律意识，为自己也为他人守法。另外，还要求相关部门严肃执法，纯洁执法队伍，做到有法必依、执法必严，坚决禁止违法、违纪及损害人民利益的事件发生，严惩司法腐败。这就为社会矛盾的解决提供了法理和依据，从而使化解社会矛盾工作走上法治化轨道。

4. 构建社会主义和谐社会实现社会公平正义是有效化解社会矛盾的社会途径

社会矛盾不能只靠经济发展。经济发展特别是以物为本或以资为本的片面的、不协调的和不可持续的经济发展可能成为引发社会矛盾的一个重要因素。郑杭生认为，当前，中国经济有增长但不发展。意思是说，中国经济虽然不断增长，而且增速还不低，但是，这个增长是以牺牲社会的发展和环境的友好为代价的。对整体而言经济是增长了，对改革开放的得利者，经济整体增长的同时也带来他们物质财富的大幅增长，但在普通的老百姓心中，经济增长的同时生活的环境却变差了，"望得见山、看得见水、记得住乡愁"成为人们的奢望；经济增长的同时自己的生活质量却变差了，贫富差距扩大使得人们心态失衡，医、食、住、行、学等民生问题成为压在老百姓头上的几座新的大山。从而，有增长却无发展，使得人们的幸福感下降。

正因如此，有学者指出，中国当前的社会矛盾，首先是经济主体为积累经济资本而竞争所派生出来的。比如，有些地方因为追求 GDP，就给资本以"特权"，这必然产生严重的分配不公和环境灾难，导致两极分化和所谓的"仇富"。其次，官商勾结加剧了社会矛盾。比如，一些掌握着经济资本的企业家通过金钱来换取人大代表、政协委员身份，参与政策和法律的制定，参与管理政府，政府、政策、法律久而久之就可能沦为"资本家"的机器！①

为解决这个问题，必须写好社会建设这篇文章。党的十八大提出要以保障和改善民生为重点，创新社会管理，加强社会建设，是一个治本之策。因为，让每个人生活得更幸福、更有尊严，这是社会主义社会的终极目的和价值取向。一个国家，如果仅仅重视经济建设，那么追求的必然是经济效益最大化，而如果重视社会建设，势必将追求社会效益最大化。

---

① 陈方. 社会矛盾不是仅靠发展经济就能解决［N］. 中国青年报，2012－01－18.

5. 坚持用社会主义核心价值体系武装人民是有效化解社会矛盾的文化途径

社会矛盾的产生除了经济原因、政治原因、社会原因外，还有文化方面的原因。而要解决因为文化原因引起的矛盾冲突，必须弘扬主旋律，用社会主义核心价值观武装人民，深化文化体制改革，发展各类文化事业和文化产业，崇尚和谐、追求和谐、以和为贵，主张人与人之间相互尊重、相互信任、相互帮助。

第六章　当前我国社会个体矛盾的化解

社会个体矛盾，指由于不同利益主体的要求在个人与个人或个人与社会组织之间发生的利益冲突。由于个人变故、利益纠葛、思维碰撞等都会产生和激发矛盾，因而社会个体矛盾无处不在，无时没有。作为社会生活的每一个社会成员都是独立的利益主体，都有着特定的利益要求，这种利益要求与周围其他人的利益发生必然的联系的同时，也会产生各种矛盾和冲突。

一、当前社会个体矛盾的根源及其表现

（一）社会个体矛盾的根源——社会阶层化

从逻辑上讲，社会个体的矛盾主要来自以下几个方面：

（1）行为人的要求是完全正当的，但这个要求必须要其他人的配合和支持才能得以实现，而别人的配合和支持并非是自然存在和理所当然的，一旦别人不愿配合和支持或未能较好地配合和支持，矛盾就会产生。

（2）行为人的要求在特定的时间和空间条件下是合理正当的，“但是行为人的条件一时无法通过正常途径来实现，如果一定要实现这一要求，就会与他人或社会利益发生矛盾”①。

（3）“行为人的利益要求本来就不正当，不论采取什么样的方式都是无法实现的，如果执意要满足其利益要求，其行为就必然与他人或社会发生矛盾。”②

①② 朱其良．谈社会个体矛盾的冲突与化解［J］．河池师范学院学报，2013（1）：47.

（二）当前不同社会阶层分化后产生的社会矛盾的主要表现

改革开放以来，我国的社会个体矛盾发生了巨大变化。特别是改革开放后，我国原有社会阶层发生了变化，并出现了诸多新的阶层。不同阶层成为不同的社会矛盾主体，结成许多具体的社会个体矛盾。

1. 工人阶级内部分化后产生的阶层之间的矛盾

随着我国社会主义经济体制改革不断深入，社会经济成分不断发生变化，工人阶级由原来所包括的国有企业工人和集体企业工人，分化为蓝领工人、白领工人和社会管理者阶层。

目前，我国的蓝领工人主要包括城市普通工人和进城务工的农民（俗称“农民工”。农民工是中国特有的说法，是指身在城市从事非农业工作的农业户口的工人，他们是中国特有的城乡二元体制的产物）。蓝领工人指在各种类型机构中主要从事建筑、搬运、保洁等体力劳动的人员。白领工人指有中专以上教育背景和专业技能，在企业中主要从事技术开发、市场营销、人力资源、行政办公、咨询服务等脑力劳动的人士。社会管理者阶层主要指在党政机关、事业单位和社会团体中从事决策和管理工作的人员，他们是党的方针、政策的制定者和执行者，是政府权力的掌握者和行使者，他们是在我国现行政治体制下，“在趋于等级分化的社会阶层结构中居于最高或较高的地位等级”，是我国改革开放以来社会矛盾发生了巨大变化过程中，“整个社会阶层结构中的主导性阶层，是当前社会经济发展及市场化改革的主要推动者”①。

白领阶层与蓝领阶层之间存在矛盾，特别是最近几年多处发生的农民工欠薪事件充分说明企业经营管理者这些白领与底层的农民工蓝领之间存在利益冲突。社会管理者阶层是人民群众寄厚望于改善其生产生活条件的阶层，

---

① 王世谊．当代中国社会阶层结构的变化新探［J］．社会科学，2003（6）．

然而，在现行中国社会中，由于一些干部素质不高、作风不正、群众观点不强，干部与群众之间的矛盾（简称“干群矛盾”）构成了中国突出的社会矛盾，如全国各地普遍存在的城管与摊贩之间的矛盾和冲突，已经成为目前我国社会的一大矛盾。

2. 农民阶层内部分化后产生的矛盾

改革开放前，农民阶层主要是指以种地为生，从事农业生产的广大农业劳动者。随着现代化和城市化进程的加快，农民的收入来源和致富途径越来越多样，阶层分化的速度日益加快，分化的阶层越来越明显。

现阶段，我国农民阶层经过分化后，“大体可以细分为农民企业家阶层、乡镇企业职工阶层、外出农民工阶层、土地承包者和农村专业户阶层、普通农民阶层、贫困农民阶层共六个阶层。农民企业家阶层大多由原来的乡镇企业管理者或厂长转化而来，已成为民营企业家，有的甚至成为颇具影响力的现代大企业家。乡镇企业职工阶层人员在工厂做工是工人，失去工作就是农民，他们受雇主的支配性强，劳动权益缺少保障。进城农民工是农民阶层分化流动的一大表现，据有关方面统计，农民工在我国已有2.6亿多人。农民工的最大特点是在城市没有物质基础、社会关系和社会保障，一旦失去工作只能回到农村，许多农民工在城市成为民营企业的雇工，与民营企业主的矛盾构成了一大社会矛盾。土地承包者和农村专业户阶层的出现是改革开放的重要成果，他们是农业先进生产力的代表，通过现代化农业打开了致富之门，逐渐成为富裕农民阶层”①。普通农民阶层是农民中的大多数，与改革开放前的农民阶层不同的是，他们的生活水平和收入有了明显改善，并有相对固定的积余。贫困农民阶层主要指在农村生产居住，暂时还没有解决温饱问题的农民。据有关方面统计，我国贫困农民还有5 000万左右，主要包括：①家庭劳动力缺乏的农民。由于缺乏劳动力，无法外出务工，在农村也因为

---

① 张小梅. 和谐社会构建中化解社会矛盾研究［D］. 合肥：安徽大学，2011：3.

劳动力不足难以承担繁重的生产活动。②土地贫瘠地区和边远山区的农民。他们因为自然资源的极度匮乏而遭受贫困。③因教育和医疗而致贫或返贫的农民。他们因为要供养子女上学读书（特别是读大学），负债较多而贫困；或因家人生重病，因为要支付高额的医疗费用而贫困。因教育和医疗而致贫或返贫的农民，是在最近一二十年中，伴随着教育和医疗社会化、市场化改革，随着教育收费和医疗收费新出现的贫困现象，引起各方广泛关注。

3．知识分子阶层分化后产生的矛盾

知识分子阶层主要是指拥有较高学历水平和技术能力的社会劳动者，主要是历年来高等院校毕业的社会群体，他们广泛分布于社会各行各业中，成为各界生产力和财富增长的带动者。随着现代科学技术的发展和各领域人才需求的变化，知识分子阶层出现了分层与流动，可以划分为管理者阶层、知识生产与传播者阶层、自由职业者阶层、青年学生阶层。他们的壮大为我国的发展提供源源不断的智力支持，是推动社会前进的重要力量。然而，由于对知识分子阶层特别是自由职业者阶层缺乏应有的社会管理和服务，青年学生阶层的就业难以完全解决，社会上出现了大量的矛盾和问题。

4．新兴阶层出现后产生的矛盾

在工人阶级和农民阶级发生分化的同时，新的社会阶层也在产生。改革开放以来，我国的社会阶层构成发生了新的变化，出现了民营科技企业的创业人员和技术人员，受聘于外资企业的管理技术人员、个体户、私营企业主、中介组织的从业人员、自由职业人员等社会阶层。他们都是在社会主义市场经济发育和发展过程中产生和成长起来的，是社会主义初级阶段生产力发展的主导阶层，与工人、农民、知识分子、干部和解放军一样，是中国特色社会主义事业的建设者，为我国的改革开放和社会主义现代化建设做出了重要贡献。然而，由于我们对新的社会阶层的成长和发展规律缺乏掌握，对他们的个人信息和各方面的需求缺乏了解和满足，社会管理和治理的难度加大，产生了不少新的社会矛盾，如外企中的劳资矛盾。

二、社会个体矛盾的特点

随着改革开放的深入发展，我国现有社会个体矛盾呈现出许多新的特点。

改革开放以来，我国的人民内部矛盾发生了巨大变化。社会阶层结构复杂，各种利益矛盾层出不穷。我国现阶段社会个体矛盾呈现的特点主要有：

1. 利益性矛盾成为社会个体矛盾的主要矛盾

“我国改革的实质就是利益关系的调整和分配。随着市场经济秩序的初步建立，社会利益主体呈现多元化趋势，社会成员的利益关系，如资源分配、生产经营、收入分配等利益性矛盾冲突机会逐渐增多；社会主义市场经济初级阶段因体制不完善、法制不健全、管理不规范、社会保障机制不成熟等一系列深层次的问题还没有从根本上解决，引起利益性矛盾的冲突，经济利益分化格局是导致矛盾冲突的内在因素。”①

2. 个体性矛盾向群体性矛盾发展

近年来，拖欠工资、征地拆迁、企业破产兼并、移民开发等问题日益严重，这些都涉及个体利益与群体利益的关系，这类事件的数量、规模和矛盾的范围都比过去日益增强，甚至激化为暴力冲突，解决这类问题显得更加迫切。

3. 矛盾的对抗性有所增强

目前阶段，上访反映是社会个体矛盾缓和的主要表现形式，情绪较为温和。社会个体矛盾的对抗性比过去有所增强，不少人经常集体上访，导致交通堵塞，党政机关瘫痪，党委政府遭到要挟，社会影响极坏，引起群众极大的关注，有的甚至发展成暴力冲突。

---

① 朱其良. 谈社会个体矛盾的冲突与化解［J］. 河池师范学院学报，2003：47.

4. 矛盾原因多样性、复杂化

转型时期的社会，特别是新旧体制交替时期，人们的思想价值观发生巨变，利益主体多样化，矛盾复杂化。由于历史和现实的原因，再加上政策、法规、管理等原因，基层干部素质差，处理问题方法不当，计划经济与市场经济相冲突，观念不一致；既有群众合理要求的一面，也有群众要求过高、不顾大局的一面。即社会个体矛盾发展多样性、复杂化。

三、我国社会问题化解存在的不足

1. 孤军作战，举步维艰

社会问题化解应当是包括经济、行政、法律、社会保障等多种职能和手段在内的一项综合性工作。但长期以来形成的一种思维惯性，认为只要是矛盾化解工作，就应当是人民法院的事，其他职能部门唯恐躲之不及，不愿接触矛盾，更不愿去认真化解矛盾。这种孤军奋战的局面，导致在化解社会矛盾中各种力量不能相互协调和形成工作合力。

2. 手段单一，收效甚微

当前社会问题复杂多样，既有涉及收入分配、劳动工资等经济问题，又有行政执法、社会保障等社会问题，既有个人利益、权利问题，又有群体利益和权利问题。然而化解社会问题的手段单一的情况仍然没有得到根本性改变。

3. 能力不足，质量不高

不可否认的是，由于培训制度执行不力、主动学习意识不强、知识更新不快，一些干部群众工作能力不强、法律知识不足，不会说群众语言、不关心群众意见、不会做调解工作、不公开司法运作、不及时案件处理、息诉说理不到位、执法行为不文明等，仍然存在孤立办案、就案办案，不注重胜败皆服、案结事了，往往按下葫芦浮起瓢，不能从根本上化解社会矛盾。

4. 法律威信缺失，社会信“访”不信法

受传统观念影响，大部分群众“官”本位思想根深蒂固，“权大于法”“信上不信下”“信访不信法”“大闹大解决、小闹小解决”等实用观念普遍流行。由此，一旦与人发生纠纷，不论进入诉讼或没有进入诉讼的，他们往往不愿意相信法律，而更愿意相信代表权力的领导。更为尴尬的是，一方当事人看到对方给某领导信访了，也赶紧给该领导或更多的领导信访，从而导致简单矛盾复杂化、信访化。

四、社会问题化解的新特点

1. 运用多样手段化解社会问题

注重多种手段，运用灵活措施解决各种社会矛盾。政治上，国家主要运用政策手段、法律手段；经济上，政府主要综合运用财政、税收、再分配等方法，从经济利益协调入手解决社会矛盾，文化上我们要维护社会的稳定、构建和谐社会等文化宣传，我们要让社会成员认识到社会矛盾的破坏性。

2. 社会问题化解主体多元

在中国传统的政治体制下，中国政府在资源配置中占据着支配地位。这一方面干群群体社会矛盾成为矛盾的核心，另一方面也意味着中国政府发挥着关键作用。而随着社会主义市场经济的发展和完善，特别是随着市场机制在资源配置中的地位和作用由基础性到决定性的转变，随着社会组织的发展和壮大，单纯靠政府来化解社会问题和矛盾显然力不从心，而需要政府与社会紧密合作。

第七章　推进社会个体矛盾化解机制的完善

从对象上看，社会个体的矛盾化解机制有两个方面：一方面，针对普通的社会个体，建立健全矛盾纠纷的发现、调解、仲裁、复议、诉讼相互衔接、相互配合的矛盾化解机制，尽可能缓解信访渠道，将矛盾纠纷引流至调解、仲裁、复议、诉讼的法制化渠道去解决；另一方面，针对违法犯罪分子，建立健全治安防控体系。

从内容上看，化解一系列社会个体矛盾，不能只是“头痛医头，脚痛医脚”，不能走原来“治标不治本”的老路子，而必须根据时代的要求，建立健全化解矛盾的长效机制。正如习近平所指出的，“创新有效预防和化解社会矛盾体制。健全重大决策社会稳定风险评估机制。建立畅通有序的诉求表达、心理干预、矛盾调处、权益保障机制，使群众问题能反映、矛盾能化解、权益有保障”①。

一、建立和完善矛盾纠纷发现机制

社会矛盾发现机制建设是化解社会矛盾的前提。对于已经客观存在的矛盾，如同对待身体已经客观存在的疾病一样，要立足于“早发现，早治疗”，而不是讳疾忌医，养痈遗患。社会矛盾纠纷发现机制建设，其目的是通过积极主动地深入基层、深入群众了解情况、排查矛盾，及时、全面地掌控矛盾，力争将矛盾化解在萌芽状态。

---

① 习近平．中共中央关于全面深化改革若干重大问题的决定［A］．2013－11－12．

1．健全主动信访机制

主动接访分为大接访和常接访。领导大接访解决信访存量，领导常接访解决信访增量，两者共同拉近与群众的时空距离和心理距离。拉近时空距离是指通过群众信访中与干部面对面的交流和零距离的接触，打破平时群众想见却难以见到官员的情况；缩小心理距离是指在信访过程中，通过政策普及、问题解决和情绪安抚进一步密切党群干群关系，缩小党员、干部和群众之间心理和情感上的抵触情绪。为提高信访的质量和效率，方便老百姓反映问题，党政部门需要加大信访工作创新的力度。要整合资源，建立各相关部门参与的“综合信访大厅”或探索设立“网上综合信访大厅”，为信访人提供一条龙服务、一站式办理的“绿色通道”。

2．建立重点问题调研排查、维稳形势研判和预警机制

要建立矛盾纠纷滚动排查机制，主动针对社会管理中的热点、重点和难点问题，加强对重点地区、重点工程、特殊群体、敏感时期的排查。要定期和不定期组织有关力量研判维稳形势，及时发现可能影响社会稳定的苗头性、倾向性、潜在性问题，为把社会矛盾和不稳定因素消除在萌芽状态提供准确依据。在当前的网络时代，要特别注意运用微博、微信等新媒体工具，紧密跟踪社会热点，实时监控和及时掌握舆情，完善对舆情及时引导和快速反应机制，努力做到对社会矛盾特别是引发群体性事件等重大事件的社会矛盾在第一时间掌握真实情况、在第一时间做出快速反应、在第一时间做出正确处置。要通过社区民警、信访干部、网监力量等多种渠道对排查的大量矛盾纠纷，及时分级录入专用软件系统，自动生成预警重要信息。通过矛盾纠纷预警系统与大情报系统对接，时时掌控重点人员轨迹，提醒有关部门和单位及早做好预防化解工作。

二、建立和完善矛盾纠纷调解机制

全面坚持“调解优先原则”，通过健全人民调解、社团调解、仲裁调解、

行政调解、司法调解横向调解网络和市、区、镇、社区、村与楼门院（小组）纵向调解网络，营造多渠道的矛盾纠纷调处新机制，着力减少社会对抗。要综合运用法律、政策、经济、行政等手段和教育、协商、疏导等多种办法，统筹化解矛盾纠纷，完善大调解格局。要充分挖掘民间资源，充分利用乡规民约，充分动员各种社会力量参与化解调处矛盾纠纷。

“大调解”实际上不是一种严格意义上的概念或法律制度，而是近年来在我国出现的一种多元化社会矛盾纠纷解决机制。全国各地在不同时期建立了各种各样的“大调解”，反映出不同的时代背景和理念，其发展对于现在和今后我国建立统一的社会矛盾纠纷大调解机制具有重要的启示作用。

一般认为，“大调解”是指在整合人民调解、行政调解、诉讼调解资源的基础上，形成以党委政府统一领导、综合治理委员会牵头协调、调解中心具体受理、职能部门各司其职、全社会共同参与和对社会矛盾纠纷统一受理、集中梳理、归口管理、依法调解、限期办结的调解机制。[①]

要真正建立和完善社会矛盾纠纷大调解机制，必须从以下四个方面来努力。

1. 强化参与机制，提升矛盾调解的效度

由于主体间存在的相对封闭性、不规范性和有限性，可能导致社会矛盾调解过程出现阻碍，因此应该打破这种封闭的互动关系，提高互动效应。

首先，调整矛盾调解中以政府为核心主体的主导调解过程和结果的结构，改进政府与私人部门、政府与社会公众等关系，纠正各级政府及相关职能部门的取向和立场。

其次，改进各级组织矛盾调解的范围和边界，厘清受案范围，明确多元化调解机制的定位，保证矛盾调解的可控。

---

① 王凯. 网络治理视觉中的多元调处机制研究——以南通大调解机制为例［D］. 南昌：南昌大学，2012：15.

再次，扩大公民参与。公民参与公共事务中，最主要的就是参与国家政治生活和政治决策。这需要从公民参与主体、渠道、方式等多个角度来完善其参与模式。

在社会矛盾多元调解机制中，各个群体的代表都需要对矛盾化解和社会管理事务进行参与，这样既可以优化公民参与的制度环境，还能够激发公民参与的热情，提升公民参与的能力。公民参与矛盾调解过程，应让其位置不断向核心移动，以享有更多的利益表达的权利，以此打破社会团体、公众被边缘化的处境，提升矛盾调解的效度。

2. 完善保障机制，确保矛盾调解的力度

大调解制度作为社会管理机制的创新，对于实现和谐社会目标有着重要意义。但就目前制度实践而言，其在人员、经费保障等方面的不足，以及监督、执行、衔接机制的缺失，都对制度的可持续性产生了影响。因而，为更好地发挥大调解制度的纠纷化解作用，应进一步完善其配套保障机制。

就经费保障而言，应明确各级财政主体对大调解经费的不同职责，确保经费来源，从而为制度建设、组织建设、调解队伍建设、调解活动开展提供保障。

就人员保障而言，应在建立常态化人才引进与更新制度的基础上，强化对调解员的资质认证与考核。在充分利用退休人力资源的同时，更加注重专业人才的引进，建立起高素质、高水平的专业调解队伍，并通过不断强化的资质考核，确保和不断提高调解员的个人素质、职业道德和从业能力，防止职业伦理道德的淡漠和对调解公正性的侵蚀。

就制度保障而言，应完善和细化社会矛盾调解的各项规章制度。如要完善政府购买民间纠纷调解服务的制度，通过制度来激发更多社会力量参与矛盾调解工作的活力，同时，通过制度，也可有效防止各种矛盾纠纷调解主体恶性竞争，相互争夺案源，从而使社会陷入更深的矛盾冲突中去的危险。

3. 建立学习机制，提升矛盾调解的准度

社会矛盾调解结果通过各主体协同互动实现，其实现程度受到协同互动因素的制约。在调解中，各行动者在特定情境中展开信息交流、目标谈判、资源共享，尽可能地减少相互间的摩擦，增强彼此合作共识，以化解矛盾。因此，各行动主体需要根据自身的需求，发挥学习机制的功用。学习机制主要包括行为学习、价值学习和规范学习，行为学习在本质上是对其他利益主体利益结构的认同，从而对自身的行为进行调整，而价值学习和规范学习则是对相关规章制度的认同和学习，它们指明了矛盾调解的方向，有助于提升矛盾调解的效率。学习机制的建立以及在此基础上建立起来的共识性意识、价值、观念和信仰，可以为包括政府在内的各个治理主体提高治理能力提供价值支持。

4. 完善监督机制，保证矛盾调解的公平度

为保证大调解制度的调解公平性、公正性，还应建立有效的监督机制。在传统的政府监督基础上，要鼓励社会公众、媒体、社会组织等各个主体通过调解听证、对话等方式参与对大调解工作的程序、过程和结果进行全方位的监督。

5. 落实问责机制，提升矛盾调解的刚度

问责包括内部问责和外部问责。内部问责主要是指行政问责，即作为政府这个特定的问责主体针对本级政府或者下级政府及其公务人员承担的职责和义务所履行的情况而实施的、要求其承担否定性后果的一种责任追究制度，其本质在于对公共权力进行监督和责任追究，以明确的指向、刚性的措施、有效的手段、快速的反应来监督和约束政府的权力，确保领导干部和公务人员依法办事。

外部问责指的是媒体、公众等外部主体对行政机关和公务人员的监督。由于在问责方面，目前我国尚缺乏有效的法律和制度，外部问责大多流于形式，无法真正起到监督问责的作用。所以，要完善矛盾调解机制，需要重点

完善和落实行政问责制。在此方面，第一，要明确政府部门在社会矛盾调解中的职能和责任，解决问责制的逻辑起点。第二，要健全社会矛盾调解机制的问责体系，探究矛盾调解的保障措施。第三，要规范行政问责的规则和程序，增强矛盾调解问责制的可操作性和实效性。第四，要提升对各参与主体对话和回应的能力，提高公民参与社会矛盾调解的积极性。①

三、建立和完善矛盾纠纷仲裁机制

社会的矛盾纠纷如果调解无效，应当果断地“引流”至仲裁、复议、诉讼等渠道予以解决。其中，仲裁可以说是通过复议和诉讼等法治大堂的第一道门。正因如此，有时我们也将矛盾纠纷的仲裁称为准司法行为。

（一）完善矛盾纠纷仲裁机制的目标

完善社会矛盾纠纷仲裁机制，其目标包括：

（1）不断提高仲裁效率。规范案件处理简易程序，实现案件的繁简分流，实施便民仲裁，实行快速立案制度，为弱势群体开通“绿色通道”。特别是涉及农民工、女职工、伤残人员的劳动争议、集体案件、工伤案件开通绿色通道，做到快立、快审、快结，缩短案件审办时限。

（2）以制度建设为重点，促进仲裁工作的规范化、制度化。加快完善仲裁机构网络，扎实推进仲裁工作以高标准走向规范化和制度化。

（3）以群众满意为根本，不断提高办案质量，降低起诉率。实行阳光仲裁，完善组长责任制、案件督办制以及错误追究制度。政府与法院积极沟通，力求达到裁审一致。强化人员培训，提高人员综合素质，规范办案方法。

（4）以信息网络建设为载体，扎实推进办公自动化进程的步伐。不断完善仲裁信息平台，逐步实现案件从立案审批、送审、复审到结案信息录入网

① 王凯．网络治理视觉中的多元调处机制研究——以南通大调解机制为例［D］．南昌：南昌大学，2012：48－50.

络化。

(5) 树立良好的服务意识。争议仲裁主要是化解、处理和裁定各种问题、争议和矛盾纠纷，这种特殊的性质决定了做好仲裁工作必须树立良好的服务意识。

（二）我国目前矛盾纠纷仲裁方面存在的主要问题

从我国目前现有的法律规定来看，我国的仲裁制度包括劳动争议仲裁、人事争议仲裁、农业承包合同纠纷仲裁以及体育纠纷仲裁等四种。目前我国仅开展了前三类仲裁业务，体育纠纷仲裁仍然处于探索和研究阶段。

从我国实施前三类仲裁制度的情况来看，综合起来主要存在以下几个方面的问题：

1. 仲裁制度中的法律程序依据严重不足

《中华人民共和国仲裁法》（简称《仲裁法》）第77条规定劳动争议仲裁和农村集体经济组织内部的农村承包合同纠纷的仲裁，另行规定。但时至今日，有关此两类纠纷进行仲裁的规定少而又少。比如，有关劳动争议仲裁的规定，主要是我国《仲裁法》颁布之前由有关部委颁行的法规、规章，而对农业承包合同纠纷仲裁也只是在《中华人民共和国农村土地承包法》中有一小部分的规定，各省分别制定了自己的规定，而且各省的规定很不一致。对人事纠纷的仲裁则更是只能依靠仅有的几个通知、规定和办法来进行。对体育纠纷仲裁在《中华人民共和国体育法》颁布后根本上就没有任何程序性的规定。立法的滞后严重地影响着仲裁制度功能的发挥，使其不能发挥其应有的作用。

2. 仲裁机构带有浓厚的政治色彩，角色定位不准

以我国的劳动争议仲裁为例，从仲裁主体来看，即劳动争议仲裁委员会的主任由劳动行政部门的负责人担任，劳动争议仲裁委员会也是劳动行政主管部门的一个下属办事机构，仲裁员由仲裁委员会指定，而不能由当事人选

任，仲裁适用的程序及适用的法律依据也主要由行政主管部门制定，由此可见，我国的劳动争议仲裁是一种行政色彩相当浓的准司法制度，有人甚至直接就认为我国的劳动争议仲裁是一种行政性的制度。这种过于行政化的仲裁制度已扼杀了仲裁应有的本色，使劳动争议仲裁不成为仲裁而成为行政主管部门化解矛盾的一个办事机构，其缺陷已为越来越多的人所认识，该制度也正遭受着越来越多学者的责难。

3．相关制度欠缺和规定不合理

如在矛盾纠纷仲裁中缺乏财产保全制度，导致无法保障当事人的合法权益。而且，由于仲裁监督机制的弱化，当事人的合法权益不仅无法得到保障，而且使仲裁裁决显失公正等。仲裁制度中有些规定不合理，相互间很不协调。如劳动争议仲裁的仲裁前置程序、劳动争议的受案范围、时效制度等规定都不科学、不合理，在实践中负面作用较大。再如，劳动争议仲裁采取的是一裁二审制度，而农业承包合同纠纷仲裁却采用或裁或审制度，而人事争议仲裁在目前就如何建立起与诉讼的关系尚未明确，这使得各类特殊的仲裁在体制、体例上都很不协调。

4．程序衔接不畅，仲裁作用发挥不足

虽然目前我国实行的是“先裁后审”制，但事实上，在调解、仲裁、审判之间往往缺乏衔接，仲裁程序中的调节机制形同虚设，仲裁在多数情况下被漠视为诉讼前的跳板，影响了处理的效果，更大限度地弱化了仲裁机构在矛盾纠纷过程中的作用。同时，由于仲裁程序与诉讼程序的不衔接，造成法院对仲裁的监督不力或监督过度，影响了对当事人合法权益的保护。如在劳动争议仲裁中，我国采取的是一裁二审的仲裁体制，当事人有劳动争议必须先经仲裁，当事人对仲裁裁决不服的才可以行使诉权。而当当事人诉至法院以后，整个程序重新开始，法院一般地也不是审查仲裁裁决的对与否，而是审查当事人之间的实体关系如何，法院的判决也仅对当事人之间的实体权利义务进行评判，而不评价原仲裁裁决。这样一方面会造成仲裁裁决流于形式，不利于树立准仲裁的威信，使当事人热衷于诉讼救济而造成大量的劳动争议案件诉至法院；另一方面也极大地浪费了国家的司法和准司法资源，不利于对当事人合法权益的保护。再如，在人事争议仲裁中，由于没有明确人事争议仲裁与诉讼的关系，使得人事争议仲裁得不到司法强有力的支持与保障，由此产生了有些仲裁决定不能有效执行的情况，当事人的合法权益得不到维护，严重影响了人事争议仲裁权益救济作用的发挥。据统计，全国人事争议仲裁裁决得不到执行的情况约占裁决总数的35%。

（三）完善矛盾纠纷仲裁机制的具体措施

要建立和完善一个矛盾纠纷仲裁机制，具体而言，当前我们必须努力做好以下几个方面的工作：

1. 建立分类处理矛盾纠纷的仲裁机制

要根据不同类型的矛盾纠纷，设立相应的处理程序，可以分为权利纠纷和利益纠纷两个方面，利益纠纷可以直接通过仲裁的方式解决，权利纠纷则可以根据当事人的意愿自行选择解决方式，或诉讼或仲裁，在权利纠纷中还要划定一定的标准线，对于权利较小的纠纷，可以采取“一裁终局”制。

2. 完善矛盾纠纷的仲裁机构

要努力淡化仲裁机构的行政化色彩，构建真正意义上的“三方性”机制，确保仲裁裁决的公平、公正。一是要努力消除仲裁机构的行政色彩，把仲裁委员会建成行政部门主导、社会各方共同参与的相对独立的社会化机构和社会实体。二是要通过立法肯定仲裁委员会的法人资格，明确仲裁委员会的组成、编制、仲裁委员会的内部机构设置，将仲裁委员会的开支纳入国家财政预算范围。三是要根据实际情况，借鉴外国经验，在组建仲裁庭时，要保证和扩大双方当事人参与的机会和空间，让仲裁制度充分体现双方当事人的意愿，这样更容易让当事人接受仲裁结果，从而从心理上根除矛盾的存在。

3. 积极重构矛盾纠纷仲裁程序

要努力重构矛盾纠纷仲裁程序，一是要实行分类案件“一裁终局”制度，维护仲裁的权威；二是要推行“一裁终局”与“或裁或审”并行的仲裁模式；三是要确立仲裁财产保全制度。

4. 努力健全仲裁裁决监督机制

健全仲裁裁决监督机制，其目的是保证仲裁裁决的权威和公正。在监督机制健全方面，需要着手如下三个方面工作：一是内部监督。这种监督是依照职权的监督，其目标是要形成上下级的监督模式。二是人民法院的监督。在裁决做出以后，确实有错误的，可以向有管辖权的中级人民法院对裁决申请撤销，依法审核并做出裁定。三是舆论和群众的监督。仲裁委员会或人民法院设立举报信箱或官方微博，充分听取意见，让新闻媒体和社会各界对仲裁机构的各种行为进行监督。

四、建立和完善矛盾纠纷复议机制

在西方发达国家，行政复议的数量远远超过行政诉讼案件，而我国行政复议的数量还是偏低，呈现“大信访、中诉讼、小复议”的格局，行政复议远没有发挥解决行政纠纷、化解人民内部矛盾和维护社会稳定方面的主渠道作用。为此，我们必须遵照习近平同志的指示，“改革行政复议体制，健全行政复议案件审理机制，纠正违法或不当行政行为。完善人民调解、行政调解、司法调解联动工作体系，建立调处化解矛盾纠纷综合机制”①。

（1）按照行政复议法实施条例的规定，健全各地、各级行政复议机构，充实行政复议工作人员，推行行政复议人员资格管理制度，切实提高行政复议能力。

（2）坚持便民利民原则，畅通行政复议渠道，依法应当受理的行政复议

① 习近平. 中共中央关于全面深化改革若干重大问题的决定［A］. 2013－11－12.

案件必须受理。

(3) 改进行政复议审理方式，综合运用书面审查、实地调查、听证、和解、调解等手段办案。

(4) 依法公正做出行政复议决定，对违法或者不当的行政行为，该撤销的坚决予以撤销，该变更的坚决予以变更。

(5) 加强“三个探索”，进一步提高行政复议的公正性、权威性、专业性。

第一，从功能定位上探索“相对集中”，确保行政复议委员会的权威和公正。探索相对集中的行政复议权，树立行政复议委员会的权威，关键在功能定位。要针对群众对行政复议委员会“换汤不换药”“审案不决案”“说话不算数”的担忧，按照“政府主导、专业保障、社会参与”的原则，在功能定位和组织形式上，突出“两性”。一是突出权威性。将行政复议委员会定位为政府行政复议工作的议决机构，统一负责政府及所属部门行政复议案件的受理、审查、议决等工作，明确规定“行政复议委员会的议决意见为最终审议结论，法定行政复议机关必须执行”，行政复议委员会的议决意见一经做出，以法定行政复议机关名义分别做出的行政复议决定不能改变，必须服从，突出行政复议委员会对案件处理的最终决定权，真正实现一级政府对所有行政复议权的相对集中，确保行政复议委员会的权威性。实践证明，这种议决机制是可行和有效的。相反，如果行政复议委员会的议决意见不是最终的处理决定，原法定行政复议机关可能因部门利益而将其否定，既削弱了行政复议委员会的作用，又有违相对集中行政复议权的初衷，也严重影响行政复议的公信力。二是突出专业性。可以向社会公开招聘包括法律专家、职业律师、人大代表、政协委员和基层代表等为非常任委员，并建立专家信息数据库，根据专业特长选择专家参与案件的研究处理，确保行政复议委员会的专业性和公正性。

第二，从受理环节上探索“相对集中”，确保行政复议成为解决行政争

议的主渠道。为解决以往群众有冤不会申、不敢申以及行政复议机关有案不敢理、不想理的问题，探索将所有法定行政复议机关应当受理的复议案件，由行政复议委员会集中受理，并实现“三个统一”：一是统一受理窗口。要以行政复议委员会的名义在政府信访大厅设置行政复议案件受理窗口，统一受理行政复议案件并接受群众咨询，既方便人民群众，又加强行政复议与信访工作的衔接和协调，避免将行政争议推向信访形成新的不稳定因素，有效缓解信访压力；实行网上受理，接受当事人通过网上或者传真等途径申请行政复议；在基层设置行政复议案件受理点，实现行政复议受理重心前移，更贴近、方便群众，降低群众申请行政复议的成本。二是统一审查。由行政复议委员会办公室统一对行政复议申请进行审查，凡是符合法定受理条件的积极受理；对确实不符合立案条件的，耐心解释，把话说到、把理讲明，力争把矛盾化解在立案环节。三是统一制作文书及送达。以行政复议委员会办公室的名义制作相关文书并送达当事人，既提升行政复议的层次，又可得到群众认可。

第三，从审查方式上探索“相对集中”，确保行政复议办案质量和社会公信力。行政机关既当“运动员”又当“裁判员”，是人民群众质疑行政复议质量和公信力的焦点问题。为此，行政复议委员会在集中审查、议决案件中，要实现“三个转变”：一是从单纯由部门办案向行政复议委员会独立审查、集中议决转变。没有独立性就没有公正性。在案件办理中，要由行政复议委员会按照回避等规定组成审查小组，部门人员不介入、不插手，保证办案人员的相对独立性；办案人员集中审查案件要严守纪律，廉洁办案；对所属部门提出异议以及重大、疑难、复杂的案件，要召开行政复议委员会会议，严格按照规定议决案件，避免“通风漏气”和干扰，议决意见为案件最终处理决定，消除人民群众产生“官官相护”的疑虑，增强行政复议的公信力。二是从书面审查为主向公开听证转变。可以采取公开办案、阳光办案和专家委员、群众代表参与相结合的方式，对所有行政复议案件举行听证，充分听取当事人及专家委员的意见，确保案件处理依法、公开、公正；对一些社会影响大、争议大的疑难案件，举行公开听证。三是从注重审查向解决行政争议转变。要把对原具体行政行为合法性和合理性的审查有机结合起来，对违法或不当的具体行政行为，该撤销的撤销，该纠正的纠正；对申请人合法、合理的诉求，该支持的支持，确保行政争议及时、有效化解。对有调解、和解条件的案件，从立案开始，实施全程调解；主动“搭桥牵线”，构建调解平台；在摆事实、摆证据、摆依据的基础上，分析和解的利弊，让案件当事人明辨是非，赢得明白，输得服气，和得高兴。使案件实现“定纷止争、案结事了”，有效地将行政争议化解在基层、化解在初发阶段、化解在行政机关内部。

五、建立和完善矛盾纠纷诉讼机制

（一）完善社会矛盾纠纷诉讼机制的目标

诉讼是解决矛盾纠纷的“终点站”。完善社会矛盾纠纷的诉讼机制，其目标是要通过推动司法公正、提高司法效率，进一步树立司法权威。

一是完善体制机制。改革民事、行政案件执行体制，改革审判监督制度，完善人民法庭工作机制，探索“委托执行”“提级执行”“指定执行”“联动执行”等制度，切实缓解“执行难”“申诉难”“打官司难”等问题。

二是促进司法公正。规范自由裁量权，遏制刑讯逼供、超期羁押、暴力取证等违法行为，完善诉讼程序、证据制度、审判组织，统一法律适用，坚决杜绝“关系案”“人情案”“权力案”。

三是增进司法透明。从立案公开、庭审公开、建立听证制度、加强执法监督等方面切实保护公众的知情权和监督权，不仅要实现正义，而且应当以人们看得见的方式实现正义。

四是落实司法为民宗旨。完善司法救助、多渠道纠纷解决、多边民意交流等制度，切实做到司法为民。进一步改革诉讼收费办法，加大法律援助，建立被害人救助制度，解决贫困群众权益保护问题，高度关注农民工、下岗职工、孤寡老人、残疾人等特殊困难群体的司法要求，切实维护他们的合法权益，充分体现司法的人文关怀；进一步畅通民情沟通渠道，密切法院与人民群众的联系。

五是完善保障制度。改革和完善司法保障机制，为政法机关依法履职提供更有力的人力、物力和财力保障，杜绝“利益驱动”的不作为、假作为和乱作为现象。

（二）完善社会矛盾纠纷仲裁机制的主要思路

在我国，立法确立用于解决矛盾纠纷的诉讼方式为代表人诉讼制度，但是在实践中，由检察院作为国家代表针对案件提起公益诉讼已经有了尝试，个人专门或附带地提出保护公益的诉讼也间或发生，我国代表人诉讼制度在立法上存在的问题及实践中遭遇的难题，以及矛盾纠纷诉讼立法跟不上司法实际需求等实际情况，这使得对我国的矛盾纠纷诉讼机制进行改造和重塑变得尤为必要。

我们认为，要按照以下三个方面的思路重构我国的矛盾纠纷诉讼机制。

1. 力促诉讼机能的扩张，保证矛盾纠纷诉讼机制和司法环境的有效运作

诉讼机能是一个十分复杂的问题，诉讼机能在不同的诉讼类型中会有不同的表现，刑事、民事和行政诉讼性质的不同和程序设计的差异都会影响到法院的机能。因此，要保证诉讼机能的扩张。

2. 重塑矛盾纠纷诉讼机制，合理划分私益诉讼和公益诉讼

保护公共利益的群体诉讼制度的选择随着公益诉讼的不断发展，根据诉讼针对的主体和适用的程序法的不同，又将公益诉讼分为行政公益诉讼和民事公益诉讼。行政公益诉讼是指当行政主体的违法行为或不作为对公共利益

造成侵害或有侵害之虞时，国家机构、社会组织或个人为维护公共利益而向法院提起行政诉讼的制度。民事公益诉讼是指由于公司、企业、其他组织及个人的违法行为或不作为，使社会公共利益遭受侵害或有侵害之虞时，如国有资产流失、环境公益侵害、公平竞争秩序遭破坏进而损害消费者公益等，国家机构、社会组织或个人为维护社会公益而向法院提起民事诉讼的制度。

（1）积极完善私益诉讼制度。对私益型群体纠纷进行救济的两种方式对于只涉及私人利益的群体纠纷，世界各国基于私权自治理论基本上都是将诉讼实施权授予与纠纷有利害关系的私个体。但法律允许私个体基于其诉权采用什么样的诉讼制度解决只涉及私人利益的群体纠纷，各国的规定则有所不同。世界各国现存的群体诉讼制度大体可以分为两种：一种是对群体纠纷进行个别的、具体的救济的群体诉讼制度；一种是对群体纠纷进行集合的、模糊的救济的群体诉讼制度。前者以日本、中国台湾的选定当事人制度和我国的代表人诉讼制度为代表，后者以美国的集团诉讼和英国的代表人诉讼为典型代表。

（2）积极建立公益诉讼制度。在现代社会中，人与人的超级复杂性、多样性和不同利益的冲突，使得我们面临这样的问题：“既要确保公民的自由和权利，又要避免公共利益被抛弃；既要维持多元性，又要避免不同利益集团冲突的不良后果，尤其是强势利益集团损害公民权利和公共利益；既确保政府有足够的权威，又不致权力过大危害到公民的自由。在此背景下，传统上以个人自由为中心的观念和作法已不能完全适应社会的需要，必须发生转变，而要求公民发挥自身的积极性和能动性，通过共同行为既要对抗国家的集中及其可能的专断，也要对抗庞大的利益集团施加的压力和不利影响”①。

3．对代表人诉讼制度进行合理改造

在对保护个人利益的群体诉讼制度的选择上，仍保留我国的代表人诉讼

① 张艳蕊．公益诉讼的本质及其理论基础［J］．行政法学研究，2006：25.

制度。但是代表人诉讼制度本身还存在很多不足，为了使我国代表人诉讼制度真正发挥群体诉讼所应具有的扩大司法救济功能、提高诉讼效率、平衡双方当事人的诉讼能力等功能，就需要对我国的代表人诉讼制度进行科学、合理的改造与完善。

六、建立和完善治安防控体系

治安防控体系建设是一项系统工程，涉及方方面面的工作。这就要求我们始终把握好治安防控体系建设的根本方针和基本原则，始终突出重点抓好落实。

（一）基本原则

1. 坚持情报主导与依托科技相结合

全面实施科技强警战略，积极适应信息化迅猛发展的新趋势，深入推进治安防控信息化建设。坚持“深化建设”与“深度应用”并重，健全完善信息共享机制、打击犯罪工作机制、社会治安防范体系、新型决策指挥模式，实现基础信息的鲜活程度、信息共享和研判水平、整体应用效能的进一步提升。

2. 坚持区域合作与多警联动相结合

要深化部门警种资源整合，着力提升安保工作的实战效能，着力提高核心战斗力。建设并基本形成覆盖全域、辐射全警、联动有关部门的警务工作格局，形成维护社会稳定的强大合力。

3. 坚持专门工作与群众路线相结合

着力探索新形势下专群结合的新路子，有效统筹各方资源，深入组织发动群众，积极构建军警民一体的群防群治安保网络。

4. 坚持严格执法与热情服务相结合

着力健全执法制度、强化执法培训、狠抓执法管理，坚持保安全与保民生并重，坚持理性平和文明规范执法，坚持注重细节、真诚服务。主动顺应法治建设总体进程，积极适应执法环境的新变化，深入推进治安防控规范化建设。

5．坚持法、理与情相结合

坚持不懈解决治安防控过程中存在的突出问题，最大限度维护社会公平正义，坚持不懈加强治安防控管理，最大限度提高治安防控能力，坚持不懈提升执法素养，最大限度增强治安防控效能，更加注重把群众满意度作为衡量和检验治安防控工作的根本标准，要善于把法律的刚性与执法的柔性结合起来，努力做到法、理、情的有机统一。

（二）重点工作

1．做强维护社会稳定工作

一是注重开拓维稳情报新渠道，着力提高维稳预警能力。深入实施情报信息主导警务战略，加快“大情报”综合应用平台建设，建立健全情报信息采集录入、分析研判、预警通报、应用奖励等机制，形成全警采集、主动收集、分级报送、归口管理、定期研判、准确预警、精确防控的工作格局，为防范控制和打击违法犯罪活动提供全方位的情报信息支撑。二是注重构建虚拟社会综合防控新模式，着力掌握网上斗争主动权，加强基础数据库建设，把网络舆情控制责任落实到位。三是注重应对应急处理突发事件的新需求，着力提高化解危机的能力。变各警种独立作战为整体作战，实现整体联动，增强对违法犯罪的整体防控打击效能，切实提高快速反应能力，全面提升在信息化、动态化的社会环境下应对突发性、极端性、暴力性、恐怖性、有组织性犯罪的能力。

2．做实治安防控工作

一是立足信息综合开发应用，在信息主导安防方面实现新突破，加快开发“警务信息综合平台”、视频监控。二是立足精确打击犯罪，在打击效率和质量方面实现新突破。坚持“严打”方针不动摇，专项整治与日常工作相结合，强化日常防范和打击，不断提高防范打击的及时性、针对性和精确

性。适时开展专项治理和专项打击行动，坚决防止违法犯罪活动在局部地区成风成势。对黑恶势力犯罪、多发性侵财犯罪、涉众型经济犯罪、生产销售假冒伪劣食品药品犯罪等严重危害人民群众生命财产安全、严重影响公共安全的犯罪，应始终高度重视，切实提高有效打击的能力。三是立足动态防控，在挤压犯罪空间方面实现新突破，坚持“警力跟着警情走”，加强对各种复杂警情的应变和警力调度能力。

3．做活治安服务工作

一是探索整合治安管理资源、推进平安网络建设。公、检、法、司、民政、工商、城建、城管、宣传、出租屋管理和文化管理等治安管理资源，都应整合在综治平台上相互协调配合，形成合力。二是积极探索对重点人群的帮教管理服务措施。抓好流动人口信息化建设，以屋管人，把高危流动人口作为管理重点，建立健全高危流动人口排查工作机制，实现管控工作动态化，加强对高危流动人口吃住行销等环节的把握，有效预防和打击流动人口违法犯罪。加强对流浪儿童、服刑人员子女的关心教育，强化吸毒人员的感化和管理。对刑满释放解除劳教人员，要充分利用社区资源，建立安置帮教衔接机制，落实安置帮教政策，帮助他们解决就业生计问题，加强日常管理，促使他们更好地融入社会。对社会闲散青少年，应在摸清底细的基础上，解决好他们的就学和就业培训问题，并加强教育引导，帮助他们成为自食其力的正常社会成员。高度重视对精神病人的管理工作，动员全社会力量，进行系统管理、综合服务。对轻度精神病患者，应发挥家庭、社区、社会组织及卫生等政府部门的作用，保障治疗经费，明确医治监护人，确保有效治疗；对重症精神病患者，应纳入政府公共卫生医疗范畴，及时送往精神病院治疗；对肇事肇祸精神病人，应摸清底细，列为重点管控对象，同时督促其监护人、近亲属或所在单位、社区将其送往医院治疗；对生活无着、流浪街头的精神病人，应引导护送到救助站妥善安置。三是探索重心下移、关口前移、网格化管理。要建立新型的社区管理体制，严格落实一区一警或一区多警的要求，执行《社区警务通则》，进一步明确和细化社区警务工作职能，推进社区民警工作专业化，启动社区警务“平衡记分卡”考核机制，量化考核指标、群众满意率。建立健全社区民警考核奖励机制，科学考核，严格问责，强化激励，调动社区民警工作积极性。四是立足于整合社会防范资源，群防群治，推动治安工作社会化。积极探索辅警队伍、保安公司、物业管理公司、居民小区业主委员会等力量参与社会治安问题治理的途径，不断扶持和发展专业化、互助性、志愿性的社会治理机构和队伍，指导、扶持各类社会团体、民间组织、村民自治组织、行业协会等在自律管理上发挥更大作用，预防和减少违法犯罪的发生。五是探索运用市场机制推进治安服务。积极适应市场化的要求，将物防建设、技防推广、治安承包、防范宣传等融入市场，把保安公司推向市场，从办保安向管保安转变。①

---

① 殷昭举. 创新社会治理机制［M］. 广州：广东人民出版社，2011：111－117.

第八章　社会公共危机的应对化解

危机是指对一个社会系统的基本价值和行为准则架构产生严重威胁，并且在事件压力和不确定性极高的情况下，必须对其做出关键性决策的事件。公共危机是一种紧急事件或者紧急状态，它的出现和爆发严重影响社会的正常运作，对生命、财产和环境等造成的威胁、损害超出了政府和社会常态的管理能力，要求政府和社会采取特殊的措施加以应对。

当前我国正处于社会转型期，自然灾害以及一些人为导致的重大安全事故不断发生，容易使社会生活偏离正常的轨迹，引起社会震荡，给国家经济造成巨大的损失。如何应对突发事件，如何在尽可能短的时间内控制事态、降低损失以及维护国家长远利益和政府公信力，是政府危机管理的能力在非正常状态下对国家政府能力建设和管理水平的检验，也是对政府应急能力的考验。

一、公共危机的基本理论

国际上研究公共危机的学者把危机定义为：对一个社会系统的基本价值和行为规则产生严重威胁，并且在时间压力和不确定因素极高的情况下，必须对其做出关键决策的事件。突发公共事件因其突发性事先很难预知，事件爆发后影响范围广且传播迅速，破坏性严重且后果难以预计，需要政府、公共管理机构采取紧急措施予以控制，必要时甚至需要动员全社会力量共同应对。当突发事件因处理不当而导致失去控制，朝着无序的方向发展时，就可能进一步演变成危机，造成更严重的损失和更恶劣的影响。因此，如何科学有效地应对突发公共事件是我们共同面对的社会课题。

（一）公共危机应对的理论基础——危机管理

传统上，对于突发公共事件的应对在事件爆发后才开始进行，比较注重对危机事件的即时反应和指挥控制，主要任务就是及时有效处置突发事件，最大限度地减少突发事件造成的负面影响。应急处置虽然也能从实践中不断汲取经验，但是在面对形式错综复杂的突发事件时仍然力不从心，所以带有较大的被动性和局限性。鉴于突发事件与公共危机的特殊联系，现代公共管理理论更倾向于将突发事件作为危机的一部分，在一个更加全面的过程框架里进行综合应对，从而发展出公共危机管理理论，力图在应对突发事件乃至公共危机时更加从容、科学和有效。

所谓危机管理，不仅包括应急处置，还包括突发公共事件的预案管理、预警管理、恢复重建、评估发展等一系列环节的管理，是一种对危机发生发展的全过程的管理和处置过程。通过对突发公共事件的相关信息进行搜集识别和分析处理，在此基础上采用科学的方法对突发公共事件加以干预和控制，做好沟通传播、决策指挥以及调度协调等工作，使其造成的损失最小化，并在危机消退后开展有效的恢复与重建。

危机管理的功能是防范、化解危机，它不仅要管理已经发生的公共危机，实施化解措施，减少由于危机而可能造成的损失，同时还要在日常工作中未雨绸缪，做好防范工作，把可能的公共危机消灭在萌芽状态。危机管理的主要工作是研究问题、发现问题、解决问题。从防范危机、化解危机到恢复社会秩序，说明危机管理是全方位的、全过程的管理工作，是一个完整的系统工程。其目的则是恢复社会秩序，保障人们正常的生产和生活，维护社会稳定，促进社会和谐健康发展。

（二）危机管理的基本理论

危机管理的基本理论比较成熟，它基本包括：危机生命周期、危机管理

的范围、危机管理的理论模式、危机管理的基本框架、危机管理的基本原则等几个方面。

1. 危机生命周期

在众多的危机管理的阶段分析方法中，有三种最被学界所认同的模型，分别是：芬克（Fink）的四阶段生命周期模型（1986）、米特罗夫（Mitroff）的五阶段模型（1994）和最基本的三阶段模型。[①]

（1）芬克（Fink）的四阶段生命周期模型（简称“F 模型”）。

芬克用医学术语形象地对危机的生命周期进行了描述：第一阶段是征兆期（prodromal），有线索显示有潜在的危机可能发生；第二阶段是发作期（break out or acute），具有伤害性的事件发生并引发危机；第三阶段是延续期（chronic），危机的影响持续，同时也是努力清除危机的过程；第四阶段是痊愈期（resolution），危机事件已经完全解决；这是最早的把危机管理看作为长期事件，而且，芬克相信在引发事件之前必然存在着预警的信号，所以他认为一个好的危机管理者就不能仅仅局限在设计危机管理计划（CMP），而是要积极地识别并防范可能的引发事件；危机是开始于一个导火索（引发事件），然后发生长期的影响，并会有个清楚的结束，相应的危机管理也就不是一个简单的一次性行为。[②]

（2）米特罗夫（Mitroff）的五阶段模型（简称“M 模型”）。

米特罗夫将危机管理分成五个阶段：①信号侦测——识别新的危机发生的警示信号并采取预防措施。②探测和预防——组织成员搜寻已知的危机风险因素并尽力减少潜在损害。③控制损害——危机发生阶段，组织成员努力使其不影响组织运作的其他部分或外部环境。④恢复阶段——尽可能快地让

① 薛澜，张强，钟开斌．危机管理——转型期中国面临的挑战［M］．北京：清华大学出版社，2003：45－47．

② 毛华斌．危机事件应急预案制定原则分析［D］．天津：天津大学，2005：25．

组织运转正常。⑤学习阶段——组织成员回顾、审视所采取的危机管理措施使之成为今后的运作基础。

尽管M模型和F模型在细节上存在明显不同，但本质上还是具有很大的相似性。应该说，M模型在很大程度上反映了F模型，阶段划分也大致对应。两者区别则在于M模型更为积极主动，关注危机管理者在每一阶段应该做出的决策。而F模型更具描述性，勾勒出危机的过程，并侧重阐述危机每一阶段的特点。

（3）三阶段模型。

这一模型为伯奇（Birch）和古斯（Guth）等很多危机管理专家所推崇。它把危机管理分成危机前（precrisis）、危机（crisis）和危机后（postcrisis）这三个大的阶段，每一阶段再可分为不同的子阶段。

F模型和M模型的阶段也可以很自然地与三阶段划分相对应的，危机前期就可以包括危机征兆、信号侦测、预防等过程；危机阶段就可以包括危机发生和引发事件以至危机正在得以解决的全部时段，损害控制、危机发作和恢复、持续期都可以归入此阶段；危机后阶段则涵括了学习和痊愈期。这样的宏观划分显然易于得到大多数的专家学者的认同。

总之，以上对危机生命周期划分的模型提供了一个较为完整、清晰地研究危机及危机管理的框架与机制，为进一步的探讨打下了基础。

2. 危机管理的范围

罗伯特·希斯（Robert Heath）用一个简单的几何图形来描述完整的危机管理范围（如下页图所示）。

在图中，左边两个象限代表危机管理的沟通活动，而右边两个象限表示危机管理的行为构成。“上面两个象限反映的是开始清理危机事件的初期阶段，以生理上可见的影响为主，而下面两个象限反映的是恢复管理时期，在该阶段精神影响更加突出；反应和恢复管理中强调的重点是公众认知，还综

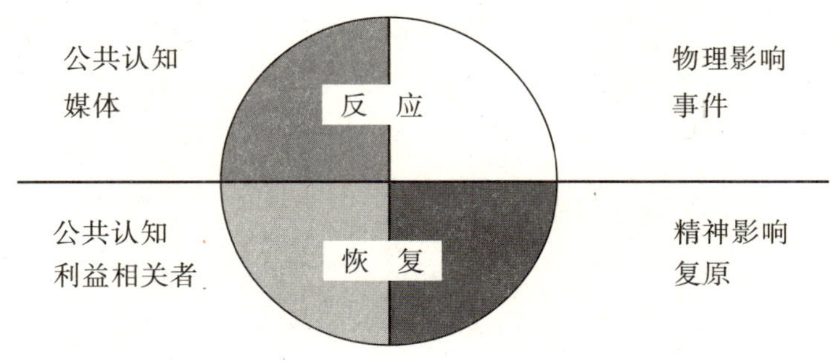

危机管理范围示意图

合运用财政、税收、再分配等多种经济手段”①。其中需要说明的是危机管理中针对的是利益相关者，因为在危机的不可预见的影响中，我们需要对每一利益相关群体进行分析，才能够做出相对准确的判断，从而降低不确定性。②

危机管理范围示意图有助于管理者从总体战略高度进行危机管理。管理者应该考虑如何减少危机情境的发生，如何做好危机管理的准备工作，如何规划以及如何培训有关人员以应对危机局面（或从中很快复原）。这四个方面构成了基本的危机管理。不幸的是，大多数管理者过于将注意力集中在资源管理上，对外界的沟通却重视不够，其结果表现为沟通贫乏，甚至不准备与利益相关者和外界协调关系。从某种角度上说，危机管理的过程也是组织维护、巩固或重新设计、重新塑造自身公众形象的过程，同时获得了良好形象的组织又反过来强化组织危机管理的能力。

3. 危机管理的理论模式

（1）全面整合的公共危机管理模式③。

---

① 杨海涛. 危机管理在我国煤炭生产行业中的应用研究［D］. 郑州：郑州大学，2007：25.

② 薛澜，张强，钟开斌. 危机管理——转型期中国面临的挑战［M］. 北京：清华大学出版社，2003：44－45.

③ 丁文喜. 突发事件应对与公共危机管理［M］. 北京：光明日报出版社，2009：48－51.

所谓全面整合的公共危机管理模式，是指在高层政治领导者的直接领导和参与下，通过法律、制度和政策的作用，在各种资源支持系统下，通过整合的组织和社会协作，通过全程的危机管理，提升公共危机管理的能力，以有效地预防、回应、化解和消弭各种危机，从而保障公共利益以及人民的生命、财产安全，实现社会的正常运转和可持续发展。

具体而言，全面整合的公共危机管理模式的基本特征和主要构成因素有以下几个方面：①政治承诺、政治领导与政治支持；②全危机的管理；③发展取向的危机管理；④全过程的危机管理；⑤全面风险的危机管理；⑥整合的危机管理；⑦建立在充分资源支持基础上的危机管理；⑧以绩效为基础的危机管理。

（2）公共危机的动态管理模式。[①]

对于组织而言，危机爆发前和爆发后是一个不可分割的整体过程，需要在组织管理过程中做整体的考虑，并且将其作为一个动态过程纳入组织的日常管理中，这样的组织危机管理才是完整的。每次危机都有潜伏、爆发、平息三个阶段，组织生命过程可以看成是由这三个阶段不断依次重复出现构成的。将组织危机统一于组织的生命过程中，就必然得出组织危机管理应该是一个依组织生命周期曲线或危机周期曲线的不同阶段将组织危机管理与组织日常管理更好地结合起来的动态过程的结论。

危机的动态管理模式即从时间、策略、制度三个维度，针对组织生命周期中所处的不同阶段，在相应的制度基础上，采取相应的危机管理策略。

①时间维：依不同时间阶段组织进入隐性和显性危机管理状态。组织在正常状态下与危机爆发情况下的危机管理，既要有所区分又要在整个管理过程中统一起来。正常状态下组织处于隐性危机管理状态，表面看没有危机管

---

①　丁文喜．突发事件应对与公共危机管理［M］．北京：光明日报出版社，2009：51－55．

理，但却处处体现对危机的防范；在危机爆发时，组织切换至显性危机管理状态，在相应制度支持下及时采取措施控制危机。

②策略维：基于危机诱发传导机制选择危机管理策略。危机传导机制具有三个特点：第一，强劲信息单向流。由于危机的震撼力极大，短时间内由危机现场快速扩散形成一股强劲的信息单向流，组织和公众往往都来不及反应，每个人只是信息的被动接受者，都宁可信其有。第二，绝大部分公众并不是对爆发的危机事件本身做出反应，而是对“道听途说”的信息做出反应。因此，危机中信息的统一和有效披露十分关键。第三，仅有危机事件还不足以构成组织危机，组织危机是在危机事件诱导下组织内在问题与外部问题相互作用、演绎和扩大产生的。危机管理不仅要控制住危机局面，还要找出危机根源。

基于危机传导机制，危机管理每个阶段的目的和策略是不同的。危机爆发前，宏观上组织需从战略的高度权衡危机管理的重要性，微观上做好危机防范、减少盲区。在危机爆发的阶段，组织进入显性危机管理，目标是对危机进行有效控制，尽量减少危机对组织的危害。这个阶段的危机管理策略是高层直接领导，快速行动，准确出击，尽快建立起组织与公众的良性互动关系，控制危机的蔓延，将危机给组织带来的损失降至最低。其策略可以简称为“快＋准”策略。危机恢复阶段的危机管理策略是变革的策略。目标是在危机中学习，吸取教训，抓住时机发动变革，从组织文化、业务流程，到组织信息系统，再到组织的战略，各个层面深入反省，提出改进措施，转“危”为“机”。

③制度维：为组织的动态危机管理提供有效的制度支持。组织制度构成可以分成高层决策、中层管理与信息系统、基层运营和底层的组织文化层四个层面。动态危机管理的制度支持就是在这四个层面上有相应的制度准备，但关键是整体的相互配合。

公共危机的动态管理模式概括起来就是在不同的时间阶段，组织进入不同的危机管理状态（隐性或显性危机管理状态），政府给予相应的制度支持，策略上公共部门管理者做出相应策略选择的动态过程。

4. 危机管理的基本框架

对于危机管理的整体研究，学者们主要从四个不同的角度切入，分别是管理任务、过程、组织行为和危机决策，从而形成了以下四个基本的框架：①

（1）4R 管理框架。

美国危机管理专家罗伯特·希斯用 4R 模型描述危机管理：缩减（reduction）、预备（readiness）、反应（response）、恢复（recovery），并将危机工作任务按 4R 模型分为四类：减少危机情境的攻击力和影响力，做好处理危机情况的准备，尽力应对已发生的危机以及从危机中恢复。在危机管理的每个阶段，都要制定出相应的策略。这是危机管理的任务框架。

（2）时间序列框架。

根据危机发生、发展的时间顺序，将危机分为危机前、危机中、危机后三大阶段，把危机管理分为预警预防、危机处理和恢复发展等三项基本职能；根据危机不同时段特征，危机管理的主要工作为：危机的预警和预防、应急处置、沟通决策、媒体管理、恢复重建和评估发展等。这是危机管理的过程框架。

（3）组织行为框架。

现代危机管理需要吸纳和动员社会各种力量，调动和整合各种社会资源共同应对危机，形成社会整体危机应对网络，这是危机的组织行为框架。

①政府部门：政府作为公共服务的提供者和公共事务的管理者，必然要承担危机管理的主要职责。对于较大规模的危机来说，危机管理需要跨部

---

① 卢涛. 危机管理［M］. 北京：人民出版社，2008：23.

门、跨地域的协调合作，建立起政府内部应对网络。

②社会公众：社会公众是突发危机事件的主要威胁对象，保护公众生命和财产安全是政府危机管理的根本目标。社会公众的危机应对则包括平时的危机意识教育、预防演练、紧急情况下的危机动员和自救等。

③企业组织：企业组织往往也是危机的主要利益攸关者，理应受到政府危机管理的保护。另一方面，危机管理中，为保证紧急管理的物质需求，经常需要借助企业的资源。此外，日常危机防范和灾后重建中，企业也是重要的参与主体。

④媒体：媒体的积极介入是公共危机管理的关键。一些国家的媒体作为政府危机管理主体的一个组成部分，扮演着政府“危机信息代言人”的重要角色，被誉为“政府危机管理形象的塑造者”。在社会突发性危机事件的处理和应对中，各国政府着力构建危机管理者与媒体两者之间的良性互动关系，使媒体成为传播政府决策的途径、公众获取正确信息的渠道和官民共同解决危机的桥梁。

⑤非政府组织（NGO）：由于其民间性、公益性、志愿性等特点，在危机管理中，非政府组织在调动社会资源方面具有独到的优势，在危机应对中发挥着不可替代的作用。

⑥国际社会：随着经济全球化与网络一体化的发展，许多危机的影响范围已经超越国界，所以危机的应对离不开国际社会的沟通与支持，建立全球性危机应对合作协调机制，对于危机的控制解决具有重要意义。

（4）危机决策框架。

从决策的角度分析，危机一般具备三个基本要素：①

第一，决策问题的发生、发展具有突然性、急剧性，需要决策者当机

① 薛澜，张强，钟开斌．危机管理——转型期中国面临的挑战［M］．北京：清华大学出版社，2003．

立断；

第二，可供决策者利用的时间和信息等资源非常有限；

第三，事态的发展危及决策单位、决策者的根本利益，但决策的后果很难预料。

桂维民从这一角度出发，尝试建构了突发事件的应急决策系统，在分析系统的构成（系统架构、目标、主体、客体、约束条件及行动方案）的基础上给出了应急决策的基本步骤与运转流程，并进一步对应急决策的时态框架、组织系统、技术系统、保障机制等相关子系统做了深入讨论。①

5. 危机管理的基本原则

危机事件种类繁多、危害严重，每种自然灾害事故和人为事故往往是由一系列不同的阶段组成的，而且危机的每一个阶段往往都有着各自的特点。但从总体上审视其基本特点，在应对危机中依然蕴含着一些普遍性、规律性的原则。②

（1）以人为本，生命第一。在危机事件的应对中，抢救生命与保障人们的基本生存条件，是处理危机和开展救援工作的首要任务。因此，必须以确保受害和受灾人员的安全为基本前提。同时，还应该最大限度地保护参与处置突发事件的应急人员包括士兵和警察等的生命安全。

（2）第一时间，效率优先。鉴于其巨大的破坏性、危害性和负面影响，危机事件一旦发生，时间因素就显得尤为关键，政府必须立即在事发现场采取一系列紧急处理手段，及时控制危机事态的发展，而且越快越好。

（3）以防为主，平战结合。“以防为主”意味着两层含义：一是通过预测、预警、预控来防止危机事件的发生。二是通过采取预防措施，将无法防止的危机事件造成的损失减轻到最低程度。“平战结合”要求人们在考虑平

---

① 桂维民. 应急决策论［M］. 北京：中共中央党校出版社，2007.

② 丁文喜. 突发事件应对与公共危机管理［M］. 北京：光明日报出版社，2009.

时的公共危机管理工作时，要未雨绸缪，同时考虑到危机爆发时的管理工作；在设计公共危机管理工作时，也可以兼顾平时危机管理的需要。

（4）及时沟通，协调一致。畅通的沟通渠道，高明的公关政策对于维护组织的形象、阻止危机的扩散、减少危机的损失具有十分重要的作用。与公众沟通的关键在于，及时把公众须知、欲知、应知的全部信息通过最容易使公众接受的方式发布出去，在公众中树立诚实守信、敢于负责也能够负责的形象。

（5）树立权威，分级管理。危机状态下，社会失序、心理失衡、险象环生。控制局势、稳定人心、协调救治行动都需要有权威机构、权威人士的及时介入和权威信息的及时发布、权威决策的及时出台，绝不能在请示、报告、等待中贻误时机。分级管理有两层含义：一是对危机本身的分级管理，即按照战争、恐怖事件、动乱等灾害程度的不同分为不同等级；二是按照行政管理等级进行划分，有中央和地方政府不同层次的管理。

（6）决策果断，科学有序。危机决策属于非程序性决策，突发事件来临时给予领导们的决策时间往往十分有限，这就需要最高决策者在信息共享、专家咨询的基础上迅速拍板，并且承担责任。对于那些因工业技术而引起的灾害以及由自然灾害而造成的危机事件，一定要注意科学性、技术性，多征求特定技术领域专家的意见，切不可蛮干。

（7）安全适度，合理合法。危机（尤其冲突型、对抗性危机）的处理难免会不同程度地破坏社会的稳定和人民的生命财产安全，因此，我们谨慎、适度地行使危机管理权，以期将这种破坏和利益损失降到最低程度。危机情境下，政府与公共管理机构虽然拥有许多特殊权力，但不能误用、滥用危机管理权，而且，在一些涉外危机事件的处理中，由于各国法律不尽相同，加之很多危机事件还连着政治、经济、宗教和外交等各方面的问题，处理起来就更要小心谨慎。

二、公共危机应对中存在的问题

我国正处于公共危机事件的一个高发、多发期，并开始向常态化趋势蔓延。公共危机事件的频频发生，不仅会造成重大人员的伤亡和财产的巨大损失，还会给国家的经济发展、资源环境和整个社会制度的良好运行造成严重的损害。面对公共危机事件事前、事中和事后管理还存在以下问题。

（一）公共危机风险与危机防范意识薄弱

风险与危机的预防是对危机发生之前，政府与全社会的总动员，通过采取各种措施，来减缓甚至消除危机的发生及其带来的危害。不管危机是否发生，政府与社会公众早已做好了准备应对危机的到来，以防止危机发生而造成的危害升级，进而最大限度地减少危机造成的损失。

长期以来，由于政府的危机防范意识不足而造成各种预警措施陈旧并被束之高阁，总是抱着一种侥幸的心态，认为危机不会轻易发生，即使发生也是小的突发事件，影响不大并且发生的危机事件往往是偶然的，危害性不大。进一步说，如果危机一旦发生，国家安全部门肯定会提前下发指令通知，所以不用担心，并未把公共危机事件列入政府重要工作日程上。为此，由于政府的轻视思想，而造成对社会公众防范风险与危机意识的教育、培训和实际演练工作远远没有达到应有的要求水平，使得社会公众的危机防范意识、自我保护意识和自救、互救的意识与能力十分薄弱。①

有调查显示，每年的国民消防知识再教育中，各地的消防部门都会下发消防文件给当地的各大企业、学校等事业单位进行消防知识演习，这能够加强公众对消防知识的深入了解，在遇到火灾等突发危险时能及时进行自救并在自救的同时发挥自身的能力进行他救，这个过程在一定程度上取得了一定

---

① 敬海新．突发公共事件应急管理的思路和对策［J］．前沿，2010（15）：189.

的成果，但是在这个消防知识传达的过程中，往往受众比较小，因为参与消防知识演习的名额有限，未能实现全面甚至大范围覆盖的效果。很多人在面对危机风险的时候往往是手足无措，不知如何进行自救，甚至很多人连消防标志都不认识。可见，加强国民的危机风险防范意识是非常重要并且是迫在眉睫的。

（二）公共危机应急管理体系不健全

我国的“一案三制”是在国家实行的“综合协调、分类管理、分级负责、属地管理”应急管理体制的基础上出台的。这就明确了危机处理时各部门的职责与分工。这种体制以文件的方式下发给各个部门，在各个城市实施。作为未来走势的城市公共危机应急管理体系而言，这个体制在组织的目标、机构、分工、机制及技术保障上都比较完善。尤其在分灾种、分行业和分部门处理危机的办法上使得各部门各司其职、互不干涉，这样在一定程度上造成了功能的缺陷。为此，大多数城市往往设立一个非常设机构[①]——应急指挥中心，来领导全市的公共危机应对工作。但是这种应急指挥中心并没有独立的办公地点，而是与政府总值班室合署办公，由于缺乏独立办事的空间和专业的办事团队而使得其面对多发、频发并多元化的公共危机事件时往往缺乏足够的应对能力，此时由于缺乏有计划、有针对性的明确领导，使得各种社会力量和资源很难被统一起来进行有效的发挥和利用。使得危机一旦爆发，往往是各职能部门匆忙上阵、缺乏足够的准备，只能各自履行好自己的职责以免遭到上级的处置。

总之，这种不适应现代社会公共危机事件频发、多元化因素的应对方式，有效的社会力量和资源的低效率运用以及缺乏团队协同意识，各部门不

---

① 安志放. 基于预防的城市公共危机常态化管理探讨［J］. 前沿，2011（6）：112.

能进行通力合作的应对形式是很难对公共危机进行反击和应对的。所以作为领导力量的国家执政机构，必须做好各种力量的协调工作，团结一切可以团结的力量，利用一切可以利用的有效资源对危害国家公共安全的公共危机事件进行积极应对，重建国家应急管理体系。

（三）政府信息公开度和透明度不足

随着信息化社会的到来，伴随各种科技产品的纷纷诞生，各种微博、微信、腾讯聊天工具等信息发布和传播小工具不断涌现，各种人肉搜索事件的出现已经深深刺痛了每个人的神经，其明显地体现了信息公开和透明的真实性、及时性和可靠性的重要意义。对于重大危机事件而言，早发现、早报告和早预警是及时进行应急准备、有效处理事件、减少人身财产损失的重要前提。而此时，最重要的就是信息的及时、可靠的沟通才能避免不必要状况的发生。尤其是作为国家形象代言的政府以及作为政府社会传达信息代言的新闻媒介在向社会发布信息时必须要进行谨慎的处理，避免引起社会的认可混乱。为此，国家相关法律明确规定信息公开和报告的权利与责任。

但我国在经历了漫长的封建社会后，在中国传统思想的引导下，加上我国人口众多，政府在发表言论时往往采取了遮掩、虚虚实实甚至是“官本位”[①]的态度，来避免社会的恐慌；对于社会舆论的各种疑问和猜忌甚至是传闻，政府采取回避或者是围堵的做法，来维护政府形象和减轻社会公众的质疑，为此，很难与各个媒介建立良性互动关系，不能代表公众心声，常常引发公愤。随着现代信息科技的快速发展，随着各种交通设施和工具的广泛应用，使得小小的偶发事件经过网络的渲染和舆论的传播，而一发不可收拾；由于网络和舆论的不正当传播，使得小小的危机事件往往酿成大的灾难。为

① 蒋明敏．突发公共事件管理中政府信息公开的障碍及其消解［J］．大连理工大学学报，2010（2）：67.

此，为了赢得公信力，政府必须积极与媒介建立良性的合作关系，通过媒介来将危机事件的真实情况向社会公开，政府的在线工程也正是实现透明化的过程，使得公众也能与政府进行日常的沟通，这样不仅方便政府及时掌握社会时事，还能为公众办实事，大大强化了政府的公信力。

（四）政府与社会力量的合作机制不健全

政府与社会力量之间的合作机制意味着公共行政部门之间的组织与协调，还有政府与社会之间的组织与协调。在经历了各种危机事件之后，不论是政界还是社会大众，都很明确，各种公共危机的发生并不是相互独立、互不相干的，它们之间是相互交叉的，并且具有连续反映的现象，其爆发的突发性和紧急性，在处理上不可能局限在某一个公共部门就可以，我国的应急管理是体系化的、是系统的，所以需要政府各部门之间的协调合作。同时，根据国内外的实践表明，面对重大的公共危机，仅靠政府的单打独斗是远远不够的，还必须动员广大社会力量，政府和社会力量的协同合作才能完成对抗任务。

德国是一个工作极其严谨的国家，其出口产品都以严谨著称。同时，德国政府在应对危机时，特别重视应急管理的社会化。德国在日常生活中，经常采取管理培训的方式开展各种模拟演练，并积极发挥社会和民间的力量，努力建立一个全社会的应急管理网络，在危机应急管理中承担救援工作任务的志愿者覆盖全国各地。这些志愿者各自有自己的工作，但也具有专门的救助任务和组织团体，一旦危机发生，他们就会立即纷纷转化身份，积极投入到有组织的救援工作中。而我国在紧急救援工作中，往往显示出的是政府大包大揽的现象，这并不是说政府的做法不正确，只是面对如此重大的危机事件时，政府应该从大局出发，在损失最低成本的同时，积极利用其身边一切可以利用的有效资源。也许中国人口众多，难以进行有秩序的调动，但正是如此，才需要逐渐建立起一个政府与社会力量之间的合作机制，在面对危机时通过政府与社会力量之间的合作机制迅速调动社会力量，来支援受灾地区。就目前情况而言，我国的社会参与程度较低，还未形成由社会各界人士组成的救援队伍，即使有也是零星的一些政府指定的救援组织，而社会救援力量和组织在管理上由于缺乏有效的引导而不能发挥有效作用，很多组织因此受挫而自行解散。此时政府由于过于垄断式的应急管理方式而造成有效资源配置过低，应急管理成本大大提高的结果。

（五）救援队伍专业化和一体化水平较低

为有效应对公共危机事件，我国经过多年实践经验，已经初步形成了“党委领导、政府主导、军地协同、条块结合、全社会共同参与”的公共危机管理格局。[①] 此时，各类正式军队、各类专业应急队伍和社会各界组织开始逐渐被统一起来。但是，绝大多数的应急志愿行动在发生了紧急的危机后，往往是毫无准备，对危机的危害级别和类属不太清楚，在专业化程度上有待提高，为此，其在行动效率上往往会受到限制。[②]

近期不少国家受到自然灾害的影响比较惨重，我国也不例外，对于震后的救援来说，大批志愿者应需而来，在行动上缺少组织性，往往比较盲目，为此，不仅不能帮助当地民众进行救援，而且往往会给当地造成负担。所以有些受灾区往往不愿意接受这些志愿者的到来。

面对应对危机时刻的紧迫性和救援工作的专业化的高要求，当地救援队伍往往具有时间优势但不具备专业化优势。现代化救援不能仅靠人海战术，必须要靠高科技工具和有效的救援手段才能对灾区进行有效的搜救工作。在时间紧、任务重的时段，尽全力挽救更多的生命，减少更多财产的损失。据悉，在专业救援中，往往缺乏挖掘人才、医护人员和心理救护人员等专业性人才，为此，在未来的中国救援队伍建设上，应该有针对性地开始进行相应

①② 董志英. 我国公共危机应急管理对策研究［D］. 秦皇岛：燕山大学，2012：31.

救援队伍专业水平的建设了。

三、公共危机的应对策略

一般而言，我们依据时间顺序给出了危机管理的过程框架，采用这一框架，具体而言，就是根据危机发生、发展的时间顺序，将危机分为危机前、危机中和危机后三大阶段，把危机管理分为预警预防、危机处理和恢复发展等三项基本职能；根据危机不同时段特征，危机管理的主要工作为：危机的预警和预防、应急处置、沟通决策、媒体管理、恢复重建和评估发展等。

（一）危机前：预警与预防

危机预警与预防是整个危机管理过程的第一个阶段，是指危机管理的主体根据本国或本地区有关危机现象过去和现在的数据、情报和资料，运用逻辑推理和科学预测的方法技术，对某些危机现象出现的约束性条件、未来发展趋势和演变规律做出科学的估计与推断，发出确切的警示信号，使政府和民众提前了解事件发展的状态，以便及时采取相应策略，防止或消除不利后果的活动。目的是为了有效地预防和避免危机事件的发生。这一阶段需从以下几个方面着手：①

（1）增强并保持危机意识。危机意识是危机预警的起点，而在和平稳定时期，人们往往缺乏危机意识。因此，我国的各级政府首先要从关系党和国家的稳定、发展的高度上认识危机处理的重大意义，保持高度敏感性，杜绝麻痹大意的思想；同时要根据时代发展，及时了解非传统威胁形成的各种可能（尤其是要清醒地看待各类事件的联动性和个体及各类极端组织可能对社会形成的破坏力），实时调整、更新危机应对战略。

---

①　薛澜，张强，钟开斌．危机管理——转型期中国面临的挑战［M］．北京：清华大学出版社，2003：57－63.

（2）完善应急管理组织系统。危机发生后政府及其他组织的快速、及时、高效的应对有赖于建立具有综合会商决策功能的现代危机管理体系。这一体系需制订一整套的危机应对计划，保证危机应对时各职能部门间协同运作，还应当根据现代公共治理发展的要求，吸纳社会组织各方有序参与。这是危机应对的组织保障。

（3）社会模拟演习。既然很多时候危机的发生是不可避免的，那么，社会情境模拟练习也是在为危机所做的准备中必不可少的一个极其重要的环节。通过模拟危机情势，未雨绸缪，防患于未然，不仅可以不断完善危机发生的预警与监控系统，也能够使政府和公众培养危机意识。

（4）建立预警系统，实时动态预测。一般而言，危机预警系统包含信息收集、信息加工、决策和警报四个子系统。具体而言：信息收集子系统的任务是对有关危机风险源和危机征兆等信息进行收集；信息加工子系统则是对收集到的信息进行整理、分类、识别（排除干扰信息和虚假信息）与转化；决策子系统是根据信息加工的结果，决定是否发出危机警报和发出警报的级别，并向警报子系统发出指令；警报子系统负责向危机管理者和潜在受害者发出明显警报，使他们能够及时采取应对措施。

（二）危机中：危机处理

在公共危机管理中，适时、正确的决策至关重要，直接决定着危机管理的成败。由于危机决策所面临的形势不同于正常状态下的决策，主要包括四个方面：危机决策、应急处置、危机沟通和媒体管理。

1. 危机决策

由于危机具有扩张性、破坏性和紧急性等特点，在面对突发危机紧急情境中，管理者必须在巨大压力下进行决策，要求决策者在有限的时间、资源、人力和信息不准确、不充分的条件下完成危机的应对措施。因而，危机的应急决策具有与一般决策不同的特点和要求，本质上属于非程序化决策。

危机应对实质可以定义为一种决策情势。在此情境中，决策者认定的重大安全和核心价值观念受到严重威胁或挑战，突发意外事件以及不确定前景造成了高度的紧张和压力，为使组织在危机中得以生存，并将危机所造成的损害限制在最低限度内，决策者在相当有限的时间里所做出的重要决策和反应。

一般而言，危机决策具有以下特点：①以控制事态为目标；②时间压力大；③信息不完全、不及时、不准确；④资源紧缺；⑤决策方法和过程简化。

危机决策的上述特点对决策者的决策能力提出了更高的要求：①良好的心理素质；②敏锐的洞察力；③果敢决断的胆识；④良好的沟通协调能力；⑤强大的凝聚力与号召力。

罗伯特·希斯把危机管理决策划分为两种模式：危机事前决策模式和危机事中决策模式，并对上述两种不同的危机决策模式各自的运作程序做了描述。

（1）危机事前决策。

罗伯特·希斯认为，危机事前决策要多方参与。在时间允许、信息充分的情况下，应当通过集体决策、评估以做出最优的决策，这种决策包括以下八个步骤：[①]

①确认决策面临的问题；②确认决策标准和“事实”；③决定评估标准、方式、权重；④发展备选方案；⑤分析备选方案；⑥选择一个备选方案；⑦执行备选方案；⑧评估决策程序以及决策结果的影响。

（2）危机事中决策。

在真实的决策环境中，理性非常有限，纷繁复杂的方案、层出不穷的问

① 薛澜，张强，钟开斌. 危机管理——转型期中国面临的挑战［M］. 北京：清华大学出版社，2003：166－167.

题和头绪杂乱的决策往往交织在一起，组织文化会扭曲决策者的看法，以至于出现盲点；现实中，决策更可能是跳跃式理性思维的集合，决策者更倾向于构建简单模式而不是复杂模式；很多情况下，决策者会制定“满意的”或是“次优”的决策。

下图提供了危机情境下快速决策的简便流程。①

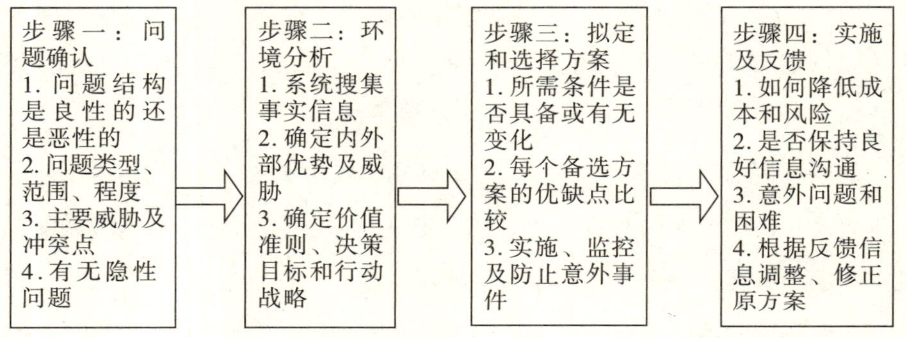

危机情境下快速决策的简便流程图

危机决策一般都是非程序化决策、不确定型决策、风险型决策及半定量化决策，是在突发危机的各种约束条件下寻找“相对满意决策”的过程，其方法大致有以下几类：

第一，经验决策法：①直觉经验判断法，决策者综合运用自己的知识和经验，并凭借自己的直觉判断能力做出决策。②先例经验判断法，即参照外地的、以往的、其他不同类型问题的处理方式和相关经验来做类比处理。③规则经验判断法，即依据国家有关处理紧急事态的法律法规、方针政策，并结合危机的具体情况，首先按照法律法规的一般政策处理，同时也要灵活机动，避免教条主义。

第二，外脑决策法：①头脑风暴法。把决策组的成员组织在一起，使每

① 卢涛. 危机管理［M］. 北京：人民出版社，2008：99－103.

个成员都毫无顾忌地发表自己的观点，产生思维共振、智力互补，从而激发讨论者提出大量新观念以至创造性地解决问题的有效方法。②专家紧急咨询法。危机情境下的决策者往往获取的信息不充分且缺乏处理特定突发危机的专业技术知识，所以往往需要借助专家智囊机构（系统内信息咨询机构、半官方思想库、研究所、民间机构、专家学者等）来帮助决策。

第三，科学决策法，即在科学决策观念和决策理论指导下，以定性为主，定性与定量相结合的一种快速决策方法。通常有目标排序法、综合评分法、风险型决策法以及非确定型决策法等。

2．应急处置

公共危机一旦不幸发生，必须迅速启用所有政府资源开展危机救治，及时采取果断措施，快速、有效地遏制危机的发展和升级，控制危机局势，迅速解决危机，尽快恢复社会正常秩序。这些措施包括：[①]

（1）实行政府强制干预，保证社会公共生活正常。在公共危机状态下，出于维护公共利益和快速处置危机的需要，政府有必要依据有关法律规定，采取多种非常态管理措施。在危机状态下，各级政府应依据《国家突发公共事件总体应急预案》和《突发事件应对法》等相关法律法规和方针政策，果断采取措施，及时化解危机。同时，我国还需进一步完善危机管理的法律法规，以期对各种公共危机实行依法管理。

（2）探寻并向公众告知危机产生的根源。危机产生后，对社会和公众心理影响巨大的主要原因，在于人们对危机产生根源的不确定或不明确，从而引起恐慌不安。探寻危机根源，一方面可以暂时安抚公众心理情绪，保持社会稳定；另一方面也是进一步采取有效措施的前提。

（3）公开危机动态信息。公共危机事件所涉及的公共信息应该及时、公

① 雷晓康，席恒，等．突发公共事件的危机管理［M］．西安：陕西人民出版社，2006：32－33．

开、透明地披露，用客观准确的信息稳定公众的信心。要建立公共危机沟通机制和新闻发言人制度，通过召开例行的新闻发布会，公布信息，满足公众的知情权，以避免社会流言和恐慌。

（4）发挥主要领导人的积极作用。让主要人物亲赴危机事发现场，发挥领导者的人格魅力，不仅表明组织对危机事件的责任和重视，具有凝聚和威慑的作用，提高工作人员的自信心，而且组织的主要领导人在危机现场也便于调动组织内外的各种资源和各方积极沟通，并实施有效决策。

（5）发挥非政府组织与公众的作用，让社会公众广泛参与社会管理活动。社会组织与民众的广泛参与，可以使危机决策得以迅速实施，还能提供丰富多样的物质资源和人力资源，缓解由于危机造成的社会心理压力，达到协调有序的目的。

3．危机沟通

交流沟通是危机管理的重要工具。危机信息的交流沟通是突发危机事件管理决策者的依据，也是影响利益攸关者看法和行动的重要因素。交流沟通是危机所有利害关系人信息交换的基本方式，在政府面临的公共危机中，管理者与被管理者的充分沟通和理解互信，是协同目标、统一行动的基础。危机当事人包括主要利害关系人、媒体及社会公众等。危机发生后，管理者必须妥善处理对外信息沟通问题，迅速取得受害者的理解和信任，及时回答公众关心的问题，保持对外沟通的畅通和及时，以达到化解矛盾，缓解冲突，缩减危机的目的。①

危机处理的最关键、最重要的因素就是对人的管理，尤其是危机的直接受害者。事件发生后，危机处理人员须在最短的时间内与受害者取得联系，直接沟通，果断处理，并做到以下几点：①深入了解情况，勇于承担责任。

---

① 卢涛．危机管理［M］．北京：人民出版社，2008：110－121．

②要拿出切实可行的补偿救援方案。③做好善后工作，引以为戒。

危机发生后，会在短时间内引起社会公众群体的强烈关注，因此需要在合适的时候，将危机利益相关者关心的信息通过合适的方式传达出去。可采用的方法有：①个别会谈。②电话与信件。③新闻公告。④热线电话。⑤记者采访。

针对不同的受众，采用不同方式进行沟通的过程中，还需把握以下几个基本原则：①建立信任。②尊重公众的感受。③不要过度承诺。④注意沟通反馈。⑤保障信息渠道畅通。

4. 媒体管理

现代信息社会，媒体是公众了解外界信息的主要渠道，直接接触和影响广大民众，在塑造公众价值观念、强化公众意识、反映和引导社会舆论等诸多方面发挥着巨大的作用。由于突发事件自身的特点易引起媒体的重视，媒体的报道又对公众具有重大影响，应对危机中，恰当处理媒体关系成为危机管理的重要内容。

危机管理中的媒体政策就是要主动寻求与作为信息传播载体的媒体合作，通过媒体这一中介和载体进行及时、有效的信息传导，使危机信息比例合理化，避免诱发潜在危机，同时避免过度强调危机管理中的不确定性和不可回避性，加强危机管理主体和社会民众的沟通。

在危机管理的不同阶段，即危机潜伏期的事前管理阶段、危机爆发期的危机过程管理阶段、危机恢复重建期的事后管理阶段，危机管理主体都应当完善良性的危机沟通系统，主动寻求与媒体的合作，建立与媒体之间畅通的交流通道。①

（1）危机潜伏期。“在危机全面爆发之前的特定潜伏时期，一些引发公

---

① 薛澜，张强，钟开斌. 危机管理——转型期中国面临的挑战［M］. 北京：清华大学出版社，2003：123－128.

众不满、冲突和对抗的社会问题已在孕育和形成，具有某些外部表征，诸如大规模的群众上访、示威游行以及小规模的暴力行动等；这就需要危机管理体系中的预警和检测系统在收集相关的信息资源的基础上，多方面、多角度作出初步的反应；在这个过程中媒体的反映和报道就是公众很重要的一个信息来源渠道。”①

同时，“通过媒体在民众日常生活中对危机意识的宣传和非正式教育，在全社会确立一种信仰支持系统，形成一致的社会舆论和大众共有的危机共识，对于危机的避免和尽快解决都有着重要意义；通过强化全社会的危机意识，预防和监测危机的出现和发生，不仅有利于危机爆发后形成社会公众的支持倾向，还能强化政府的政策评估与预测系统，改善政府政策的回应手段及措施，进而统一社会价值观念，整合社会有序能力，提高社会抗逆水平”②。

（2）危机爆发期。“这一阶段，要有针对性地通过和媒体对话、宣传、引导，大力发动社会新闻媒体的传播、聚合功能，迅速通过多渠道获得信息并对其加以分析综合，向社会公众阐明政府危机管理行为的意义、指导思想和现实条件下所采取的各种措施的必要性，阐述政府的有关政策，获得社会大众对危机管理主体所做努力的支持；根据学者的研究以及实践工作者的经验、教训，危机事件发生后的危机应对中的媒体政策应当坚持如下几项原则：第一，时间第一，争取舆论主动权，争取最快、最新信息由此发布。第二，言行一致，确立信息沟通的可信度和权威性。第三，明确危机事务发言人及规则的信息发表渠道。第四，危机发言人必须与最高决策层有直接沟通，本人有权参与决策。”

（3）危机恢复重建期。危机事件解决后，“危机管理主体在尽快恢复社会结构和功能，重建社会秩序的同时，要有效地利用媒体发动全社会对危机

①② 苌瑞月．政府应对公共危机的信息机制研究［D］．合肥：安徽大学，2007.

事件进行冷静的理性思考，做多侧面、多层次的分析，挖掘危机事件的原因，寻求今后避免此类危机事件和改进社会政策的办法”[①]。

（三）危机后：恢复发展

公共危机对社会或组织生存和稳定的破坏力大大超过了正常的水平，造成组织或社会不稳定。经过危机前和危急中这两个阶段最大限度地保护了人民的生命财产安全以后，就应该马上进入危机后的恢复发展阶段，这个阶段主要包括两个方面：恢复与重建、评估与发展。

1. 恢复与重建

危机事态得到有效控制或平息后，并不意味着危机管理过程已经完结，此时危机管理的重心就由应急管理逐步转向危机后处理阶段——恢复重建。这一阶段的恢复重建主要从物质的重建、形象的管理和心理恢复三个维度来进行。具体而言，可以从以下方面展开：[②]

（1）物质的恢复与重建。建立、健全被害人援助制度，使危机的社会震荡削减到最低限度；尽快帮助受灾群众进行生产自救，以便尽快推动社会正常的企业生产和商业经营秩序；尽快使灾区的基础设施恢复，重新创造正常的生活秩序并帮助灾民建立信心。

（2）形象的管理。重新塑造组织在公众心目中的良好形象，充分发挥危机可能成为促进组织发展、社会整合的一种积极力量的功能，以维持组织和社会系统的活力和生命力。

（3）心理恢复。重大危机发生后，危机管理者应该向受害人或社会公众提供心理恢复帮助，常见的心理恢复帮助有：①提供心理咨询。②开展宣传教育。③提供感情支持。④及时沟通信息。⑤拟定长期危机心理恢复计划并

---

① 苌瑞月．政府应对公共危机的信息机制研究［D］．合肥：安徽大学，2007.

② 卢涛．危机管理［M］．北京：人民出版社，2008：152－162.

付诸实施。

2. 评估与发展

（1）建立独立调查制度。在危机后处理阶段，政府及其他组织必须设立第三方性质的独立调查制度，公正甄别事件诱因，举一反三，吸取教训，最大限度地杜绝和减少类似的灾难、事故的再次发生。同时，独立调查委员会还应当进行责任归后、纠纷处理及补偿分配等工作。

（2）变危险为发展之机遇。无论发生的是何种类型的危机事件，组织都应在危机发生后及时利用这些活生生的“教材”，培养民众的危机意识，提高他们的危机应对技能，增进社会整体的抗逆水平。

对组织自身而言，为了实现可持续发展，力图从以下几个方面进行变革。[①] ①观念更新。危机事件发生后，组织必须适时进行组织观念更新，时刻强化成员的危机意识，在组织的管理工作中把正常管理和危机管理有效结合起来。②制度完善。以法律手段确立突发性危机事件应急管理的基本原则。建立危机应急备用系统、风险基金制度、保险制度以及其他危机备用资源，保障组织在危机状态下的正常运行。③机构建设。我们认真分析危机发生的原因和危机处理过程，根据各类危机性质、特点的预测和判断，进行反思总结，组建适应形势发展的危机应对组织机构。④政策改进。政府通过分析危机事件的发生诱因，了解各种合理的利益和要求，把危机变成改善组织政策的回应手段和措施。

---

① 薛澜，张强，钟开斌. 危机管理——转型期中国面临的挑战［M］. 北京：清华大学出版社，2003：93－95.

第九章　群体性突发事件的治理

众所周知，新时期我国面临的突发公共危机事件越来越严重，根据其发生过程、性质和机理，大致分为自然灾害、事故灾难、突发公共卫生事件和社会安全事件四大类。其中第四类的主要表现形式就是群体性突发事件。群体性突发事件作为突发公共危机的一种，它不仅仅是一个事件，更是一个动态的演化过程。群体性突发事件有孕育、发展、蔓延、爆发和消解的历程，就像生命体一样，群体性突发事件也有其“生命周期”①。

“1986 年，史蒂文·芬克出版了《危机管理：对付突发事件的计划》一书，首次提出了危机的生命周期理论，芬克借用医学术语形象地对危机的生命周期进行了描述，把危机生命周期划分为四个阶段。”② “第一个阶段是危机征兆期（prodromal）。线索显示有潜在的危机可能发生，这个阶段经历时间的长短与否，要看前期危机所造成的破坏程度及后期救助措施，在这一时期，危机的苗头还没有出现，但是能制造危机的隐患已经形成，有一些征兆显示危机有可能发生。如果对这些征兆没有足够的意识，就无法在危机发生前采取有效措施预防危机发生，危机一旦发生所造成的损失将是无法估量的。第二个阶段是危机发作期（breakout）。关键性的危机事件爆发，而且演变迅速。这个阶段持续的时间有长有短，但是异常猛烈，造成的破坏和影响

---

① 薛澜，张强，钟开斌．危机管理——转型期中国面临的挑战［M］．北京：清华大学出版社，2003：46－47.

② 马海明．新时期中国群体性突发事件治理研究——基于危机生命周期视觉［D］．上海：上海交通大学，2010：23.

也是深远和巨大的。第三个阶段是危机延续期（chronic）。危机的影响持续，同时也是努力消除危机的过程。第四个阶段是危机痊愈期（resolution）。危机事件已经完全解决，同时芬克的危机生命周期理论认为危机管理是一种具有行动型的管理职能，旨在发现和确认那些可能影响组织的潜在的和萌芽状态中的问题，从而动员和协调该组织的一切资源，从战略上影响那些问题的发展。"① "芬克的危机生命周期理论富有描述性，勾勒出危机的发展过程，并侧重阐述危机每一个阶段的特点，芬克的危机生命周期理论为我们化解群体性事件提供了一个很好的理论依据。"②

一、群体性突发事件的概念

我国学术界不同的学者对群体性突发事件有不同的理解，这些学者研究视角和研究方向各不相同，首先是"群体性突发事件"的说法不同，如群体事件、突发性事件、突发事件、群体性事件、群体性上访事件、群体性暴力事件、突发性抗争事件等。其次是概念的具体表述不同。有的学者总结为：在较短的时间内突然爆发的，群体与群体之间以经济利益为主要内容的，采取暴力等方式对抗国家机关的事件。也有学者认为群体性突发事件是指由社会群体性矛盾引发的，干扰正常秩序的事件。中国行政管理学会课题组提出：因人民内部矛盾产生的严重威胁的事件。

以上这些概念，"都共同指出了群体性突发事件的群体性、对抗性和社会危害性；我们在吸取上述理论观点的基础上，将群体性突发事件界定为由社会问题和矛盾引发利益冲突，导致社会群体心理失衡，能量的累积，在受

---

① 马海明．新时期中国群体性突发事件治理研究——基于危机生命周期视觉［D］．上海：上海交通大学，2010：23.

② 刘瑞．群体性突发事件防范与处置研究——以德江、翁安事件为例［D］．郑州：郑州大学，2010：12.

特定中介性社会事件刺激而突然爆发，由特定群体或不特定多数人为实现特定目的而采取对抗性手段参与的规模性聚集活动，是造成一定的社会影响、严重危及社会秩序和公共安全的各种事件”①。众所周知，我国从计划经济体制向市场经济体制转轨时期，因人民内部矛盾处理不当，并导致对政府管理和社会秩序造成影响甚至使社会在一定范围内陷入一定强度对峙状态的突然发生的群体性事件。②

二、群体性突发事件的基本特征

群体性突发事件由于诱因多元、情境特定，加之具有一定偶然性的触发因素推动，因此，表现各异，异常复杂，其基本特征可大体做如下归纳：

1. 利益主导性

众所周知，人类最终以实现自身利益的最大化为目的。对利益的追求和满足是人们行为的内驱力。由于不同群体、不同阶层、不同利益主体的利益受顺或利益差别使各利益主体产生冲突成为可能。我国目前企业破产改制重组、下岗失业工人不能安置、土地征收补偿、房屋拆迁安置、土地承包流转、村务管理、拖欠农民工工资等，这些事件很容易得到社会上许多人的同情和支持，涉及一部分人的切身利益，并且大多数都有合理的诉求，这些人聚集在一起，逐步扩大，事态不断恶化。毫无疑问，利益在群体性突发事件中占据了主导地位。

2. 群体性

群体的人数和规模可能只有几人或几十人，有的事件参与的群体人数可能是上百人，甚至是成千上万人，这些事件的参与群体多数是偶合群体，有

① 马海明. 新时期中国群体性突发事件治理研究［D］. 上海：上海交通大学，2010：12.

② 中国行政管理学会课题组. 中国群体性突发事件成因及对策［M］. 北京：国家行政学院出版社，2009：2.

的是利益直接受损的固定群体。群体性往往具有相同的目的、动机和利益诉求等。有的事件是以个体性矛盾激化为导火索的，然而在社会转型和体制转轨过程中由于个体的利益受顺和心理失衡的不断累积，最终必然使个体性矛盾转化为群体性矛盾。

3. 对抗性

“对抗是矛盾双方采取外部冲突的形式来解决矛盾的方式”[①]，近来，由于人民群众的利益诉求遭遇体制性迟钝、反馈渠道不畅，多数群体性事件无人处理，政府部门长期拖延，导致人民群众产生不满，人民内部矛盾的对抗性程度增强。但是这种对抗性一般不存在对社会主义政治制度和意识形态的敌我对抗思想。如冲击党政机关、阻塞公路、砸毁机车、制造交通瘫痪、武装械斗、造成严重的人员伤亡和财产损失等，这些行为大都是在群体性突发事件中对抗性增强的具体体现，也是参与者在行为上偏激的具体体现。

4. 触发性

大多数群体性突发事件总是受到“导火索”的影响，具有触发突然性。如贵州瓮安“6·28”事件、2009 年 6 月 17 日山东东明“甲状腺瘤”事件和 7 月 17 日“杞人忧钴大逃亡”事件造成的民众恐慌和社会混乱、2009 年 7 月的吉林“通钢事件”、8 月的河南“林钢事件”，由刚开始的集体劳动争议最终爆发群体性事件等。导火索与群体性突发事件的关系一般有以下几种情况：“第一，它与群体性突发事件有直接的联系，是与事件直接相关的一个或多个事端。第二，它与群体性突发事件有间接关系。第三，它几乎与群体性突发事件没有任何关系，是一个独立事件。”[②]“前两种情况下的导火索与事件本身常常含着必然的因果关系，而后面一种情况中被称为导火索的事

① 中共中央宣传部理论局. 理论热点面对面［M］. 北京：人民出版社，2007：65.

② 马海明. 新时期中国群体性突发事件治理研究——基于危机生命周期视觉［D］. 上海：上海交通大学，2010：14.

端往往是被借题发挥和被利用的，群体性突发事件多数情况由导火索的事件触发，含有触发性。”①

5．阶段性

一般群体性突发事件都有一个发展的动态过程。实际上，群体性突发性事件都是有一个过程的，而不是突如其来的，从萌生到突然爆发，从对抗到消解，有前兆，有准备，有持续性。突发性事件的规模越大，持续的时间就越长。

6．连续性

从开始到结束，一般群体性突发事件是一个连续的过程，每个阶段是连续的，并不是独立存在的。根据它的整体发展情况，整个过程可分为孕育、爆发、蔓延、发展、对抗、持续、消解阶段。

另外，由于当前我国处于社会发展的高风险期和全面改革深入期，在这一社会环境下，群体性突发事件呈现出一些新的特征，如主体多元化、事件复杂化、对抗增强化、组织明显化，等等。

三、群体性突发事件的主要类型

群体性突发事件的类型可以从不同的角度进行划分。

（一）根据事件的性质划分

群体性突发事件分为两种：带有政治性的群体性突发事件，非政治性的群体性突发事件。政治性的群体性突发事件是境内外敌对势力和国内的不法势力勾结，经过精心酝酿，长期策划，组织纪律鲜明。他们往往以推翻党的领导，颠覆国家政权为目的，可以称它为政治阴谋。激烈的暴力冲突、制造

① 马海明．新时期中国群体性突发事件治理研究——基于危机生命周期视觉［D］．上海：上海交通大学，2010：14.

社会动荡和政治动乱是这类事件的主要特征。非政治性的群体性突发事件一般只是为了解决某些社会问题，为引起社会重视而爆发的，并没有什么政治目的。它们实际上都属于人民内部矛盾，具有非政治性的特征，与各种社会活动及其公民权益相关。有的则是因为人民内部矛盾而爆发，还有的人民内部矛盾是因为处理不当而爆发的，这类事件基本上能得到平息。但是，这类事件也有可能演变为政治性事件，不过是在特定条件和环境催化下演变而成。

（二）根据事件的表现形式划分

暴力型群体性突发事件和非暴力型群体性突发事件是突发性事件的两种形式。暴力型群体性突发事件是指为了实现其目的而采用械斗、杀人、爆炸、打砸抢烧等对抗性暴力手段的事件。这类事件具有暴力性特征，社会影响恶劣，后果相当严重，现阶段愈演愈烈。非暴力型群体性突发事件是指采用非法集会、游行、示威、静坐请愿、堵塞交通、罢工罢市等非暴力形式，为达到目的的事件，目前较为常见，原因复杂，处理难度也很大。

（三）根据事件发生地域划分

城市群体性突发事件和农村群体性突发事件是根据地域划分的。城市群体性突发事件主要包括：企业改制拖欠工资引发职工爆发的群体性突发事件；毕业生分配所引发的群体性突发事件；非法集资引发的群体性突发事件；因强拆事件引发的群体性突发事件；政府乱收费引发的群体性突发事件；因城管、治安引发的群体性突发事件；因环境污染等引发的群体性突发事件；因医疗方面引发的群体性突发事件等。农村群体性突发事件主要包括：“由土地纠纷、土地征用、水源林地之争引发的群体性突发事件；因村级换届选举过程中的违规操作和舞弊行为引发的群体性事件；因各民族生活

习惯不同、宗教间的信仰不同、利益关系不同引起的群体性突发事件等。”①

四、群体性突发事件的治理对策

当前，我国群体性突发事件频频发生，并且规模不断扩大，表现形式趋于激烈，造成的后果和影响也越来越严重，成为影响社会稳定的突出问题，这对我国各级政府管理构成巨大的压力。因此，深刻认识群体性突发事件在初期阶段的成因，可以帮助我们有效预测可能发生的群体性事件的规模和破坏性，并做出正确的判断和及时的反应，能及早地采取预防应对措施，减少群体性突发事件发生后造成的损失。群体性突发事件的治理分为三个阶段进行：预测和预防、控制与缓冲、救治与修复。

（一）预测和预防

突发事件的处理问题是当前我国群体性突发事件中普遍存在的问题。实际上，我们对贵州瓮安“6·28”事件的两个阶段进行分析，可以总结出这样一个结论：预防群体性事件，关键要把工作重点放在预防和控制阶段，我们要准确地掌握可能引发群体性事件的可能性，将隐患扼杀在萌芽状态。“凡事预则立，不预则废”。群体性突发事件在开始时规模小，人数少，容易控制，但是随着时间的推移，不良因素会越来越积累，情形会越来越激烈。因此在事件前期，即价值累积阶段和急性爆发阶段，政府必须把预测和预防工作做好，以便消除隐患，节约大量的人力、物力和财力。我们主要通过以下途径实现：

1. 建立广泛的信息收集网络，监测舆情信息与聚集人数

（1）建立广泛的信息收集网络。

---

① 马海明. 新时期中国群体性突发事件治理研究——基于危机生命周期视觉［D］. 上海：上海交通大学，2010：14.

在价值累加和急性爆发阶段，群体性突发事件往往会在这一阶段中利益冲突由暗转明，参与者的心理失衡，不满情绪开始转变为激烈的言行，个体行为演变成群体行为。能否收集这些信息，能否及时收集、处理和反馈，这些因素往往决定着事件的走势。于是，要建立广泛的信息收集网络，并且及时、准确、全面、高效地收集信息，是防止突发性事件扩展和升级的重要方法。要完善广泛的信息收集网络，首先就要对情报信息管理、协调和处理，建立信息收集组织体系。其次要设奖惩制度，特别是对应当报告的信息不向上级领导报告的，最后导致突发群体性事件发生的，我们应当依法追究其责任；对及时收集信息、有效预防群体性突发事件发生的人或集体进行奖励。要充分利用报纸、杂志等传统公众传媒收集信息，拓宽信息收集渠道，动员社会各阶层的力量，并借助网络不断拓宽信息收集的渠道。

（2）对舆情信息和聚集人数的监测。

监测的目的是监视社会中每一个可能引发群体性突发事件的因子，发现和收集各类情报信息，并以此作为预测防范提供资料的依据。监测对于群体性突发事件的任务就是收集各种舆情信息和群体聚集的关于群体性事件的情报信息，当然是通过预先架设的情报信息收集网络，以便在价值累积阶段和急性爆发阶段，全面地掌握信息，把握舆情“风向”，弄清楚人数及规模，从而更好地监测和预防。

①对舆情信息的监测。在价值累积向急性爆发阶段演进的过程中，舆情信息往往向不满的方向积累和爆发。这个阶段会导致部分社会成员心理失衡，他们会产生对社会和政府滋生不满或对立情绪。在急性爆发阶段，这种不满的情绪会逐渐向具有某种一致性倾向的情绪和要求的急性爆发。舆情信息监测了解、掌握价值累积和急性爆发阶段的舆情信息，并通过监测这些信息因子，掌握群体性突发事件的总体态势。

②对参与者的监测。这类事件的参与者往往属于弱势群体。但是，随着

社会的发展，参与者会逐步扩大到大学生、离退休干部、在职职工、教师、出租车司机、无业的退伍军人等，甚至还有一定数量的在职领导干部。政府部门实时监测其动向，预测其是否可能引起的事件，可以通过建立的信息收集网络，或根据事态发展阶段，分析规模，针对预案，及早地制定防控措施。

2. 建立健全预防机制

在价值累积和急性爆发阶段，群体性突发事件引发的各种社会矛盾由潜伏转变为明朗，从根源上建立健全预防机制，化解这种社会矛盾，显得十分迫切。

（1）建立社会预警指标体系，及时化解预见到的问题。因为群体性突发事件的发生是综合作用的结果，所以，我们必须建立社会预警指标体系，对社会生活中的矛盾进行研究，预判社会生活中可能产生的矛盾，让预见问题的能力得到提高，对我们通常预见的问题通过日常工作化解于价值累积和急性爆发阶段。例如企业改制，我们就要超前研究发生的矛盾和问题，并制定相应的配套措施，不但要加强对职工思想动态研究，更要加强思想政治工作，甚至要对政策进行适当的宣传，让职工明白改制政策的目的、价值和意义，让改制的指导思想深入职工人心，反复论证实施方案，综合评价，对可能产生的问题及早解决，及时预防。

（2）及时发现潜在问题，认真排查，把矛盾纠纷消灭在价值累积阶段。实践证明，把工作做在前面，积极主动是防止潜在问题变成复杂问题的有效方法。预防机制是化解矛盾的基础，因此，我们必须建立健全预防机制，特别要建立健全重大问题预警排查机制，严格制度，集中精力，定期排查和及时掌握不稳定因素，预测可能发生的群体性突发事件，有针对性地采取预防措施。

3. 建立合理的社会利益调节分配机制，营造公平的社会环境

在新时期，必须建立合理的社会利益调节分配机制，充分调动群众，保

证国民收入分配相对公平，保障每一个成员的基本利益，防止两极分化。分配不均衡和贫富悬殊是新时期群体性突发事件突发的主要原因之一。因此，必须重视建立合理的社会利益调节分配机制，加大征收所得税的力度，对于低收入者和高强度工种的工资要适当增加。另外，政府要努力堵塞各种体制上的漏洞，严格收入登记制度，加大打击偷税漏税违法行为。避免收入分配的两极分化，减少利益冲突，保证公平的社会环境。

4. 增强政府的舆论引导能力，使舆情处于理想状态

舆情是民众的社会态度，往往是受到刺激而产生的。在现实生活中，舆情常常以公开和非公开形式表现。要注重增强政府的舆论引导能力，就意味着在预防过程中，通过报纸、电视、网络等主流传媒，进行舆论引导工作，舆情就会处于理想状态，要化解危机、争取主动、成功处置群体性事件，这个是关键因素。受传统观念的影响，长期以来，政府部门领导舆论意识不强，不善于运用舆论引导这个工具，导致常常处于被动状态。如贵州瓮安“6·28”事件，当时政府缺乏足够的舆论引导能力，由于没有及时公开信息，导致谣言成真理，社会轻信谣言，怨恨政府，同情死者，这就引发了长期累积的不满，造成万人聚集。因此，政府必须增强自身的舆论，以开放的心态，利用政府公开、公布信息，这样不但满足了大众的知情权，也有利于使事件得到公正、公平和透明的处理。

5. 建立日常性回应机制，预防问题累积

政府为了有效预防群体性事件的急性爆发，一定要注重信息收集分析、处理和合理分配社会利益，建立日常性回应机制。这样就可以汇总民众的意见和要求，合理疏导、及时化解利益冲突，及时化解不满情绪。通过设立各级政府首长接待日、走访日，建立政府网站的民意信息反馈专栏来建立日常性回应，成立专门的部门来处理和兑现回应性承诺。从现实中可以看出，大量的群体性事件的解决都是通过政府和民众面对面的谈话沟通才得以解决的。

（二）控制与缓冲

“群体性突发事件演变到对抗阶段，群体的组织化程度开始变强，群体的情绪趋于极度不稳定状态，很难接受谈判沟通，群体中的成员极易接受群体中其他成员的动员和暗示并迅速做出反应，出现集体行为和暴力冲突，极易造成社会秩序混乱和动荡；在此阶段必须采取一些强制性的手段和相应的应对措施控制住事件的发展，尽量减少事件对国家和人民生命财产的破坏，使其进入慢性渗透阶段；在慢性渗透阶段，群体开始趋于理性，能够接受合理化建议，事件得到缓冲，人群开始散去，社会影响递减，社会秩序恢复正常；在对抗阶段可以控制和缓冲同时进行，或者事态在控制不住时可以采用缓冲；同理在慢性渗透阶段，可以进行谈判沟通等手段将事件缓冲，如果谈判效果不佳，或者谈判失败，再进行控制，因为在缓冲阶段人员规模逐渐减退，此时的控制措施可以达到更好的效果。”①

1. 控制

一旦发展到对抗阶段，“首先要做的是控制事态的进一步恶化，防止其蔓延和扩大，因为参与或卷入突发性群体事件的群众，大都事出有因，而且情绪处于强烈的焦躁和冲动之中，在从众心理和模仿效应下，群体对抗行为一触即发。另外许多无直接利益诉求或间接利益诉求者也处在旁观和犹豫状态中，如果行动缓慢、处置不当，无法及时有效地控制事态，那么群体性突发事件的矛盾会进一步激化，对抗加剧，使事态进一步升级，甚至演变成无法控制的局面。因此，对发展到对抗阶段的群体性突发事件，必须千方百计地、及时有效地控制住事态，采用各种方法和手段将其控制和缓冲”②。

---

① 马海明．新时期中国群体性突发事件治理研究——基于危机生命周期视觉［D］．上海：上海交通大学，2010：43.

②马海明．新时期中国群体性突发事件治理研究——基于危机生命周期视觉［D］．上海：上海交通大学，2010：50.

（1）果断处置、迅速控制。“对正在发生的围堵党政机关、械斗、阻塞交通、纵火焚烧等打砸抢式的非制度化方式的群体性事件，必须果断处置，必要时运用警力，迅速控制和制止正在发生的不法行为，对带头或者动员和鼓动其他事件参与者实施不法行为的，或者直接参与动手的，可以采取强制性手段，必须旗帜鲜明、绝不手软，以防这些人的对抗行为给国家和社会造成更大的危害。”①

（2）加强政策、法规的正面宣传教育。“加强对党和政府的政策宣传工作，让群众清楚和了解解决问题的正确方法和途径；加强法制宣传工作，使广大群众认识到事件中的违法对抗行为的危害性和所要承担的法律责任，使大多数人保持清醒头脑，不要盲目从众。”②

（3）第一时间成立应急、处置领导小组。“群体性突发事件一旦发展到对抗阶段，危险等级由爆发阶段的中级转化为高级，会对社会各方面产生严重影响，要控制和缓冲事态必须利用政府各部门和社会的各种资源，这就需要有一个较高层的机构来领导和协调应急、处置工作，第一时间成立应急、处置领导小组，这样才能充分发挥和积极调动政府各部门和社会各种力量的优势，相互合作，统一指挥，才能及时全面地控制和解决群体性突发事件。”③

（4）加强基层组织处置事件的能力。“由于有的基层组织软弱涣散、组织威信相对减弱，领导干部政策水平不高、工作方法简单粗暴、官僚主义作风和贪污腐败现象严重，直接导致处置事件的能力低下，一旦群体性事件爆发，极易演化到对抗阶段，使事件升级，因此，加强提高基层组织的处置事件能力能有效控制群体性事件。首先要完善地方领导责任追究制，因为领导在整个事件过程中扮演的是决策者、指挥者、协调者和法律政策的执行者角

---

①②③　马海明．新时期中国群体性突发事件治理研究——基于危机生命周期视觉［D］．上海：上海交通大学，2010：50.

色，在事件的控制和缓冲中起着至关重要的作用，所以完善地方领导责任追究制，可以对于事件处置中不称职或有责任的领导予以调整、撤职或责令其引咎辞职。其次完善基层组织激励约束制度，通过政务公开，绩效考核公众评估等方式，既确保了人民群众对政府政务的知情权、参与权，又能使公众行使监督权，以此有效约束政府执政行为，提高管理水平、服务质量和执政能力，有效转变领导干部的工作作风和工作方式，有效遏制腐败现象和官僚主义作风；所以加强基层组织处置事件的能力是有效控制群体性事件的途径之一。”①

2. 缓冲

群体性突发事件是一种过激行为，政府采用沟通谈判、统一协调行动的方式在慢性修复阶段将其缓冲。

（1）沟通谈判。“沟通谈判技巧是进行冲突管理的重要手段，政府领导与群众进行面对面的沟通和谈判，是妥善处理人民内部矛盾、缓冲突发事件群体性突发事件的一个有效方法。群体性突发事件在性质上属于人民内部矛盾，是具体问题具体利益上的矛盾，并非敌我矛盾，冲突行为的产生是因为合理利益诉求得不到满足而采取的体制外的过激行为。如果政府有关领导能够及时与群众正面接触，认真听取群众的意见和反映，尽早了解引发事件的原因和实质，清楚群众的要求和目的，及时解答群众的问题和疑惑，代表政府表明态度和诚意，增进相互之间的理解，并做出合理的回应性承诺，就可以达到沟通谈判的作用，可以使群众从冲动中清醒过来，使冲突行为得以缓解。经验表明，冲突对抗和对抗的升级在很多情况下是因为沟通不够、误解所致。加强双向的有效沟通和谈判，增进彼此间的相互了解，许多问题是可以缓解和消除的。”②

---

①② 马海明．新时期中国群体性突发事件治理研究——基于危机生命周期视觉［D］．上海：上海交通大学，2010：51.

（2）统一协调行动。“化解群众冲突行为是政府应对群体性突发事件必备的素质和技能之一，群体性突发事件变化快、影响广，必须统一协调行动，提高快速反应能力，增强应急反应的时效和速度。党政领导为缓解群体性突发事件的冲突、对抗时必须统一思想、统一认识、统一指挥，充分利用各方资源、发挥各方优势，协调合作，决不允许在紧要关头互相指责、推卸责任、各自为政。党政群部门、公安机关、新闻媒体、基层干部等各方面要在统一指挥和安排下，各司其职，把握时机、因势利导，最大限度地控制和缓冲群体性突发事件的局势，为后期的救治和修复工作打下基础。”①

（三）救治与修复

可以说任何群体性突发事件都会暴露一些社会问题和管理上的缺陷，在经历了对抗和慢性渗透阶段，在消解阶段后对所发现的问题和缺陷要进行及时的救治和修复，可以从以下几方面着手。

1．健全社会保健体系，及时实施社会救助

要维护社会稳定和国家长治久安，有效地化解社会运作过程中的故障和不稳定因素，就必须要有完善的社会保健体系。目前，基本养老保险制度落后、基本医疗保险覆盖面小、贫困人口数量较大、社会救助缺失等一系列社会问题，表明了我国社会保健体系还不健全。而社会保健体系不健全又是危及社会稳定的最重要因素。一些群体性突发事件正是由此而起的。政府要完善和健全社会保健体系，就基本养老保险制度方面为例，首先应继续促进城镇职工的养老保险制度规范化和体制改革，其次还应积极探索离退休人员养老保险社会统筹解决办法，特别是农村养老保险制度，更应积极探索改革方案，使养老保险制度覆盖城乡全体居民，让政策深得人心。目前急需解决的

① 马海明．新时期中国群体性突发事件治理研究——基于危机生命周期视觉［D］．上海：上海交通大学，2010：51．

是“要进一步强化农村扶贫工作和城市居民最低基本生活保健制度建设，进一步明确和扩大社会保健资金的筹措渠道，明确并逐步提高社会保健资金开支占财政支出的比例，使住房、医疗、教育等最基本的保健能够以各种形式覆盖大多数社会成员，构筑社会最基本的保健网，使任何一个诚实劳动者的个人生活和必要消费支出有所保证，这对缓解社会矛盾，维护社会稳定意义重大”①。健全的社会保健体系、及时的社会救助是促使群体性事件消解的根本。

2. 修复社会管理机制的缺陷，维护社会稳定

每一件群体性事件的化解，其实只是解决问题的真正开始，并不意味着事件的结束。我们必须要查找发现社会管理的不足之处，特别是在慢性渗透和消解阶段，就要认真落实相关弥补和整改措施，抓紧修复机制的缺陷，将预防群体性事件放在首位。“要完善领导责任制，防止领导责任制虚化；要加强公共政策科学形成机制的研究，使完善后的公共政策真正起到解决社会问题的作用；要完善信访制度，建立制度化的维权机制，畅通和拓宽信访渠道，更加注重民意表达的廉价便利，深化电子政务；要加快健全公安部门的防范和处理机制，使公安机关在社会管理中体现其真正的作用，切实地维护社会的稳定。”②“经济决定政治，政治是经济的集中表现并为经济的发展提供可靠保障。30 年来，我国的经济体制改革取得了举世瞩目的巨大成就，然而，我们政治体制领域的改革却明显地滞后。”③社会管理机制上存在一定的缺陷，“严重妨碍社会主义优越性的发挥，并在一定范围、一定程度上引发了人民内部矛盾。为此，坚持以改革、发展作为一种正确处理人民内部矛盾的有效方式，必然需要政治体制改革与经济体制改革相适应”④。在群体性事

① 龚志伟，李芳．论社会贫困群体与新形势下的人民内部矛盾［J］．理论与改革，2002（3）：39.

② 马海明．新时期中国群体性突发事件治理研究——基于危机生命周期视觉［D］．上海：上海交通大学，2010：54.

③④ 曾德亮．新时期我国社会矛盾的特点及化解对策［J］．新西部，2009（16）：75.

件的慢性渗透和消解阶段，抓紧修复由于体制、制度问题导致的社会管理机制上的缺陷，有利于维护社会的稳定。

3. 加强法治建设，实现法治社会

“依法治国，建立社会主义法治国家”已被列入《宪法》，我国政府高度重视法治社会的建设。但是我国目前法治建设相对滞后，法治理念相对缺失，法制不健全，政府在处理突发事件时，缺少防范机制，缺少纠纷解决机制，导致无法可依、群体性突发事件有增无减。我国现有的制度远不能适应现实需求，法治建设相对滞后，导致部分群体利益无法得到满足，只能采取其他不法行为来维权。因此在慢性渗透和消解阶段后，我国人民群众拥有合法的维权途径，依法维权，加强法治建设，这一切的一切，都归功于实现法治社会，政府有法可依，依法办事。要从根源上解决问题，就必然要加强各方面的法治建设，如失业、失地、住房困难、选举权的侵犯、知情权和参与权的剥夺等，群体性突发事件的发生实际上都离不开利益和权利。“如有关下岗、失业职工方面应加快出台《失业保障法》，使他们能够在失业后依法享受相关社会救助；对于住房难、购房难的应出台《住房保障法》，使政府在有法可依的前提下，依法办事，切实解决问题对于一些地方对于公民选举权的侵犯，应完善《选举法》，切实保护公民的选举权；对于群众维权难，应完善信访制度，修正《诉讼法》，使群众依法维权，采取合法的诉求渠道；对于公民知情权和参与权的缺失，应加快出台《政务公开和监督法》，让公民依法享有知情权和参与权。只有加强法治建设，才能使国家各级机关依法行政，使公民依法维权”①。

4. 建立社会自我调控机制，努力构建和谐社会

目前我国政府在社会中居于“划桨者”，而不是“掌舵者”，还是一种

① 马海明. 新时期中国群体性突发事件治理研究——基于危机生命周期视觉［D］. 上海：上海交通大学，2010：55.

全能型的政府。各类群体性事件频发，这也说明我国社会还缺乏一种自我调控的能力。社会自我调控主要依靠社会自身力量的自我调节。一个社会是否稳定，不是看这个社会有没有社会矛盾和冲突，而是主要看这个社会有没有自我调节社会矛盾和冲突的能力。政府管理能力不足、政府角色混乱、公共权力缺乏有效监督，导致群体性事件频发。要使公众成为监督和控制公共权力的一股力量，那就必须建立一种社会自我调控机制，我们必须运用社会自身的资源将社会矛盾和冲突控制在"可控"的范围内，如果不调动、吸纳与利用社会力量，建立社会自身的调控机制，就不会有效防范群体性突发事件。因此，我们不能仅仅依靠自上而下的僵化的管理手段。群众一旦有了不满情绪，在全能政府和缺少公民积极参与公共事务共同治理的社会里，"自然而然地就会将这种不满指向政府，而在政府干预较少、市场经济发育成熟的西方国家，许多经济社会事务由市场机制、社会组织和中介机构去办理的社会里，社会成员即使有了不满，也很少会将这种不满直接指向政府；各种社会中间组织使得社会成员有交流感受、诉说委屈、发泄情绪、提出建议的渠道，就能及时、适当地让不满情绪和不同意见得以宣泄，避免了矛盾和冲突在社会领域的过度压抑、聚集甚至总爆发，减缓甚至避免了社会成员对政府的直接对抗"①。社会自我调控机制，实际上就起到了社会安全阀的作用。"在新时期随着我国政府要放松对社会的过度管制，大力发展社会自治组织，鼓励公民积极参与社会公共事务管理等，使社会自治空间日益扩大，为社会自我调控机制的建立提供了契机，也为有效化解和消除社会矛盾、冲突提供了空间。"②

---

① 刘莉．社会转型期群体性突发事件的成因及对策研究［D］．北京：中国人民大学，2007.

② 刘瑞．群体性突发事件防范与处置研究——以德江、翁安事件为例［D］．郑州：郑州大学，2010：56.

第十章　加强对恐怖主义的防控和治理

恐怖主义是实施者对非武装人员有组织地使用暴力或以暴力相威胁，通过将一定的对象置于恐怖之中，来达到某种政治目的的行为。国际社会中某些组织或个人采取绑架、暗杀、爆炸、空中劫持、扣押人质等恐怖手段，企求实现其政治目标或某项具体要求的主张和行动。恐怖主义事件主要是由极左翼和极右翼的恐怖主义团体，以及极端的民族主义、种族主义的组织和派别所组织策划的。

中国目前不是一片净土，随着恐怖主义成为一种国际性现象，在全球恐怖活动日益泛滥。近年来，伴随着国际民族分离主义浪潮的兴起，我们逐渐加强了对我国新疆地区的民族分裂活动的打击和控制，境外“东突”恐怖势力趁机兴风作浪是典型案例。众所周知，“东突”恐怖势力多次在中国新疆地区及其他国家制造各种恐怖活动，残害无辜平民，是长期接受国际恐怖主义集团的训练、资助和支持的结果。“东突”恐怖势力日趋猖獗的分裂破坏行径和恐怖活动，对新疆构成了严重的威胁，对我国领土完整和国家主权形成严重的挑战。如新疆暴力恐怖事件，指新疆近年来所发生的暴力恐怖事件，如新疆巴楚暴力案、乌鲁木齐“七五骚乱”、“4・30”乌鲁木齐火车南站暴恐案、“5・22”乌鲁木齐爆炸案等此类恐怖事件的参与者多是部分少数民族群众和妄图分裂新疆的疆独分子，前者因为生活问题对社会和政府心生不满，后者则固执认为汉族侵略了新疆，再加上境内外恐怖组织的煽风点火，所以经常发动恐怖行动，令人发指。在我国，暴力恐怖势力、民族分裂势力、宗教极端势力、达赖集团和境内外敌对势力、“法轮功”及其他邪教

组织，都是我国暴力恐怖活动主要来源。

一、当前恐怖主义的基本特征

自从20世纪80年代以来，我国的暴力恐怖活动主要呈现以下特点：

（1）暴力恐怖活动大多发生在新疆、西藏等地区，一些大中城市的公共场所和交通工具上的暴力恐怖案件也时有发生。“据不完全统计，1979年以来发生在公共场所、交通工具等人群集中的地方和重要敏感部位的暴力恐怖案件占公安部接报的暴力恐怖案件总数的62%。”①

（2）暴力恐怖分子以爆炸为主要手段。我国近年来爆炸事件的立案数不断上升，1992年全国共发生爆炸案件1 205起；2000年增加到4 074起，上升238%。据统计，我国20世纪80年代以来发生的暴力恐怖活动80%以上是以爆炸案件的形式表现出来的。

（3）暴力恐怖活动得到专业训练，其技术越来越先进，危害也越来越严重。近年来，暴力恐怖分子在进行暴力恐怖活动时，越来越多地采用先进技术手段。比如，在制作爆炸装置时，除使用导火索、定时器外，还出现了光感、声控以及遥控、遥感爆炸装置。同时，随着暴力恐怖分子造成的后果越来越严重，其主观恶意性也越来越大，“东突”恐怖分子与本·拉登关系密切。据俄罗斯有关部门的统计，有200多名“东突”恐怖分子在本·拉登“基地”受过培训。

（4）暴力恐怖活动具有极强的示范效应、连续性、诱发性。如果一个地方发生的暴力恐怖案件没有及时侦破，暴力恐怖分子没得到应有的打击，就会产生多米诺骨牌效应，引发一系列新的暴力恐怖活动。“比如，1993年4月6日，河北省唐山市黄树刚、刘保才劫持深圳至北京的2811号航班逃到

① 张大伟. 对恐怖主义根源及反恐对策与措施的探索［D］. 北京：中国政法大学，2003：24.

台湾，由于台湾当局没有遣返劫机犯，导致1993年我国连续发生21起劫机案件，创下新中国成立以来劫机案件年发案率的最高记录。”①

（5）暴力恐怖活动侦察案件工作难度很大，具有很强的隐蔽性。通常情况下，暴力恐怖活动侵害对象是不特定的目标和人群，案件逻辑关系和因果关系不明显，导致公安机关侦察破案工作十分艰难，一些暴力恐怖案件久侦未破，政府和公安部门大都是从情报入手，在新疆、西藏等地实施侦破，最后才发现和抓获犯罪嫌疑人。

二、反恐怖的基本原则和对策

众所周知，同恐怖主义犯罪的斗争是严酷的政治斗争，这与其他暴力犯罪的斗争有本质的不同。反恐怖斗争最高要求是要防止恐怖活动可能造成的社会恐慌和可能引发的对正常社会生活的冲击，最低要求固然是要防止恐怖活动的直接危害。恐怖活动一旦发生，不管其是否对人民群众造成了严重的直接危害，其实就已经对社会稳定构成了严重的威胁，社会影响恶劣。因此，反恐怖斗争的基本要求应是：将恐怖活动制止和消灭在萌芽状态，防止危害进一步加剧。当然，我们在反恐怖斗争中，防止危害是首要前提，要千方百计将危害减小到最低程度。所以，反恐怖工作必须坚持“提早发现、提前预警、及时处置”的工作原则。

目前世界各国纷纷成立反恐怖机构，为了应对日益猖獗的恐怖活动，政府加大了对反恐资金的投入，相应的反恐怖法令与政策也相继出台。众所周知，各国国情不同，所面临的反恐情况也不一样，在反恐基本原则上，各国也存在一定的差异。

总之，我们必须清醒认识当前反恐形势的严峻性、复杂性和长期性，切

① 张大伟．对恐怖主义根源及反恐对策与措施的探索［D］．北京：中国政法大学，2003：25.

实增强忧患意识、责任意识，切实履行维护稳定的第一责任，以更坚定的决心、更有力的措施，坚决打击防范暴力恐怖犯罪活动，维护社会大局稳定，保障群众生命财产安全。

曾有段时间，新疆连续发生暴力恐怖犯罪案件，造成无辜群众重大伤亡，严重影响了新疆经济社会发展和民族团结。我们必须坚持法律上平等的原则，对于那些触犯了法律，危害了人民群众生命财产安全，从事分裂国家、破坏民族团结活动的犯罪分子，要坚决打击，决不姑息。要依法严惩不贷那些胆敢以身试法、搞暴力恐怖活动的犯罪分子。政府要动员一切可以动员的资源和力量，狠抓落实，形成一种高压严打气氛，坚决遏制各种苗头，坚决打击暴恐分子的嚣张气焰，保证各族群众的生命财产安全。

另外，我们还要按照“打防并举、源头治理，依靠群众、抵御渗透”的原则，统筹各个部门的力量资源，“依托推进城乡社区建设、落实义务教育等措施，把防范、打击、教育等工作深入到农村村屯、深入到城市社区，进一步延伸工作触角、织密群防网络，从根本上消除暴力恐怖活动滋生的温床；要深入推进社会管理创新、着力提高反恐斗争的针对性和时效性，大力加强基层基础工作、着力提高反恐斗争的主动性；各地区、各部门要保持清醒头脑，克服麻痹思想，深入分析反恐斗争形势，全面落实反恐怖措施，全面提升反恐怖工作能力和水平，坚决打击防范暴力恐怖犯罪活动，切实维护好人民群众生命财产安全和社会稳定”①。

---

①　张大伟．对恐怖主义根源及反恐政策与措施的探索［D］．北京：中国政法大学，2003：27．

案　例　3

平安建设的历史源流：枫桥经验

习近平就创新群众工作方法作出重要指示，强调把“枫桥经验”坚持好、发展好，把党的群众路线坚持好、贯彻好。

中共中央总书记、国家主席、中央军委主席习近平就坚持和发展“枫桥经验”作出重要指示强调，各级党委和政府要充分认识“枫桥经验”的重大意义，发扬优良作风，适应时代要求，创新群众工作方法，善于运用法治思维和法治方式解决涉及群众切身利益的矛盾和问题，把“枫桥经验”坚持好、发展好，把党的群众路线坚持好、贯彻好。①

习近平指出，50 年前，浙江枫桥干部群众创造了“依靠群众就地化解矛盾”的“枫桥经验”，并根据形势变化不断赋予其新的内涵，成为全国政法综治战线的一面旗帜。浙江省各级党委和政府高度重视学习推广“枫桥经验”，紧紧扭住做好群众工作这条主线，为经济社会发展提供了重要保障。

纪念毛泽东同志批示“枫桥经验”50 周年大会 11 日在浙江杭州召开。会议强调，要深入贯彻落实党的十八大和习近平重要指示精神，从坚持和发展中国特色社会主义的战略高度，继承和发扬优良传统，以与时俱进的精神，研究新情况、把握新规律，创新群众工作方法，加大依法治理力度，完

① 习近平就创新群众工作方法作出重要指示，强调：把“枫桥经验”坚持好、发展好，把党的群众路线坚持好、贯彻好. http://news. 12371. cn/2013/10/12/ARTI1381525764765432. shtml.

善工作制度机制，不断提高新形势下群众工作能力和水平，切实解决好涉及群众切身利益的突出问题，确保人民安居乐业、社会安定有序、国家长治久安。

中共中央政治局委员、中央政法委书记孟建柱出席会议并讲话。中央书记处书记、国务委员兼国务院秘书长杨晶主持会议。全国人大常委会副委员长兼秘书长王晨，国务委员、中央政法委副书记、公安部部长郭声琨，最高人民法院院长周强，最高人民检察院检察长曹建明，中国法学会会长韩杼滨等出席会议。

“枫桥经验”之一：

“小事不出村，大事不出镇，矛盾不上交，就地化解”。

为此，枫桥在各居委会、村，甚至在一些重点企业都建立了相应的调解组织。近年，枫桥镇共成功调查处理民间纠纷 1 000 多起，调处成功率达 97.2%，其中 80% 的纠纷在村一级就得到了解决。此外，枫桥镇在健全普法工作网络的基础上，每年投入 20 多万元用于法制宣传教育，并对曾经有过违法行为的人员，坚持“不推一把拉一把，不帮一时帮一世”的原则。

“枫桥经验”之二：

帮扶刑满释放人员。

五年来，枫桥 200 多名刑满释放人员中，绝大部分人已成为自食其力的劳动者，改好率达 99.15%，有的人成了致富能手；有的人还入了党，当上了村干部。

“枫桥经验”之三：

外来务工人员管理新模式。

随着经济发展，枫桥镇还针对外来务工人员推出新的管理模式，统一为外来员工解决住房和子女入学等问题，每年还评比“十佳外来优秀青年”，授予中高级人才以“荣誉镇民”称号。

案　例　4

城市综合治理的新招——大联动机制[①]

2009 年，上海市闵行区将《建立城市管理和维稳力量整合联动新机制》确定为年度重点议题。同年 10 月，在全区 13 个街镇试点“大联动”机制。2010 年，区委、区政府连续下发了《关于在全区建立城市综合管理“大联动”机制的实施意见》《关于全面推进城市综合管理“大联动”机制的工作方案》《闵行区城市综合管理和应急联动工作规范（试行）》等 8 个规范性指导文件，编印了《社区巡管人员工作手册》和《街面巡管人员工作手册》等业务指导手册，开始在全区全面推进“大联动”机制改革。城市综合管理“大联动”机制，既是一项管理改革，又是一项机制创新，其目的就是要探索和建立符合闵行区城市特点和管理需要的城市综合管理长效机制。“大联动”机制以“整合资源抓源头、服务民生谋发展、综合治理保稳定、化解隐患促和谐”为总体目标，以“管理力最大整合、信息采集大平台、矛盾隐患大排查、社会治安大联防、行政执法大联勤、社会服务大集中”为工作思路，通过设立区、街镇和居村委三级“大联动”网络，条块结合，以块为主，以社会前端管理为重点，充分整合各类管理资源和管理力量，以综合性信息化平台为支撑，以建立网格化的责任机制为基础，加强依法行政，创新社会管理和公共服务方式，健全和完善“党委领导、政府负责、条块联动、

① 此案例由中国浦东干部学院王君教授撰写。

公众参与”的城市管理新格局。

“大联动”机制经过了一系列实践，形成了以下四个方面的基本特征。

（1）建立了以联合为特征的组织结构形式。

整体性治理的组织结构不以单部门或特定功能为基础，而是以结果和目标为导向，在不取消部门专业化分工的前提下实行跨部门合作。“大联动”机制打破了传统城市管理模式分散化、功能分割、各自为政的管理方式，城市管理的组织结构逐步转变为以流程为中心的由多个工作团队组合而成的扁平化网状结构。“大联动”面向街镇层面建立了 13 个“大联动”分中心，面向居委、村委层面建立了 516 个“大联动”工作站。同时将全区街面划分为 189 个责任网格，整合各类城市管理协管人员 8 732 人，整合居委干部、物业安保、治安积极分子等各类力量共 36 360 多人，形成了城市管理网格化、扁平化的结构。在体制上突破了传统，由公安、城管、城管协管、治安辅警、网格监督员等队伍整合成为城市管理街面网格巡管队，开展城市公共设施管理、市容环境管理和治安巡逻等工作；由就业援助、社区助残、社区保安、房屋协管、小区物业、楼组长等队伍整合的社区网格巡管队，开展违法违规基础信息采集、排查隐患和信息上报等工作。白天城管巡逻、网格化监督，夜晚治安巡管，兼顾管理“三乱一跨”。

（2）形成了以共享为特征的信息运行机制。

在“碎片化”政府管理模式下，各部门信息系统之间互不相通，数据库无法衔接，造成信息割据及分散管理的局面，从而形成了一个个所谓的“信息孤岛”。“大联动”机制整合了城市管理工作中各职能部门的信息资源，将公安 110 指挥中心、城管网格化中心、民生服务热线等常态的城市管理信息平台进行了整合，打破城市管理信息资源的孤岛状态，实现信息资源的全方位共享，形成了结合“块”和“条”的职能，及时发现、处理、解决城市管理问题信息化管理模式。与此同时，“大联动”还建立了联动信息公开和面向社会服务的基本制度，通过信息采集、信息交换、信息公告、信息网络建设，保证联动信息在政府机构内部实现畅通流转。下阶段，“大联动”将实行联动信息的社会共享，其操作时间表已经提上议事日程。

（3）构建了以整合为特征的行政协同流程。

“大联动”机制以流程为中心，打破部门界限，将联动协调运行机制固化为信息化操作流程。以全局最优为目标，整合了集通信、计算机、网络、图像、视频监控等多技术为一体的信息化指挥系统，依托闵行区政务网平台搭建了闵行区城市综合管理和应急联动平台，及时采集和处理相关城市管理的所有事（案）件和各类违章违规信息，形成了信息采集、流转、反馈的协同运作流程，实现了联动部门之间的信息共享、接口有序和工作联动。

（4）树立了以服务为特征的城市管理理念。

整体性治理强调应用联合、协调、整合的方法，借助先进的信息技术为公众提供无缝隙的公共服务。“大联动”机制借助联动中心先进的信息网络，在管理流程设计上按照“先服务、再管理、后执法”的理念，实施系统推进，形成常态管理格局。强调妥善处理“执法—管理—服务”之间的关系，树立“建管并举，重在管理，服务为先”的理念。在工作之中做到“民有所呼，我有所应”，努力解决市民百姓关心的“急、难、愁”问题，通过服务理念统筹考虑城市管理要求与复杂的社会局面，综合处置各种矛盾和问题，努力为公众提供高质量的服务。

同时，“大联动”机制取得了以下非常突出的成效。

（1）组织上的成效“大联动”使闵行区的城市管理综合执法工作在组织体系上，基本形成了“党委领导、政府负责、条块联动、公众参与”的城市管理新格局。

“大联动”综合了公安 110 指挥中心、城管网格中心、民生热线、党务信箱、区长信箱、区应急值班等城市常态和应急管理资源。建立了街镇党政

领导分工负责的“大联动”组织架构，完成了分中心和工作站建设任务。依托大联动信息平台，闵行区城管大队同其他 52 个职能部门一起实现了信息共享和工作联动，使全区形成了“采集”“受理”“派发”“协调”“应急”五大工作联动机制。目前，闵行区已将各街镇、各联动部门的“大联动”工作绩效，纳入区年度考核指标体系。

（2）运行上的成效“大联动”使闵行区的城市管理综合执法工作由力量分散向协同作战转变，由条线管理为主逐步向条块结合、以块为主转变。

一是整合了各类城市管理资源和社会协管力量。依托大联动平台，全区建立了社区和街面联勤巡管机制，整合包括协管员、楼组长、物业保安、志愿者等各类城市管理人员。二是建立了条块联动协调的工作机制。全区定期召开条块联动单位工作例会，重点围绕全覆盖管理、街面联勤、专项整治、队伍建设等任务，现场协商解决职责交叉、管辖不明等疑难问题。三是使管理重心逐步下移。各街镇以分中心为平台，整合各类管理力量，强化以块为主管理功能，条线职能部门管理重心下移，逐步形成“条块结合，以块为主”的管理模式。

（3）管理上的成效“大联动”使闵行区的城市管理综合执法工作从“处置问题”向“发现问题”延伸，从“事后执法”向“前端管理”转变，确保了社会和谐稳定。

一是城市管理问题发现量明显上升。2011 年，大联动中心共受理各类城市管理事件 39 531 起，同比 2010 年增长 110%；13 个街镇联动中心共采集社区巡管基础信息 25 338 条，同比 2010 年上升 55. 8%；城市网格化平台共立案 115 297 件，同比上升 7. 7%，受理党务信箱、区长信箱来信 4 255 件。二是城市管理案（事）件结案率明显提高。2011 年，在联动中心的指挥下，城市管理综合执法部门共查处各类违法违规案（事）件 24 701 起，办结各类违法违规案（事）件 20 647 起，平均办结率为 81. 5%，同比 2010 年上升

2.8%；城市网格化平台共处置11 459件，同比上升10.4%；办结党务信箱、区长信箱案件3 731件，办结率87.69%。三是公共安全隐患点明显减少。2011年全区共发现上报公共安全隐患信息10 283条，立案10 202起，办结9 849起。其中，查处非法液化气灌装案件95起，收缴液化气钢瓶1 000多个，打击无证非法行医窝点441处，查处消防安全隐患案件5 732起，确保了社会一方平安。

（4）信息化建设上的成效依托大联动“三级管理、四级网络”，闵行区建立了覆盖全区的信息化工作网络，形成了1个总体预案、13个分预案、35个专项预案的应急预案体系。整合了应急、民防等条线频点（组），完成了区无线应急指挥网的构建，建立了全区应急无线指挥网的常态化联动呼点机制。大联动以信息平台建设为支撑，建立了覆盖全区、联通共享的城市综合管理大联动信息平台。目前，全区52个相关职能部门、13个街镇、521个基层工作站均已开通大联动信息系统终端，初步建成了以六大领域为重点的监管系统，一个全面覆盖、联通共享的城市管理综合信息平台已初具规模。

案 例 5

德 江 事 件[①]

2008年6月中下旬，贵州德江县发生一起因中学生自缢死亡而引发的非正常上访群体性事件，由于应对及时，处置得当，避免了大规模群体性事件的发生，得到孟建柱、石宗源等中央、公安部和贵州省委领导的充分肯定。国务委员、公安部部长孟建柱批示："德江县公安局成功化解矛盾，避免群体性事件发生的经验很好，请焕宁同志以公安部的名义通报各地学习借鉴。"贵州省委书记、省人大常委会主任石宗源批示："德江、瓮安，几乎相同的时间段发生的类似案例（某种程度上，德江案更难些——死后8天才发现），由于处理问题的思路和方法不一样，处理结果更大不一样。说到底，是责任心问题，是工作水平和工作能力问题，是对人民群众的态度问题。"

一、事件经过

（一）死者母亲报警

2008年6月7日9时许，德江县煎茶镇村民张明秀到县公安局110指挥中心报警，称其子魏文杰［男，土家族，1989年6月15日生，德江县一中高三（17）班复习生］在6月5日晚饭后20时许外出，6月7日高考开考时其所在的考场仍未见其踪影，要求公安机关帮助查找。

---

① 此案例由中国浦东干部学院王君教授撰写。

接报后，德江县公安局立即指定刑侦大队负责办理，在认真询问魏文杰失踪的相关情况、仔细记录魏文杰的外貌特征及衣着特点后，提取了魏文杰的照片，并及时将相关情况通报防暴巡警大队，要求全体巡防民警根据失踪者照片、外貌和衣着等特点，巡逻时认真留意比对，一旦发现立即报告。在要求报警人也要组织查找的同时，向德江县一中做了通报，要求学校方面组织老师、同学开展查找，全力寻找其下落。

（二）群众报案

2008 年 6 月 15 日 6 时许，德江县公安局 110 指挥中心接群众报警称，德江县一中背后大坡山上竹林坡灌木林中发现一高度腐败尸体。

接报后，县局立即安排刑侦大队 19 名侦技人员火速赶往现场开展勘验、调查工作。民警到达现场后，曾接待张明秀报案的刑侦大队一中队中队长陈礼即发现死者的衣着外貌特征与失踪者魏文杰相似。在做出明确判断后，立即通知张明秀前来辨认，考虑到张可能难以承受，又通知其兄张双明、弟张晓龙、妹张明江等亲友十余人前来现场。经辨认，确认死者系魏文杰。

现场地处陡坡、杂草丛生，且杂草生长自然，无明显踩踏、活动的痕迹，为预防原始现场被变动而遭到死者亲属对勘验工作的质疑，侦查人员对现场外围先期进行了封锁和保护，待死者亲属到场后才进入中心现场进行勘验。由于尸体因高温季节已高度腐败，且当日大雨倾盆，对现场尸检工作极为不利。刑技人员在对尸体表象等进行初步检验后，经征求死者家属及在场亲友的意见，同意将魏文杰尸体移至德江县医院太平间进行解剖检验。

下午 6 时许，当运送尸体的车辆途经德江县一中校门口时，死者亲属突然变卦，欲将尸体抬下车停放在一中门口，要学校给个说法，引来 200 余名群众围观。对此，德江县公安局在迅速疏导旁观群众的同时，立即对死者亲属开展劝说疏导工作，请他们充分相信公安机关会查出事情的真相并做出公正的处理。经过半个小时的工作，死者亲属同意先将尸体运往县医院进行解

剖检验。当尸体移至县医院后，因医院照明设施损坏，公安机关立即买来照明设备，搭建临时帐篷，连夜开展工作。为确保尸检工作的公正透明，德江县公安局还特意邀请了县检察院检察官以及德江县一中教育处主任等在现场进行监督，在死者亲友的见证下，经过4个多小时的紧张工作，于当日晚12时许对尸体解剖检验完毕。尸检过程中，针对魏文杰母亲心情悲痛和难以接受事实真相的情况，德江县公安局魏华松局长不但与刑侦民警一起劝解开导，还特意请来煎茶镇党委、政府的领导帮助做疏导工作，直至尸检结束。当夜，死者亲属在对公安机关的工作未提出任何异议的情况下，将尸体运回煎茶老家并于16日安葬。

在尸检工作开展的同时，外围调查工作也在紧锣密鼓地进行。在局长魏华松的统一指挥部署下，调查人员兵分四路，分别开展相关工作。一是对死者生前所租住的房屋进行全面清查，全力搜索与死者死亡有关的物证。二是围绕死者生前的老师、同学开展调查走访，以期发现与其死亡有关的线索。三是调查了解死者在学校外的各种社会关系，查找与其死亡有关的相关线索。四是围绕死者家属的社会关系开展调查，查找与其亲属存在利益关系、感情纠葛以及私仇怨恨的线索。通过大量的调查走访工作，先后走访群众100余人，制作调查笔录40余份，收集了死者生前写下的悲观厌世文字资料和家庭背景、交往人员、性格特点、学习成绩、情感变化等相关材料。

综合现场勘验、尸体检验和调查走访情况，并根据其心理倾向，6月25日，公安机关做出了魏文杰系自缢死亡的认定结论和不予以立案决定。于6月26日在煎茶镇党委、政府相关领导和张明秀部分亲人的见证下将不予立案通知书送达其本人。

（三）张明秀两次挂牌鸣冤

6月24日14时许，因受人唆使煽动，张明秀胸挂“冤”字牌到德江县一中门口鸣冤，称其子学习成绩优秀，因不应允他人抄袭高考答案而惨遭报复杀害，要求追查凶手，讨回公道。由于当时正值居民上班和出行高峰期，瞬间引来七八百名群众围观，个别不明真相群众为其呐喊鼓劲，造谣称公安机关能破的案件就宣称是他杀，对破不了的案件就自圆其说为自杀，企图逃避外界对公安机关无能的谴责。顿时现场议论纷杂，起哄声连绵不断，造成该段交通阻断，形势十分严峻。

德江县公安局接警后，立即向县委、县政府和铜仁地区公安局报告，同时启动处置突发事件工作预案。由于现场气氛紧张，大有一触即发之势，德江县公安局陆续向现场调派刑侦、防暴巡警及轮值轮训机动警力60余名，常务副局长赵世权到达现场处置，并迅速明确了处置民警的具体分工和工作侧重。大部分警力主要开展宣传疏散工作，边向围观群众解释魏文杰根本未参加此次高考，不存在抄袭答案的问题，一边分离、劝导群众快速离开现场，告诫这种行为不但影响了居民正常的工作、生活和交通秩序，也影响了全县的社会政治和治安秩序稳定。同时，部分女民警快速进入人群中心，成功将张明秀带离现场。经过紧张有序的工作，一个多小时后，围观群众基本疏散，秩序恢复正常。

将张明秀带回公安局后，德江县公安局领导、刑侦大队相关办案人员立即对其开展说服教育和释疑解惑工作，一直持续四个多小时，公安局还连夜派车将其送回煎茶镇亲属处。但张明秀失子心痛、万念俱灰、精神偏执，劝说疏导工作收效甚微。

6月25日8时许，利用省政府“两基”复查和普及实验教学工作组在德江检查工作期间，张明秀又跑到德江县一中对面的主街道跪拦工作组车辆鸣冤，引来围观群众近百名。德江县公安局及时出警，将其带离现场，仅十几分钟便平息了事态。

（四）召开通报会，平息谣言

虽然张明秀两次在城区挂牌鸣冤事件因处置及时、方法得当而得到了迅

速平息，但魏文杰死亡系他杀等谣言在全县范围内迅速传开，甚至还有公安民警亲友打电话表示对此事的怀疑。6 月 27 日，为及时澄清事实真相，引导舆论，以正视听，防止事件反弹，德江县公安局在德江县一中多媒体教室组织召开了有县委、县人大、县政府、县政协相关领导，各乡镇教办主任，电视台、报社新闻记者，城区各中小学校负责人，德江县一中全体教师和学生、教职工家属及机关退休干部等群众代表，死者亲属等 200 余人参加的通报会。

会上，德江县公安局局长魏华松、分管刑侦的副局长杨斌以及相关侦技人员分别就魏文杰死亡原因以及公安机关开展现场勘查、尸体检验、调查走访情况和不予立案的理由、法律依据等，通过播放幻灯片、口头讲述等方式进行了通报，还现场解答了野外“自杀现场与他杀现场”“自缢和他杀”尸体特征的区别以及其亲属提出的诸多疑问。整个通报过程共展示图片 20 余幅、文字资料 4 000 余字，出示证据翔实充分，案情讲解客观生动，具有较强的说服力和公信力。会上，县委政法委、县教育局、县一中的领导同志也当即表态，表示全力做好教育说服和维护稳定工作。当地电视台、报纸等新闻媒体相继对通报会情况进行了广泛宣传报道，广大群众及时了解到了事件真相，挽回了负面影响，消除了隐患。

事后，德江县公安局领导还先后十几次通过各种方式对张明秀做解释工作，不厌其烦地对其摆事实、讲道理，并多次召集其亲属座谈，要求其亲属多做思想工作，用亲情感化，扭转其偏执和绝望的态度，促其真正认可结论，面对现实。同时，针对张明秀从山东返回德江后居无定所、无经济来源等实际生活困难，德江县公安局还积极请示县委、县政府，协调财政、民政等相关部门，拟将张明秀纳入农村低保范围，并计划在明年的国务院“扫除茅屋”工程中为其修建住房，安排其到县敬老院就业等，力所能及地为其排忧解难，促成停访息诉。

二、基本经验

（一）精细的工作作风、务实的工作态度和人性化的心理关怀，贯穿事件始终

德江县公安局在处理“6·25”事件过程中，始终保持了高度的敏感性，积极主动开展工作，认真履行职能。

一是认真受理群众的报案求助。在接到张明秀报案后，根据魏文杰在县城租住，没有亲友的情况，公安机关认真询问记录失踪者详情，及时提取照片，张贴在巡警队办公室，要求民警在工作中注意查寻，并通知学校方面参加查找。正是由于民警工作认真负责，因而在第一时间对尸源做出了准确判断。

二是及时出警，认真开展现场勘查和尸检工作。民警冒着大雨登山抵达现场后，准确判断并通知报案人前来辨认。在此期间，民警根据尸体状况以及现场无明显他杀痕迹的环境情况，初步判断自杀可能，决定等待亲属等均到达现场后再实行勘查，同时，立即邀请检察机关、学校派人到场共同监督，避免授人以柄。

三是外围调查走访工作严密细致。6 月 15 日当天，外围调查工作立即同步展开，对死者亲属、老师、同学、房东、报案人、现场周围住户等开展了大量走访调查，提取了魏文杰成绩单、文稿等，据此制作了大量案卷。由于公安机关勘查和尸检工作严谨科学，结论令人信服，为后期处置工作打下了坚实基础。

四是注重做好群众工作。6 月 15 日，针对死者母亲心情悲痛和难以接受现实的情况，德江县公安局魏华松局长亲自带领陈礼等刑侦民警对张明秀及其兄妹等人劝解开导，还特意请来学校老师、煎茶镇党政领导帮助做工作。当看到死者家属悲痛吃不下饭时，魏局长就和民警一直空着肚子耐心细致地

进行开导解释，整个过程从上午一直持续到深夜。在场的死者亲属对此都十分感动，尽管感情上还难以接受，但绝大多数亲友都认同了公安机关的结论，连夜将尸体运回家乡自行安葬，此后与公安机关的后续工作都十分支持和配合。因此，张明秀受他人挑唆上街喊冤时，其亲友都没有到场，为现场处置工作提供了有利条件。

（二）公开透明处理，主动接受群众监督，赢得各方信任和理解支持

德江“6·25”事件的一个成功之处就是让死者亲友和当地群众参与事件处置全过程，保证事件处理在阳光下进行。6月15日接警后，德江县公安机关一方面迅速出警，另一方面尽快查阅报警案件，根据报警信息迅速进行聚焦和锁定，在第一时间找到疑似死者亲属并及时通知其赶赴现场进行辨认。当晚尸检过程中，德江县公安机关请死者家属和亲朋在场，并特邀县检察院检察官以及德江县一中教育处主任等在现场进行监督，在死者亲友的见证下，经过4个多小时的紧张工作，于当日晚12时许对尸体解剖检验完毕。整个尸检过程困难重重，但德江县公安局仍高度负责，一丝不苟，任劳任怨，令死者亲属和群众感动，这为整个事件的处理赢得了民心、赢得了主动。

（三）快速反应，灵活应对，防止事态升级和演化

6月24日张明秀在县城一中门口举牌“鸣冤”，25日又到一中门前阻拦车队，引来大量群众围观，一些有不满情绪的人员乘机鼓动，形势有演变趋势。县公安局接到报警后迅速组织机关、派出所民警和参加“轮值轮训”的民警赶赴现场，迅速采取分割人群、派出两名女民警穿便装贴近张明秀并将其带离现场、向群众说明真相等措施，在较短时间内疏散了人群，平息了事态。由于指挥果断，应对妥当，柔性处理，避免了矛盾激化和从众参与，将一场有可能引发的群体性事件化解在初始阶段。事后，德江县公安局局长魏华松回忆起当时的情况，不无感慨：“人命关天啊，一旦有任何工作环节处置不当，都可能引发恶性群体事件。”

（四）及时掌握社情民意，主动引导舆论，迅速平息谣言，防止引发连锁反应

针对张明秀当街鸣冤后，不明真相的群众对此议论纷纷，各种谣言在县城、乡镇开始流传的情况，德江县公安局高度重视，及时组织力量对相关信息进行收集汇总，认真分析了魏文杰自缢事件出现反复的原因，在向县委、县政府和地区公安局领导汇报的同时，立即启动了处置突发事件预案，并要求各学校尤其是德江县一中做好教职员工和学生的思想工作。在充分准备的基础上，县公安局及时以县委、县政府名义在6月27日召开有广泛代表和媒体参加的情况通报会。通报会通过幻灯片的形式为参会者播放了事件处置全过程，通过大量客观材料，详细讲解介绍公安部门得出死者自缢结论的科学依据，同时通过新闻媒体正面宣传，事实得以澄清，谣言迅速平息。与此同时，广大群众通过这次声势浩大的通报会，对公安机关严谨细致的工作作风，公安民警吃苦耐劳、不惧尸体腐败恶臭仍开展工作的奉献精神予以广泛认同，产生强烈共鸣，为最终平息事态，化解矛盾奠定了坚实基础。

（五）建立健全处理群体性突发事件的长效机制，促进党群关系、干群关系和警民关系和谐健康发展

德江“6·25”事件能成功处理，从深层次原因讲，与当地通过长期积累而建立起来的应对群体性事件的长效机制有密切关系。德江县位于贵州省东北部，铜仁地区西部，总面积2 071平方公里，辖20个乡镇128个行政村，聚居着土家、汉、苗等17个民族共49万人，少数民族人口占总人口的69%。2007年，全县生产总值19.8亿元，财政收入1.16亿元，固定资产投资7.78亿元，城镇居民人均可支配收入7 345元，农民人均纯收入仅1 888元，远低于全国平均水平，是一个典型的老、少、边、穷地区。这样的县情决定了德江必然社会矛盾多、治安形势复杂。为解决这些难题，德江平时十

分注重长效机制建设。

一是建立“四位一体”大调节机制。2008 年 7 月初，德江县委、县政府接连下发了《构建人民调解行政调解司法调解信访调解四位一体联动社会矛盾纠纷大调解工作体系的意见》《人民调解与行政调解司法调解信访调解整体联动实施方案》和《构建乡镇矛盾纠纷联动调解工作机制实施方案》等文件，要求各部门发挥职能，综合运用法律、政策、经济、行政等手段，建立健全人民调解、行政调解、司法调解、信访调解四位一体联动解决人民内部矛盾纠纷的大调解新机制，理顺群众情绪，协调利益关系，化解社会矛盾，促进社会和谐稳定。将信访工作直接纳入大调节体系，县里成立社会矛盾纠纷调解协调指导中心，定期组织各乡镇、各单位召开人民调解与行政调解、司法调解、信访调解衔接的联动工作会议，安排部署人民调解与行政调解、司法调解、信访调解的衔接工作。乡镇建立了社会矛盾纠纷调解中心，并建立了矛盾纠纷大调解工作联席会议制度，实现定期分析、交流、研究调解工作，集中商讨疑难矛盾纠纷解决方案，建立矛盾纠纷交叉联动机制，实现各种调解力量的整合，根据需要对重大疑难矛盾纠纷及跨地域、跨部门的矛盾纠纷进行联合调处；建立矛盾纠纷信息沟通及调解效力衔接机制，最大限度地实现资源共享；建立健全调解员参与信访接待机制，及时解决信访矛盾纠纷。司法机关在信访部门办公地点设立“司法信访综合服务窗口”，从律师、司法助理员、基层法律服务工作者和人民调解员中选拔责任心强、业务素质较高的人员，参与信访工作，为信访部门提供参加信访调解工作的人选，定期参加接待、协调、调处、提供法律援助等；对可能通过人民调解委员会调解解决的信访案件，信访部门将案件移交所在地调委会调处；对应通过行政调解的案件，有权处理信访问题的行政机关参与行政调解，督促有关行政职能部门依法履行职责，教育信访部门合理反映诉求。据统计，2007 年德江县共排查各类矛盾纠纷 1 389 起，调解成功了 1 374 起，调解成功率达到98%。

二是建立舆论引导信息交流机制。建立公安机关与人民群众的信息交流平台，在第一时间发布重大治安事件、重大刑事案件、重大灾害事故警情信息，牢牢把握舆论主导权。“6·25非正常信访事件”成功解决的关键就在于德江县政府、政法委、公安局及时掌握社情民意，主动引导舆论，迅速平息谣言，防止引发连锁反应。据政法委书记饶继勇介绍，由于县级公安机关不具备新闻发布的权利，而社会上谣言四起又必须立即制止，所以筹划了6月27日的案情通报会，用事实证据说话，及时澄清事实，让谣言止于真相，牢牢掌握舆论主导权。同时，还通过德江电视台、《今日德江》等新闻媒体把情况及时通报给社会各界，坚持公开原则，进行阳光操作，从而消除负面影响，迅速平息谣言，防止事情反弹，树立了政府的公信力。做好信息预警预防工作。“6·25”事件发生时，曾有过“手机拍照情节”。在公安人员处理群众围观的突发事件时，有位学生用手机在现场拍照，这一细节被德江县公安局干警及时发现，为防止所拍照片和手机录像流出，特别是到网上传播引起不良后果，公安干警做出敏捷反应，迅速将学生劝至公安局，通过教育解释，劝说学生将手机里的照片进行删除，加强网络监管。德江县经济相对落后，警民比为万分之5.6，公安局仅有3台便携式电脑，均用于网管、网监中。在信息监控尤其是在监控非利益群体的手机和QQ群等方面，干警们通过网络监管及时跟踪谣言流言，必要时跟帖回复，澄清事实；对于舆论不断升级，社会影响力度深的事件，立即出警解决，使危机化解在萌芽状态。德江县通过网络控制抓获20多名嫌疑人，完善政府网络平台。2007年底，铜仁地区将行署网改版为“中国铜仁综合门户网”，并在网站上开设“互动社区”论坛，分设“社情民意”“曝光台”“求助台”“发展论坛”等栏目，让群众能在社区里自由发言，为广大群众提供一个充分表达诉求的平台，搭起党委、政府与群众沟通的桥梁。从2007年9月到2008年8月，“互动社

区”已经处理各类事件250余件，收集各类意见、建议5 000多条，为公安、监察部门提供调查线索60多条。许多群众反映的问题通过网络渠道得到了有效的解决。铜仁地区的这种做法在新华通讯社《国内动态清样》刊发后，得到李源潮部长的批示和肯定，并编入全国、全省干部教育教材。

三是完善领导体制和建立工作责任制。常委负责制保证了主要领导县委书记、政法委书记和公安局长“该出手时就出手”。工作责任制方面，德江县每年县、乡、村都要层层签订《社会治安综合治理责任状》，不断完善三级管理网络。领导经常深入基层了解社情民意，建立书记、县长信箱，强化情报信息工作，争取工作主动权。在工作落实方面，德江县坚持软硬兼施，在坚持教育排查解决矛盾纠纷的同时，提出并始终把牢解决处理群体性事件的五条底线：（1）对非法聚众围堵党政机关、企事业单位，不听劝阻的，坚决打击。（2）对非法聚众堵塞交通、车辆，不听劝阻的，坚决打击。（3）发生伤亡事件，不依法处理，抬尸闹事，不听劝阻的，坚决打击。（4）对以暴力、威胁手段，胁迫他人群体性上访或非法集资进行群体性上访，不听劝阻的，坚决打击。（5）对非法聚众干扰国家重点工程项目、重大招标引资项目事实，不听劝阻的，对组织者和积极参与者必须依法严厉打击。2007年，德江县坚决果断地对少数此类违法人员进行了打击处理，依法拘留了10多人，此类非正常现象得到有效遏制。

四是积极为群众办实事办好事，建立良好的党群干群关系。德江县以推动生产发展、完善基础设施、解决民生问题为出发点，围绕群众关心的热点难点问题大力开展办实事活动。建立县级领导联系乡镇、科级领导联系村、一般干部联系组的为民办事工作制度，以“五个主动”为举措，推动为民办事的落实，即：对上级领导和帮扶部门实行“主动汇报”，争取他们的支持；对县级联系领导要求“主动介入”，加大指导力度；对县直帮扶部门要求“主动办理”，积极出钱出物；对乡镇单位要求“主动落实”，发挥主体作用；对农民群众要求“主动参与”，“不”“等”“靠”“要”。一批群众关心的热点难点问题得到了有效解决，党组织和党员在一件件实事中赢得了尊重，增强了信心，党和政府的威信不断提高。

三、几点启示

第一，必须牢固树立“稳定压倒一切”的理念，保持高度的政治敏锐性和使命感。

“发展是硬道理，是第一要务；稳定是硬任务，是第一责任”，要切实做好社会矛盾纠纷排查化解工作，加强对各类信息的收集研判，及时发现可能影响社会和谐稳定的苗头性、倾向性问题，及时化解疏导矛盾，最大限度地预防和减少群体性事件的发生。

第二，必须以科学发展观为指导，切实增强忧患意识和危机意识。随着“四个深刻变化”，必然伴生新的冲突和矛盾，社会风险加剧，群体事件高发，给各级领导干部执掌政权、维护稳定、促进发展带来前所未有的困难和挑战。如果能够正确认识、妥善应对，我们的执政地位就能不断巩固；反之，不具备这种认识和处置能力，我们的地位就会受到严重冲击。面对当前复杂形势，一定要充分认识预防和处置公共事件的极端重要性和紧迫性，充分认识这项工作的长期性、艰巨性和复杂性，一定要增强忧患意识、大局意识、责任意识，居安思危，未雨绸缪。

第三，必须把维护最广大人民群众的根本利益作为各级党和政府一切工作的出发点和落脚点，体察民情、化解民怨。

群众利益无小事，更何况人命关天的大事。在当前不稳定苗头和隐患纠纷大量存在的情况下，如果处理不好，极易从治安问题转化为社会稳定，引发大的案件或事件，最终影响社会大局稳定。只有一切为了群众，一切依靠群众，对人民群众高度负责，才能最终赢得广大群众的理解和支持，才能掌

握工作的主动权。

第四，必须切实加强县一级基层组织建设和干部队伍建设，筑牢维护社会和谐稳定的第一道防线。

基层组织是党的执政基础，我国群体性事件多数发生在县一级，能否发挥好县一级基层组织在处理突发事件中的作用关系到整个事件的成败。必须下大力气切实抓好基层组织建设牢固树立强基固本、守土有责的意识，把加强基层基础建设作为促进经济社会又好又快发展和社会大局稳定的重中之重，立足抓早、抓小、抓源头，最大限度地把矛盾纠纷解决在基础，解决在内部，解决在萌芽状态。加强基层政权和干部队伍建设，提高社会管理和公共服务水平。抓好基础群众自治组织建设，充分发挥其调解矛盾、畅达民意的功能。加强基层领导班子和干部队伍建设，为应对突发事件和维持社会大局稳定提供有力的政治和组织保障。

第五，必须努力掌握舆论的主导权，充分发挥主流媒体正面引导作用，及时消除个别媒体特别是网络可能传播放大矛盾的负面效应。要把加强社会舆论引导作为预防和化解群体性事件的重要手段，始终坚持团结稳定鼓劲、正面宣传的方针，加强宣传引导，发挥舆论宣传在理顺群众情绪、化解社会矛盾、协调利益关系等方面的重要作用，形成积极向上、团结和谐的主流舆论，营造政府与人民群众同舟共济、共渡难关的舆论氛围。对已形成热点的事件，要冷静分析和处置，和媒体建立和谐共鸣的良性互动关系，要善于组织力量通过媒体传达政府声音，不给舆论炒作的机会和时间，要努力适应信息化、网络化的挑战，及时了解和正确对待媒体监督和网上舆论，切实加强网络信息监控，严防社会矛盾网络化、网络舆论政治化，政治诉求偏极化。

附录：部分法律法规

中华人民共和国就业促进法

（2007 年 8 月 30 日第十届全国人民代表大会常务委员会第二十九次会议通过）

第一章　总　　则

第一条　为了促进就业，促进经济发展与扩大就业相协调，促进社会和谐稳定，制定本法。

第二条　国家把扩大就业放在经济社会发展的突出位置，实施积极的就业政策，坚持劳动者自主择业、市场调节就业、政府促进就业的方针，多渠道扩大就业。

第三条　劳动者依法享有平等就业和自主择业的权利。

劳动者就业，不因民族、种族、性别、宗教信仰等不同而受歧视。

第四条　县级以上人民政府把扩大就业作为经济和社会发展的重要目标，纳入国民经济和社会发展规划，并制定促进就业的中长期规划和年度工作计划。

第五条　县级以上人民政府通过发展经济和调整产业结构、规范人力资源市场、完善就业服务、加强职业教育和培训、提供就业援助等措施，创造就业条件，扩大就业。

第六条 国务院建立全国促进就业工作协调机制，研究就业工作中的重大问题，协调推动全国的促进就业工作。国务院劳动行政部门具体负责全国的促进就业工作。

省、自治区、直辖市人民政府根据促进就业工作的需要，建立促进就业工作协调机制，协调解决本行政区域就业工作中的重大问题。

县级以上人民政府有关部门按照各自的职责分工，共同做好促进就业工作。

第七条 国家倡导劳动者树立正确的择业观念，提高就业能力和创业能力；鼓励劳动者自主创业、自谋职业。

各级人民政府和有关部门应当简化程序，提高效率，为劳动者自主创业、自谋职业提供便利。

第八条 用人单位依法享有自主用人的权利。

用人单位应当依照本法以及其他法律、法规的规定，保障劳动者的合法权益。

第九条 工会、共产主义青年团、妇女联合会、残疾人联合会以及其他社会组织，协助人民政府开展促进就业工作，依法维护劳动者的劳动权利。

第十条 各级人民政府和有关部门对在促进就业工作中作出显著成绩的单位和个人，给予表彰和奖励。

第二章 政策支持

第十一条 县级以上人民政府应当把扩大就业作为重要职责，统筹协调产业政策与就业政策。

第十二条 国家鼓励各类企业在法律、法规规定的范围内，通过兴办产业或者拓展经营，增加就业岗位。

国家鼓励发展劳动密集型产业、服务业，扶持中小企业，多渠道、多方式增加就业岗位。

国家鼓励、支持、引导非公有制经济发展，扩大就业，增加就业岗位。

第十三条　国家发展国内外贸易和国际经济合作，拓宽就业渠道。

第十四条　县级以上人民政府在安排政府投资和确定重大建设项目时，应当发挥投资和重大建设项目带动就业的作用，增加就业岗位。

第十五条　国家实行有利于促进就业的财政政策，加大资金投入，改善就业环境，扩大就业。

县级以上人民政府应当根据就业状况和就业工作目标，在财政预算中安排就业专项资金用于促进就业工作。

就业专项资金用于职业介绍、职业培训、公益性岗位、职业技能鉴定、特定就业政策和社会保险等的补贴，小额贷款担保基金和微利项目的小额担保贷款贴息，以及扶持公共就业服务等。就业专项资金的使用管理办法由国务院财政部门和劳动行政部门规定。

第十六条　国家建立健全失业保险制度，依法确保失业人员的基本生活，并促进其实现就业。

第十七条　国家鼓励企业增加就业岗位，扶持失业人员和残疾人就业，对下列企业、人员依法给予税收优惠：

（一）吸纳符合国家规定条件的失业人员达到规定要求的企业；

（二）失业人员创办的中小企业；

（三）安置残疾人员达到规定比例或者集中使用残疾人的企业；

（四）从事个体经营的符合国家规定条件的失业人员；

（五）从事个体经营的残疾人；

（六）国务院规定给予税收优惠的其他企业、人员。

第十八条　对本法第十七条第四项、第五项规定的人员，有关部门应当在经营场地等方面给予照顾，免除行政事业性收费。

第十九条 国家实行有利于促进就业的金融政策，增加中小企业的融资渠道；鼓励金融机构改进金融服务，加大对中小企业的信贷支持，并对自主创业人员在一定期限内给予小额信贷等扶持。

第二十条 国家实行城乡统筹的就业政策，建立健全城乡劳动者平等就业的制度，引导农业富余劳动力有序转移就业。

县级以上地方人民政府推进小城镇建设和加快县域经济发展，引导农业富余劳动力就地就近转移就业；在制定小城镇规划时，将本地区农业富余劳动力转移就业作为重要内容。

县级以上地方人民政府引导农业富余劳动力有序向城市异地转移就业；劳动力输出地和输入地人民政府应当互相配合，改善农村劳动者进城就业的环境和条件。

第二十一条 国家支持区域经济发展，鼓励区域协作，统筹协调不同地区就业的均衡增长。

国家支持民族地区发展经济，扩大就业。

第二十二条 各级人民政府统筹做好城镇新增劳动力就业、农业富余劳动力转移就业和失业人员就业工作。

第二十三条 各级人民政府采取措施，逐步完善和实施与非全日制用工等灵活就业相适应的劳动和社会保险政策，为灵活就业人员提供帮助和服务。

第二十四条 地方各级人民政府和有关部门应当加强对失业人员从事个体经营的指导，提供政策咨询、就业培训和开业指导等服务。

第三章　公平就业

第二十五条 各级人民政府创造公平就业的环境，消除就业歧视，制定政策并采取措施对就业困难人员给予扶持和援助。

第二十六条　用人单位招用人员、职业中介机构从事职业中介活动，应当向劳动者提供平等的就业机会和公平的就业条件，不得实施就业歧视。

第二十七条　国家保障妇女享有与男子平等的劳动权利。

用人单位招用人员，除国家规定的不适合妇女的工种或者岗位外，不得以性别为由拒绝录用妇女或者提高对妇女的录用标准。

用人单位录用女职工，不得在劳动合同中规定限制女职工结婚、生育的内容。

第二十八条　各民族劳动者享有平等的劳动权利。

用人单位招用人员，应当依法对少数民族劳动者给予适当照顾。

第二十九条　国家保障残疾人的劳动权利。

各级人民政府应当对残疾人就业统筹规划，为残疾人创造就业条件。

用人单位招用人员，不得歧视残疾人。

第三十条　用人单位招用人员，不得以是传染病病原携带者为由拒绝录用。但是，经医学鉴定传染病病原携带者在治愈前或者排除传染嫌疑前，不得从事法律、行政法规和国务院卫生行政部门规定禁止从事的易使传染病扩散的工作。

第三十一条　农村劳动者进城就业享有与城镇劳动者平等的劳动权利，不得对农村劳动者进城就业设置歧视性限制。

第四章　就业服务和管理

第三十二条　县级以上人民政府培育和完善统一开放、竞争有序的人力资源市场，为劳动者就业提供服务。

第三十三条　县级以上人民政府鼓励社会各方面依法开展就业服务活动，加强对公共就业服务和职业中介服务的指导和监督，逐步完善覆盖城乡的就业服务体系。

第三十四条 县级以上人民政府加强人力资源市场信息网络及相关设施建设，建立健全人力资源市场信息服务体系，完善市场信息发布制度。

第三十五条 县级以上人民政府建立健全公共就业服务体系，设立公共就业服务机构，为劳动者免费提供下列服务：

（一）就业政策法规咨询；

（二）职业供求信息、市场工资指导价位信息和职业培训信息发布；

（三）职业指导和职业介绍；

（四）对就业困难人员实施就业援助；

（五）办理就业登记、失业登记等事务；

（六）其他公共就业服务。

公共就业服务机构应当不断提高服务的质量和效率，不得从事经营性活动。

公共就业服务经费纳入同级财政预算。

第三十六条 县级以上地方人民政府对职业中介机构提供公益性就业服务的，按照规定给予补贴。

国家鼓励社会各界为公益性就业服务提供捐赠、资助。

第三十七条 地方各级人民政府和有关部门不得举办或者与他人联合举办经营性的职业中介机构。

地方各级人民政府和有关部门、公共就业服务机构举办的招聘会，不得向劳动者收取费用。

第三十八条 县级以上人民政府和有关部门加强对职业中介机构的管理，鼓励其提高服务质量，发挥其在促进就业中的作用。

第三十九条 从事职业中介活动，应当遵循合法、诚实信用、公平、公开的原则。

用人单位通过职业中介机构招用人员，应当如实向职业中介机构提供岗位需求信息。禁止任何组织或者个人利用职业中介活动侵害劳动者的合法权益。

第四十条　设立职业中介机构应当具备下列条件：

（一）有明确的章程和管理制度；

（二）有开展业务必备的固定场所、办公设施和一定数额的开办资金；

（三）有一定数量具备相应职业资格的专职工作人员；

（四）法律、法规规定的其他条件。

设立职业中介机构，应当依法办理行政许可。经许可的职业中介机构，应当向工商行政部门办理登记。

未经依法许可和登记的机构，不得从事职业中介活动。

国家对外商投资职业中介机构和向劳动者提供境外就业服务的职业中介机构另有规定的，依照其规定。

第四十一条　职业中介机构不得有下列行为：

（一）提供虚假就业信息；

（二）为无合法证照的用人单位提供职业中介服务；

（三）伪造、涂改、转让职业中介许可证；

（四）扣押劳动者的居民身份证和其他证件，或者向劳动者收取押金；

（五）其他违反法律、法规规定的行为。

第四十二条　县级以上人民政府建立失业预警制度，对可能出现的较大规模的失业，实施预防、调节和控制。

第四十三条　国家建立劳动力调查统计制度和就业登记、失业登记制度，开展劳动力资源和就业、失业状况调查统计，并公布调查统计结果。

统计部门和劳动行政部门进行劳动力调查统计和就业、失业登记时，用人单位和个人应当如实提供调查统计和登记所需要的情况。

第五章　职业教育和培训

第四十四条　国家依法发展职业教育，鼓励开展职业培训，促进劳动者提高职业技能，增强就业能力和创业能力。

第四十五条　县级以上人民政府根据经济社会发展和市场需求，制定并实施职业能力开发计划。

第四十六条　县级以上人民政府加强统筹协调，鼓励和支持各类职业院校、职业技能培训机构和用人单位依法开展就业前培训、在职培训、再就业培训和创业培训；鼓励劳动者参加各种形式的培训。

第四十七条　县级以上地方人民政府和有关部门根据市场需求和产业发展方向，鼓励、指导企业加强职业教育和培训。

职业院校、职业技能培训机构与企业应当密切联系，实行产教结合，为经济建设服务，培养实用人才和熟练劳动者。

企业应当按照国家有关规定提取职工教育经费，对劳动者进行职业技能培训和继续教育培训。

第四十八条　国家采取措施建立健全劳动预备制度，县级以上地方人民政府对有就业要求的初高中毕业生实行一定期限的职业教育和培训，使其取得相应的职业资格或者掌握一定的职业技能。

第四十九条　地方各级人民政府鼓励和支持开展就业培训，帮助失业人员提高职业技能，增强其就业能力和创业能力。失业人员参加就业培训的，按照有关规定享受政府培训补贴。

第五十条　地方各级人民政府采取有效措施，组织和引导进城就业的农村劳动者参加技能培训，鼓励各类培训机构为进城就业的农村劳动者提供技能培训，增强其就业能力和创业能力。

第五十一条　国家对从事涉及公共安全、人身健康、生命财产安全等特殊工种的劳动者，实行职业资格证书制度，具体办法由国务院规定。

第六章　就业援助

第五十二条　各级人民政府建立健全就业援助制度，采取税费减免、贷款贴息、社会保险补贴、岗位补贴等办法，通过公益性岗位安置等途径，对就业困难人员实行优先扶持和重点帮助。

就业困难人员是指因身体状况、技能水平、家庭因素、失去土地等原因难以实现就业，以及连续失业一定时间仍未能实现就业的人员。就业困难人员的具体范围，由省、自治区、直辖市人民政府根据本行政区域的实际情况规定。

第五十三条　政府投资开发的公益性岗位，应当优先安排符合岗位要求的就业困难人员。被安排在公益性岗位工作的，按照国家规定给予岗位补贴。

第五十四条　地方各级人民政府加强基层就业援助服务工作，对就业困难人员实施重点帮助，提供有针对性的就业服务和公益性岗位援助。

地方各级人民政府鼓励和支持社会各方面为就业困难人员提供技能培训、岗位信息等服务。

第五十五条　各级人民政府采取特别扶助措施，促进残疾人就业。

用人单位应当按照国家规定安排残疾人就业，具体办法由国务院规定。

第五十六条　县级以上地方人民政府采取多种就业形式，拓宽公益性岗位范围，开发就业岗位，确保城市有就业需求的家庭至少有一人实现就业。

法定劳动年龄内的家庭人员均处于失业状况的城市居民家庭，可以向住所地街道、社区公共就业服务机构申请就业援助。街道、社区公共就业服务机构经确认属实的，应当为该家庭中至少一人提供适当的就业岗位。

第五十七条　国家鼓励资源开采型城市和独立工矿区发展与市场需求相

适应的产业，引导劳动者转移就业。

对因资源枯竭或者经济结构调整等原因造成就业困难人员集中的地区，上级人民政府应当给予必要的扶持和帮助。

第七章　监督检查

第五十八条　各级人民政府和有关部门应当建立促进就业的目标责任制度。县级以上人民政府按照促进就业目标责任制的要求，对所属的有关部门和下一级人民政府进行考核和监督。

第五十九条　审计机关、财政部门应当依法对就业专项资金的管理和使用情况进行监督检查。

第六十条　劳动行政部门应当对本法实施情况进行监督检查，建立举报制度，受理对违反本法行为的举报，并及时予以核实处理。

第八章　法律责任

第六十一条　违反本法规定，劳动行政等有关部门及其工作人员滥用职权、玩忽职守、徇私舞弊的，对直接负责的主管人员和其他直接责任人员依法给予处分。

第六十二条　违反本法规定，实施就业歧视的，劳动者可以向人民法院提起诉讼。

第六十三条　违反本法规定，地方各级人民政府和有关部门、公共就业服务机构举办经营性的职业中介机构，从事经营性职业中介活动，向劳动者收取费用的，由上级主管机关责令限期改正，将违法收取的费用退还劳动者，并对直接负责的主管人员和其他直接责任人员依法给予处分。

第六十四条　违反本法规定，未经许可和登记，擅自从事职业中介活动的，由劳动行政部门或者其他主管部门依法予以关闭；有违法所得的，没收违法所得，并处一万元以上五万元以下的罚款。

第六十五条　违反本法规定，职业中介机构提供虚假就业信息，为无合法证照的用人单位提供职业中介服务，伪造、涂改、转让职业中介许可证的，由劳动行政部门或者其他主管部门责令改正；有违法所得的，没收违法所得，并处一万元以上五万元以下的罚款；情节严重的，吊销职业中介许可证。

第六十六条　违反本法规定，职业中介机构扣押劳动者居民身份证等证件的，由劳动行政部门责令限期退还劳动者，并依照有关法律规定给予处罚。

违反本法规定，职业中介机构向劳动者收取押金的，由劳动行政部门责令限期退还劳动者，并以每人五百元以上二千元以下的标准处以罚款。

第六十七条　违反本法规定，企业未按照国家规定提取职工教育经费，或者挪用职工教育经费的，由劳动行政部门责令改正，并依法给予处罚。

第六十八条　违反本法规定，侵害劳动者合法权益，造成财产损失或者其他损害的，依法承担民事责任；构成犯罪的，依法追究刑事责任。

第九章　附　　则

第六十九条　本法自2008年1月1日起施行。

中华人民共和国突发事件应对法

（2007年8月30日第十届全国人民代表大会常务委员会第二十九次会议通过）

第一章 总 则

第一条 为了预防和减少突发事件的发生，控制、减轻和消除突发事件引起的严重社会危害，规范突发事件应对活动，保护人民生命财产安全，维护国家安全、公共安全、环境安全和社会秩序，制定本法。

第二条 突发事件的预防与应急准备、监测与预警、应急处置与救援、事后恢复与重建等应对活动，适用本法。

第三条 本法所称突发事件，是指突然发生，造成或者可能造成严重社会危害，需要采取应急处置措施予以应对的自然灾害、事故灾难、公共卫生事件和社会安全事件。

按照社会危害程度、影响范围等因素，自然灾害、事故灾难、公共卫生事件分为特别重大、重大、较大和一般四级。法律、行政法规或者国务院另有规定的，从其规定。

突发事件的分级标准由国务院或者国务院确定的部门制定。

第四条 国家建立统一领导、综合协调、分类管理、分级负责、属地管理为主的应急管理体制。

第五条 突发事件应对工作实行预防为主、预防与应急相结合的原则。国家建立重大突发事件风险评估体系，对可能发生的突发事件进行综合性评估，减少重大突发事件的发生，最大限度地减轻重大突发事件的影响。

第六条 国家建立有效的社会动员机制，增强全民的公共安全和防范风险的意识，提高全社会的避险救助能力。

第七条　县级人民政府对本行政区域内突发事件的应对工作负责；涉及两个以上行政区域的，由有关行政区域共同的上一级人民政府负责，或者由各有关行政区域的上一级人民政府共同负责。

突发事件发生后，发生地县级人民政府应当立即采取措施控制事态发展，组织开展应急救援和处置工作，并立即向上一级人民政府报告，必要时可以越级上报。

突发事件发生地县级人民政府不能消除或者不能有效控制突发事件引起的严重社会危害的，应当及时向上级人民政府报告。上级人民政府应当及时采取措施，统一领导应急处置工作。

法律、行政法规规定由国务院有关部门对突发事件的应对工作负责的，从其规定；地方人民政府应当积极配合并提供必要的支持。

第八条　国务院在总理领导下研究、决定和部署特别重大突发事件的应对工作；根据实际需要，设立国家突发事件应急指挥机构，负责突发事件应对工作；必要时，国务院可以派出工作组指导有关工作。

县级以上地方各级人民政府设立由本级人民政府主要负责人、相关部门负责人、驻当地中国人民解放军和中国人民武装警察部队有关负责人组成的突发事件应急指挥机构，统一领导、协调本级人民政府各有关部门和下级人民政府开展突发事件应对工作；根据实际需要，设立相关类别突发事件应急指挥机构，组织、协调、指挥突发事件应对工作。

上级人民政府主管部门应当在各自职责范围内，指导、协助下级人民政府及其相应部门做好有关突发事件的应对工作。

第九条　国务院和县级以上地方各级人民政府是突发事件应对工作的行政领导机关，其办事机构及具体职责由国务院规定。

第十条　有关人民政府及其部门作出的应对突发事件的决定、命令，应

当及时公布。

第十一条 有关人民政府及其部门采取的应对突发事件的措施，应当与突发事件可能造成的社会危害的性质、程度和范围相适应；有多种措施可供选择的，应当选择有利于最大限度地保护公民、法人和其他组织权益的措施。

公民、法人和其他组织有义务参与突发事件应对工作。

第十二条 有关人民政府及其部门为应对突发事件，可以征用单位和个人的财产。被征用的财产在使用完毕或者突发事件应急处置工作结束后，应当及时返还。财产被征用或者征用后毁损、灭失的，应当给予补偿。

第十三条 因采取突发事件应对措施，诉讼、行政复议、仲裁活动不能正常进行的，适用有关时效中止和程序中止的规定，但法律另有规定的除外。

第十四条 中国人民解放军、中国人民武装警察部队和民兵组织依照本法和其他有关法律、行政法规、军事法规的规定以及国务院、中央军事委员会的命令，参加突发事件的应急救援和处置工作。

第十五条 中华人民共和国政府在突发事件的预防、监测与预警、应急处置与救援、事后恢复与重建等方面，同外国政府和有关国际组织开展合作与交流。

第十六条 县级以上人民政府作出应对突发事件的决定、命令，应当报本级人民代表大会常务委员会备案；突发事件应急处置工作结束后，应当向本级人民代表大会常务委员会作出专项工作报告。

第二章　预防与应急准备

第十七条 国家建立健全突发事件应急预案体系。

国务院制定国家突发事件总体应急预案，组织制定国家突发事件专项应

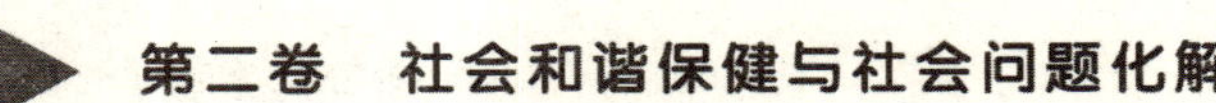

急预案；国务院有关部门根据各自的职责和国务院相关应急预案，制定国家突发事件部门应急预案。

地方各级人民政府和县级以上地方各级人民政府有关部门根据有关法律、法规、规章、上级人民政府及其有关部门的应急预案以及本地区的实际情况，制定相应的突发事件应急预案。

应急预案制定机关应当根据实际需要和情势变化，适时修订应急预案。应急预案的制定、修订程序由国务院规定。

第十八条　应急预案应当根据本法和其他有关法律、法规的规定，针对突发事件的性质、特点和可能造成的社会危害，具体规定突发事件应急管理工作的组织指挥体系与职责和突发事件的预防与预警机制、处置程序、应急保障措施以及事后恢复与重建措施等内容。

第十九条　城乡规划应当符合预防、处置突发事件的需要，统筹安排应对突发事件所必需的设备和基础设施建设，合理确定应急避难场所。

第二十条　县级人民政府应当对本行政区域内容易引发自然灾害、事故灾难和公共卫生事件的危险源、危险区域进行调查、登记、风险评估，定期进行检查、监控，并责令有关单位采取安全防范措施。

省级和设区的市级人民政府应当对本行政区域内容易引发特别重大、重大突发事件的危险源、危险区域进行调查、登记、风险评估，组织进行检查、监控，并责令有关单位采取安全防范措施。

县级以上地方各级人民政府按照本法规定登记的危险源、危险区域，应当按照国家规定及时向社会公布。

第二十一条　县级人民政府及其有关部门、乡级人民政府、街道办事处、居民委员会、村民委员会应当及时调解处理可能引发社会安全事件的矛盾纠纷。

第二十二条　所有单位应当建立健全安全管理制度，定期检查本单位各

项安全防范措施的落实情况，及时消除事故隐患；掌握并及时处理本单位存在的可能引发社会安全事件的问题，防止矛盾激化和事态扩大；对本单位可能发生的突发事件和采取安全防范措施的情况，应当按照规定及时向所在地人民政府或者人民政府有关部门报告。

第二十三条 矿山、建筑施工单位和易燃易爆物品、危险化学品、放射性物品等危险物品的生产、经营、储运、使用单位，应当制定具体应急预案，并对生产经营场所、有危险物品的建筑物、构筑物及周边环境开展隐患排查，及时采取措施消除隐患，防止发生突发事件。

第二十四条 公共交通工具、公共场所和其他人员密集场所的经营单位或者管理单位应当制定具体应急预案，为交通工具和有关场所配备报警装置和必要的应急救援设备、设施，注明其使用方法，并显著标明安全撤离的通道、路线，保证安全通道、出口的畅通。

有关单位应当定期检测、维护其报警装置和应急救援设备、设施，使其处于良好状态，确保正常使用。

第二十五条 县级以上人民政府应当建立健全突发事件应急管理培训制度，对人民政府及其有关部门负有处置突发事件职责的工作人员定期进行培训。

第二十六条 县级以上人民政府应当整合应急资源，建立或者确定综合性应急救援队伍。人民政府有关部门可以根据实际需要设立专业应急救援队伍。

县级以上人民政府及其有关部门可以建立由成年志愿者组成的应急救援队伍。单位应当建立由本单位职工组成的专职或者兼职应急救援队伍。

县级以上人民政府应当加强专业应急救援队伍与非专业应急救援队伍的合作，联合培训、联合演练，提高合成应急、协同应急的能力。

第二十七条 国务院有关部门、县级以上地方各级人民政府及其有关部门、有关单位应当为专业应急救援人员购买人身意外伤害保险，配备必要的防护装备和器材，减少应急救援人员的人身风险。

第二十八条　中国人民解放军、中国人民武装警察部队和民兵组织应当有计划地组织开展应急救援的专门训练。

第二十九条　县级人民政府及其有关部门、乡级人民政府、街道办事处应当组织开展应急知识的宣传普及活动和必要的应急演练。

居民委员会、村民委员会、企业事业单位应当根据所在地人民政府的要求，结合各自的实际情况，开展有关突发事件应急知识的宣传普及活动和必要的应急演练。

新闻媒体应当无偿开展突发事件预防与应急、自救与互救知识的公益宣传。

第三十条　各级各类学校应当把应急知识教育纳入教学内容，对学生进行应急知识教育，培养学生的安全意识和自救与互救能力。

教育主管部门应当对学校开展应急知识教育进行指导和监督。

第三十一条　国务院和县级以上地方各级人民政府应当采取财政措施，保障突发事件应对工作所需经费。

第三十二条　国家建立健全应急物资储备保障制度，完善重要应急物资的监管、生产、储备、调拨和紧急配送体系。

设区的市级以上人民政府和突发事件易发、多发地区的县级人民政府应当建立应急救援物资、生活必需品和应急处置装备的储备制度。

县级以上地方各级人民政府应当根据本地区的实际情况，与有关企业签订协议，保障应急救援物资、生活必需品和应急处置装备的生产、供给。

第三十三条　国家建立健全应急通信保障体系，完善公用通信网，建立有线与无线相结合、基础电信网络与机动通信系统相配套的应急通信系统，确保突发事件应对工作的通信畅通。

第三十四条 国家鼓励公民、法人和其他组织为人民政府应对突发事件工作提供物资、资金、技术支持和捐赠。

第三十五条 国家发展保险事业，建立国家财政支持的巨灾风险保险体系，并鼓励单位和公民参加保险。

第三十六条 国家鼓励、扶持具备相应条件的教学科研机构培养应急管理专门人才，鼓励、扶持教学科研机构和有关企业研究开发用于突发事件预防、监测、预警、应急处置与救援的新技术、新设备和新工具。

第三章 监测与预警

第三十七条 国务院建立全国统一的突发事件信息系统。

县级以上地方各级人民政府应当建立或者确定本地区统一的突发事件信息系统，汇集、储存、分析、传输有关突发事件的信息，并与上级人民政府及其有关部门、下级人民政府及其有关部门、专业机构和监测网点的突发事件信息系统实现互联互通，加强跨部门、跨地区的信息交流与情报合作。

第三十八条 县级以上人民政府及其有关部门、专业机构应当通过多种途径收集突发事件信息。

县级人民政府应当在居民委员会、村民委员会和有关单位建立专职或者兼职信息报告员制度。

获悉突发事件信息的公民、法人或者其他组织，应当立即向所在地人民政府、有关主管部门或者指定的专业机构报告。

第三十九条 地方各级人民政府应当按照国家有关规定向上级人民政府报送突发事件信息。县级以上人民政府有关主管部门应当向本级人民政府相关部门通报突发事件信息。专业机构、监测网点和信息报告员应当及时向所在地人民政府及其有关主管部门报告突发事件信息。

有关单位和人员报送、报告突发事件信息，应当做到及时、客观、真实，不得迟报、谎报、瞒报、漏报。

第四十条　县级以上地方各级人民政府应当及时汇总分析突发事件隐患和预警信息，必要时组织相关部门、专业技术人员、专家学者进行会商，对发生突发事件的可能性及其可能造成的影响进行评估；认为可能发生重大或者特别重大突发事件的，应当立即向上级人民政府报告，并向上级人民政府有关部门、当地驻军和可能受到危害的毗邻或者相关地区的人民政府通报。

第四十一条　国家建立健全突发事件监测制度。

县级以上人民政府及其有关部门应当根据自然灾害、事故灾难和公共卫生事件的种类和特点，建立健全基础信息数据库，完善监测网络，划分监测区域，确定监测点，明确监测项目，提供必要的设备、设施，配备专职或者兼职人员，对可能发生的突发事件进行监测。

第四十二条　国家建立健全突发事件预警制度。

可以预警的自然灾害、事故灾难和公共卫生事件的预警级别，按照突发事件发生的紧急程度、发展势态和可能造成的危害程度分为一级、二级、三级和四级，分别用红色、橙色、黄色和蓝色标示，一级为最高级别。

预警级别的划分标准由国务院或者国务院确定的部门制定。

第四十三条　可以预警的自然灾害、事故灾难或者公共卫生事件即将发生或者发生的可能性增大时，县级以上地方各级人民政府应当根据有关法律、行政法规和国务院规定的权限和程序，发布相应级别的警报，决定并宣布有关地区进入预警期，同时向上一级人民政府报告，必要时可以越级上报，并向当地驻军和可能受到危害的毗邻或者相关地区的人民政府通报。

第四十四条　发布三级、四级警报，宣布进入预警期后，县级以上地方各级人民政府应当根据即将发生的突发事件的特点和可能造成的危害，采取下列措施：

（一）启动应急预案；

（二）责令有关部门、专业机构、监测网点和负有特定职责的人员及时收集、报告有关信息，向社会公布反映突发事件信息的渠道，加强对突发事件发生、发展情况的监测、预报和预警工作；

（三）组织有关部门和机构、专业技术人员、有关专家学者，随时对突发事件信息进行分析评估，预测发生突发事件可能性的大小、影响范围和强度以及可能发生的突发事件的级别；

（四）定时向社会发布与公众有关的突发事件预测信息和分析评估结果，并对相关信息的报道工作进行管理；

（五）及时按照有关规定向社会发布可能受到突发事件危害的警告，宣传避免、减轻危害的常识，公布咨询电话。

第四十五条 发布一级、二级警报，宣布进入预警期后，县级以上地方各级人民政府除采取本法第四十四条规定的措施外，还应当针对即将发生的突发事件的特点和可能造成的危害，采取下列一项或者多项措施：

（一）责令应急救援队伍、负有特定职责的人员进入待命状态，并动员后备人员做好参加应急救援和处置工作的准备；

（二）调集应急救援所需物资、设备、工具，准备应急设施和避难场所，并确保其处于良好状态、随时可以投入正常使用；

（三）加强对重点单位、重要部位和重要基础设施的安全保卫，维护社会治安秩序；

（四）采取必要措施，确保交通、通信、供水、排水、供电、供气、供热等公共设施的安全和正常运行；

（五）及时向社会发布有关采取特定措施避免或者减轻危害的建议、劝告；

（六）转移、疏散或者撤离易受突发事件危害的人员并予以妥善安置，转移重要财产；

（七）关闭或者限制使用易受突发事件危害的场所，控制或者限制容易导致危害扩大的公共场所的活动；

（八）法律、法规、规章规定的其他必要的防范性、保护性措施。

第四十六条 对即将发生或者已经发生的社会安全事件，县级以上地方各级人民政府及其有关主管部门应当按照规定向上一级人民政府及其有关主管部门报告，必要时可以越级上报。

第四十七条 发布突发事件警报的人民政府应当根据事态的发展，按照有关规定适时调整预警级别并重新发布。

有事实证明不可能发生突发事件或者危险已经解除的，发布警报的人民政府应当立即宣布解除警报，终止预警期，并解除已经采取的有关措施。

第四章 应急处置与救援

第四十八条 突发事件发生后，履行统一领导职责或者组织处置突发事件的人民政府应当针对其性质、特点和危害程度，立即组织有关部门，调动应急救援队伍和社会力量，依照本章的规定和有关法律、法规、规章的规定采取应急处置措施。

第四十九条 自然灾害、事故灾难或者公共卫生事件发生后，履行统一领导职责的人民政府可以采取下列一项或者多项应急处置措施：

（一）组织营救和救治受害人员，疏散、撤离并妥善安置受到威胁的人员以及采取其他救助措施；

（二）迅速控制危险源，标明危险区域，封锁危险场所，划定警戒区，实行交通管制以及其他控制措施；

（三）立即抢修被损坏的交通、通信、供水、排水、供电、供气、供热等公共设施，向受到危害的人员提供避难场所和生活必需品，实施医疗救护和卫生防疫以及其他保障措施；

（四）禁止或者限制使用有关设备、设施，关闭或者限制使用有关场所，中止人员密集的活动或者可能导致危害扩大的生产经营活动以及采取其他保护措施；

（五）启用本级人民政府设置的财政预备费和储备的应急救援物资，必要时调用其他急需物资、设备、设施、工具；

（六）组织公民参加应急救援和处置工作，要求具有特定专长的人员提供服务；

（七）保障食品、饮用水、燃料等基本生活必需品的供应；

（八）依法从严惩处囤积居奇、哄抬物价、制假售假等扰乱市场秩序的行为，稳定市场价格，维护市场秩序；

（九）依法从严惩处哄抢财物、干扰破坏应急处置工作等扰乱社会秩序的行为，维护社会治安；

（十）采取防止发生次生、衍生事件的必要措施。

第五十条 社会安全事件发生后，组织处置工作的人民政府应当立即组织有关部门并由公安机关针对事件的性质和特点，依照有关法律、行政法规和国家其他有关规定，采取下列一项或者多项应急处置措施：

（一）强制隔离使用器械相互对抗或者以暴力行为参与冲突的当事人，妥善解决现场纠纷和争端，控制事态发展；

（二）对特定区域内的建筑物、交通工具、设备、设施以及燃料、燃气、电力、水的供应进行控制；

（三）封锁有关场所、道路，查验现场人员的身份证件，限制有关公共场所内的活动；

（四）加强对易受冲击的核心机关和单位的警卫，在国家机关、军事机关、国家通讯社、广播电台、电视台、外国驻华使领馆等单位附近设置临时警戒线；

（五）法律、行政法规和国务院规定的其他必要措施。

严重危害社会治安秩序的事件发生时，公安机关应当立即依法出动警力，根据现场情况依法采取相应的强制性措施，尽快使社会秩序恢复正常。

第五十一条　发生突发事件，严重影响国民经济正常运行时，国务院或者国务院授权的有关主管部门可以采取保障、控制等必要的应急措施，保障人民群众的基本生活需要，最大限度地减轻突发事件的影响。

第五十二条　履行统一领导职责或者组织处置突发事件的人民政府，必要时可以向单位和个人征用应急救援所需设备、设施、场地、交通工具和其他物资，请求其他地方人民政府提供人力、物力、财力或者技术支援，要求生产、供应生活必需品和应急救援物资的企业组织生产、保证供给，要求提供医疗、交通等公共服务的组织提供相应的服务。

履行统一领导职责或者组织处置突发事件的人民政府，应当组织协调运输经营单位，优先运送处置突发事件所需物资、设备、工具、应急救援人员和受到突发事件危害的人员。

第五十三条　履行统一领导职责或者组织处置突发事件的人民政府，应当按照有关规定统一、准确、及时发布有关突发事件事态发展和应急处置工作的信息。

第五十四条　任何单位和个人不得编造、传播有关突发事件事态发展或者应急处置工作的虚假信息。

第五十五条　突发事件发生地的居民委员会、村民委员会和其他组织应当按照当地人民政府的决定、命令，进行宣传动员，组织群众开展自救和互救，协助维护社会秩序。

第五十六条　受到自然灾害危害或者发生事故灾难、公共卫生事件的单位，应当立即组织本单位应急救援队伍和工作人员营救受害人员，疏散、撤离、安置受到威胁的人员，控制危险源，标明危险区域，封锁危险场所，并

采取其他防止危害扩大的必要措施，同时向所在地县级人民政府报告；对因本单位的问题引发的或者主体是本单位人员的社会安全事件，有关单位应当按照规定上报情况，并迅速派出负责人赶赴现场开展劝解、疏导工作。

突发事件发生地的其他单位应当服从人民政府发布的决定、命令，配合人民政府采取的应急处置措施，做好本单位的应急救援工作，并积极组织人员参加所在地的应急救援和处置工作。

第五十七条 突发事件发生地的公民应当服从人民政府、居民委员会、村民委员会或者所属单位的指挥和安排，配合人民政府采取的应急处置措施，积极参加应急救援工作，协助维护社会秩序。

第五章 事后恢复与重建

第五十八条 突发事件的威胁和危害得到控制或者消除后，履行统一领导职责或者组织处置突发事件的人民政府应当停止执行依照本法规定采取的应急处置措施，同时采取或者继续实施必要措施，防止发生自然灾害、事故灾难、公共卫生事件的次生、衍生事件或者重新引发社会安全事件。

第五十九条 突发事件应急处置工作结束后，履行统一领导职责的人民政府应当立即组织对突发事件造成的损失进行评估，组织受影响地区尽快恢复生产、生活、工作和社会秩序，制定恢复重建计划，并向上一级人民政府报告。

受突发事件影响地区的人民政府应当及时组织和协调公安、交通、铁路、民航、邮电、建设等有关部门恢复社会治安秩序，尽快修复被损坏的交通、通信、供水、排水、供电、供气、供热等公共设施。

第六十条 受突发事件影响地区的人民政府开展恢复重建工作需要上一级人民政府支持的，可以向上一级人民政府提出请求。上一级人民政府应当根据受影响地区遭受的损失和实际情况，提供资金、物资支持和技术指导，

组织其他地区提供资金、物资和人力支援。

第六十一条　国务院根据受突发事件影响地区遭受损失的情况，制定扶持该地区有关行业发展的优惠政策。

受突发事件影响地区的人民政府应当根据本地区遭受损失的情况，制定救助、补偿、抚慰、抚恤、安置等善后工作计划并组织实施，妥善解决因处置突发事件引发的矛盾和纠纷。

公民参加应急救援工作或者协助维护社会秩序期间，其在本单位的工资待遇和福利不变；表现突出、成绩显著的，由县级以上人民政府给予表彰或者奖励。

县级以上人民政府对在应急救援工作中伤亡的人员依法给予抚恤。

第六十二条　履行统一领导职责的人民政府应当及时查明突发事件的发生经过和原因，总结突发事件应急处置工作的经验教训，制定改进措施，并向上一级人民政府提出报告。

第六章　法律责任

第六十三条　地方各级人民政府和县级以上各级人民政府有关部门违反本法规定，不履行法定职责的，由其上级行政机关或者监察机关责令改正；有下列情形之一的，根据情节对直接负责的主管人员和其他直接责任人员依法给予处分：

（一）未按规定采取预防措施，导致发生突发事件，或者未采取必要的防范措施，导致发生次生、衍生事件的；

（二）迟报、谎报、瞒报、漏报有关突发事件的信息，或者通报、报送、公布虚假信息，造成后果的；

（三）未按规定及时发布突发事件警报、采取预警期的措施，导致损害发生的；

（四）未按规定及时采取措施处置突发事件或者处置不当，造成后果的；

（五）不服从上级人民政府对突发事件应急处置工作的统一领导、指挥和协调的；

（六）未及时组织开展生产自救、恢复重建等善后工作的；

（七）截留、挪用、私分或者变相私分应急救援资金、物资的；

（八）不及时归还征用的单位和个人的财产，或者对被征用财产的单位和个人不按规定给予补偿的。

第六十四条 有关单位有下列情形之一的，由所在地履行统一领导职责的人民政府责令停产停业，暂扣或者吊销许可证或者营业执照，并处五万元以上二十万元以下的罚款；构成违反治安管理行为的，由公安机关依法给予处罚：

（一）未按规定采取预防措施，导致发生严重突发事件的；

（二）未及时消除已发现的可能引发突发事件的隐患，导致发生严重突发事件的；

（三）未做好应急设备、设施日常维护、检测工作，导致发生严重突发事件或者突发事件危害扩大的；

（四）突发事件发生后，不及时组织开展应急救援工作，造成严重后果的。

前款规定的行为，其他法律、行政法规规定由人民政府有关部门依法决定处罚的，从其规定。

第六十五条 违反本法规定，编造并传播有关突发事件事态发展或者应急处置工作的虚假信息，或者明知是有关突发事件事态发展或者应急处置工作的虚假信息而进行传播的，责令改正，给予警告；造成严重后果的，依法暂停其业务活动或者吊销其执业许可证；负有直接责任的人员是国家工作人员的，还应当对其依法给予处分；构成违反治安管理行为的，由公安机关依法给予处罚。

第六十六条　单位或者个人违反本法规定，不服从所在地人民政府及其有关部门发布的决定、命令或者不配合其依法采取的措施，构成违反治安管理行为的，由公安机关依法给予处罚。

第六十七条　单位或者个人违反本法规定，导致突发事件发生或者危害扩大，给他人人身、财产造成损害的，应当依法承担民事责任。

第六十八条　违反本法规定，构成犯罪的，依法追究刑事责任。

第七章　附　　则

第六十九条　发生特别重大突发事件，对人民生命财产安全、国家安全、公共安全、环境安全或者社会秩序构成重大威胁，采取本法和其他有关法律、法规、规章规定的应急处置措施不能消除或者有效控制、减轻其严重社会危害，需要进入紧急状态的，由全国人民代表大会常务委员会或者国务院依照宪法和其他有关法律规定的权限和程序决定。

紧急状态期间采取的非常措施，依照有关法律规定执行或者由全国人民代表大会常务委员会另行规定。

第七十条　本法自 2007 年 11 月 1 日起施行。

国家突发公共事件总体应急预案

1 总则

1.1 编制目的

提高政府保障公共安全和处置突发公共事件的能力，最大程度地预防和减少突发公共事件及其造成的损害，保障公众的生命财产安全，维护国家安全和社会稳定，促进经济社会全面、协调、可持续发展。

1.2 编制依据

依据宪法及有关法律、行政法规，制定本预案。

1.3 分类分级

本预案所称突发公共事件是指突然发生，造成或者可能造成重大人员伤亡、财产损失、生态环境破坏和严重社会危害，危及公共安全的紧急事件。

根据突发公共事件的发生过程、性质和机理，突发公共事件主要分为以下四类：

（1）自然灾害。主要包括水旱灾害，气象灾害，地震灾害，地质灾害，海洋灾害，生物灾害和森林草原火灾等。

（2）事故灾难。主要包括工矿商贸等企业的各类安全事故，交通运输事故，公共设施和设备事故，环境污染和生态破坏事件等。

（3）公共卫生事件。主要包括传染病疫情，群体性不明原因疾病，食品安全和职业危害，动物疫情，以及其他严重影响公众健康和生命安全的事件。

（4）社会安全事件。主要包括恐怖袭击事件，经济安全事件和涉外突发事件等。

各类突发公共事件按照其性质、严重程度、可控性和影响范围等因素，一般分为四级：Ⅰ级（特别重大）、Ⅱ级（重大）、Ⅲ级（较大）和Ⅳ级（一般）。

1.4　适用范围

本预案适用于涉及跨省级行政区划的，或超出事发地省级人民政府处置能力的特别重大突发公共事件应对工作。

本预案指导全国的突发公共事件应对工作。

1.5　工作原则

（1）以人为本，减少危害。切实履行政府的社会管理和公共服务职能，把保障公众健康和生命财产安全作为首要任务，最大程度地减少突发公共事件及其造成的人员伤亡和危害。

（2）居安思危，预防为主。高度重视公共安全工作，常抓不懈，防患于未然。增强忧患意识，坚持预防与应急相结合，常态与非常态相结合，做好应对突发公共事件的各项准备工作。

（3）统一领导，分级负责。在党中央、国务院的统一领导下，建立健全分类管理、分级负责，条块结合、属地管理为主的应急管理体制，在各级党委领导下，实行行政领导责任制，充分发挥专业应急指挥机构的作用。

（4）依法规范，加强管理。依据有关法律和行政法规，加强应急管理，维护公众的合法权益，使应对突发公共事件的工作规范化、制度化、法制化。

（5）快速反应，协同应对。加强以属地管理为主的应急处置队伍建设，建立联动协调制度，充分动员和发挥乡镇、社区、企事业单位、社会团体和志愿者队伍的作用，依靠公众力量，形成统一指挥、反应灵敏、功能齐全、协调有序、运转高效的应急管理机制。

（6）依靠科技，提高素质。加强公共安全科学研究和技术开发，采用先

进的监测、预测、预警、预防和应急处置技术及设施，充分发挥专家队伍和专业人员的作用，提高应对突发公共事件的科技水平和指挥能力，避免发生次生、衍生事件；加强宣传和培训教育工作，提高公众自救、互救和应对各类突发公共事件的综合素质。

1.6　应急预案体系

全国突发公共事件应急预案体系包括：

（1）突发公共事件总体应急预案。总体应急预案是全国应急预案体系的总纲，是国务院应对特别重大突发公共事件的规范性文件。

（2）突发公共事件专项应急预案。专项应急预案主要是国务院及其有关部门为应对某一类型或某几种类型突发公共事件而制定的应急预案。

（3）突发公共事件部门应急预案。部门应急预案是国务院有关部门根据总体应急预案、专项应急预案和部门职责为应对突发公共事件制定的预案。

（4）突发公共事件地方应急预案。具体包括：省级人民政府的突发公共事件总体应急预案、专项应急预案和部门应急预案；各市（地）、县（市）人民政府及其基层政权组织的突发公共事件应急预案。上述预案在省级人民政府的领导下，按照分类管理、分级负责的原则，由地方人民政府及其有关部门分别制定。

（5）企事业单位根据有关法律法规制定的应急预案。

（6）举办大型会展和文化体育等重大活动，主办单位应当制定应急预案。

各类预案将根据实际情况变化不断补充、完善。

2　组织体系

2.1　领导机构

国务院是突发公共事件应急管理工作的最高行政领导机构。在国务院总理领导下，由国务院常务会议和国家相关突发公共事件应急指挥机构（以下简称“相关应急指挥机构”）负责突发公共事件的应急管理工作；必要时，派出国务院工作组指导有关工作。

2.2　办事机构

国务院办公厅设国务院应急管理办公室，履行值守应急、信息汇总和综合协调职责，发挥运转枢纽作用。

2.3　工作机构

国务院有关部门依据有关法律、行政法规和各自的职责，负责相关类别突发公共事件的应急管理工作。具体负责相关类别的突发公共事件专项和部门应急预案的起草与实施，贯彻落实国务院有关决定事项。

2.4　地方机构

地方各级人民政府是本行政区域突发公共事件应急管理工作的行政领导机构，负责本行政区域各类突发公共事件的应对工作。

2.5　专家组

国务院和各应急管理机构建立各类专业人才库，可以根据实际需要聘请有关专家组成专家组，为应急管理提供决策建议，必要时参加突发公共事件的应急处置工作。

3　运行机制

3.1　预测与预警

各地区、各部门要针对各种可能发生的突发公共事件，完善预测预警机制，建立预测预警系统，开展风险分析，做到早发现、早报告、早处置。

3.1.1　预警级别和发布

根据预测分析结果，对可能发生和可以预警的突发公共事件进行预警。预警级别依据突发公共事件可能造成的危害程度、紧急程度和发展势态，一般划分为四级：Ⅰ级（特别严重）、Ⅱ级（严重）、Ⅲ级（较重）和Ⅳ级（一般），依次用红色、橙色、黄色和蓝色表示。

预警信息包括突发公共事件的类别、预警级别、起始时间、可能影响范围、警示事项、应采取的措施和发布机关等。

预警信息的发布、调整和解除可通过广播、电视、报刊、通信、信息网络、警报器、宣传车或组织人员逐户通知等方式进行，对老、幼、病、残、孕等特殊人群以及学校等特殊场所和警报盲区应当采取有针对性的公告方式。

3.2　应急处置

3.2.1　信息报告

特别重大或者重大突发公共事件发生后，各地区、各部门要立即报告，最迟不得超过4小时，同时通报有关地区和部门。应急处置过程中，要及时续报有关情况。

3.2.2　先期处置

突发公共事件发生后，事发地的省级人民政府或者国务院有关部门在报告特别重大、重大突发公共事件信息的同时，要根据职责和规定的权限启动相关应急预案，及时、有效地进行处置，控制事态。

在境外发生涉及中国公民和机构的突发事件，我驻外使领馆、国务院有关部门和有关地方人民政府要采取措施控制事态发展，组织开展应急救援工作。

3.2.3　应急响应

对于先期处置未能有效控制事态的特别重大突发公共事件，要及时启动相关预案，由国务院相关应急指挥机构或国务院工作组统一指挥或指导有关地区、部门开展处置工作。

现场应急指挥机构负责现场的应急处置工作。

需要多个国务院相关部门共同参与处置的突发公共事件，由该类突发公共事件的业务主管部门牵头，其他部门予以协助。

3.2.4　应急结束

特别重大突发公共事件应急处置工作结束，或者相关危险因素消除后，现场应急指挥机构予以撤销。

3.3　恢复与重建

3.3.1　善后处置

要积极稳妥、深入细致地做好善后处置工作。对突发公共事件中的伤亡人员、应急处置工作人员，以及紧急调集、征用有关单位及个人的物资，要按照规定给予抚恤、补助或补偿，并提供心理及司法援助。有关部门要做好疫病防治和环境污染消除工作。保险监管机构督促有关保险机构及时做好有关单位和个人损失的理赔工作。

3.3.2　调查与评估

要对特别重大突发公共事件的起因、性质、影响、责任、经验教训和恢复重建等问题进行调查评估。

3.3.3　恢复重建

根据受灾地区恢复重建计划组织实施恢复重建工作。

3.4　信息发布

突发公共事件的信息发布应当及时、准确、客观、全面。事件发生的第一时间要向社会发布简要信息，随后发布初步核实情况、政府应对措施和公众防范措施等，并根据事件处置情况做好后续发布工作。

信息发布形式主要包括授权发布、散发新闻稿、组织报道、接受记者采访、举行新闻发布会等。

4　应急保障

各有关部门要按照职责分工和相关预案做好突发公共事件的应对工作，同时根据总体预案切实做好应对突发公共事件的人力、物力、财力、交通运输、医疗卫生及通信保障等工作，保证应急救援工作的需要和灾区群众的基

本生活，以及恢复重建工作的顺利进行。

4.1　人力资源

公安（消防）、医疗卫生、地震救援、海上搜救、矿山救护、森林消防、防洪抢险、核与辐射、环境监控、危险化学品事故救援、铁路事故、民航事故、基础信息网络和重要信息系统事故处置，以及水、电、油、气等工程抢险救援队伍是应急救援的专业队伍和骨干力量。地方各级人民政府和有关部门、单位要加强应急救援队伍的业务培训和应急演练，建立联动协调机制，提高装备水平；动员社会团体、企事业单位以及志愿者等各种社会力量参与应急救援工作；增进国际间的交流与合作。要加强以乡镇和社区为单位的公众应急能力建设，发挥其在应对突发公共事件中的重要作用。

中国人民解放军和中国人民武装警察部队是处置突发公共事件的骨干和突击力量，按照有关规定参加应急处置工作。

4.2　财力保障

要保证所需突发公共事件应急准备和救援工作资金。对受突发公共事件影响较大的行业、企事业单位和个人要及时研究提出相应的补偿或救助政策。要对突发公共事件财政应急保障资金的使用和效果进行监管和评估。

鼓励自然人、法人或者其他组织（包括国际组织）按照《中华人民共和国公益事业捐赠法》等有关法律、法规的规定进行捐赠和援助。

4.3　物资保障

要建立健全应急物资监测网络、预警体系和应急物资生产、储备、调拨及紧急配送体系，完善应急工作程序，确保应急所需物资和生活用品的及时供应，并加强对物资储备的监督管理，及时予以补充和更新。

地方各级人民政府应根据有关法律、法规和应急预案的规定，做好物资储备工作。

4.4　基本生活保障

要做好受灾群众的基本生活保障工作，确保灾区群众有饭吃、有水喝、有衣穿、有住处、有病能得到及时医治。

4.5　医疗卫生保障

卫生部门负责组建医疗卫生应急专业技术队伍，根据需要及时赴现场开展医疗救治、疾病预防控制等卫生应急工作。及时为受灾地区提供药品、器械等卫生和医疗设备。必要时，组织动员红十字会等社会卫生力量参与医疗卫生救助工作。

4.6　交通运输保障

要保证紧急情况下应急交通工具的优先安排、优先调度、优先放行，确保运输安全畅通；要依法建立紧急情况下社会交通运输工具的征用程序，确保抢险救灾物资和人员能够及时、安全送达。

根据应急处置需要，对现场及相关通道实行交通管制，开设应急救援“绿色通道”，保证应急救援工作的顺利开展。

4.7　治安维护

要加强对重点地区、重点场所、重点人群、重要物资和设备的安全保护，依法严厉打击违法犯罪活动。必要时，依法采取有效管制措施，控制事态，维护社会秩序。

4.8　人员防护

要指定或建立与人口密度、城市规模相适应的应急避险场所，完善紧急疏散管理办法和程序，明确各级责任人，确保在紧急情况下公众安全、有序的转移或疏散。

要采取必要的防护措施，严格按照程序开展应急救援工作，确保人员安全。

4.9　通信保障

建立健全应急通信、应急广播电视保障工作体系，完善公用通信网，建立有线和无线相结合、基础电信网络与机动通信系统相配套的应急通信系统，确保通信畅通。

4.10　公共设施

有关部门要按照职责分工，分别负责煤、电、油、气、水的供给，以及废水、废气、固体废弃物等有害物质的监测和处理。

4.11　科技支撑

要积极开展公共安全领域的科学研究；加大公共安全监测、预测、预警、预防和应急处置技术研发的投入，不断改进技术装备，建立健全公共安全应急技术平台，提高我国公共安全科技水平；注意发挥企业在公共安全领域的研发作用。

5　监督管理

5.1　预案演练

各地区、各部门要结合实际，有计划、有重点地组织有关部门对相关预案进行演练。

5.2　宣传和培训

宣传、教育、文化、广电、新闻出版等有关部门要通过图书、报刊、音像制品和电子出版物、广播、电视、网络等，广泛宣传应急法律法规和预防、避险、自救、互救、减灾等常识，增强公众的忧患意识、社会责任意识和自救、互救能力。各有关方面要有计划地对应急救援和管理人员进行培训，提高其专业技能。

5.3　责任与奖惩

突发公共事件应急处置工作实行责任追究制。

对突发公共事件应急管理工作中做出突出贡献的先进集体和个人要给予

表彰和奖励。

对迟报、谎报、瞒报和漏报突发公共事件重要情况或者应急管理工作中有其他失职、渎职行为的，依法对有关责任人给予行政处分；构成犯罪的，依法追究刑事责任。

6 附 则

6.1 预案管理

根据实际情况的变化，及时修订本预案。

本预案自发布之日起实施。

参考文献

[1]《中华人民共和国宪法》

[2]《中华人民共和国劳动法》

[3]《中华人民共和国国家安全法》

[4]《全国紧急状态法》

[5]《中华人民共和国突发事件应对法》

[6]《中华人民共和国刑法修正案》

[7]《灾难和紧急事件援助法案》

[8]《中华人民共和国食品安全法》

[9]《中华人民共和国社会保险法》

[10]《中华人民共和国国家赔偿法》

[11]《中华人民共和国老年人权益保障法》

[12]《中华人民共和国残疾人保障法》

[13]《农村五保供养工作条例》

[14]《关于建立社会主义市场经济体制若干问题的决定》

[15]《中华人民共和国国民经济和社会发展第十二个五年规划纲要》

[16]《中共中央国务院关于加强青少年体育增强青少年体质的意见》

[17]《辞海》

[18] 马荣良，李克．中小学实施素质教育的现状及对策［J］．青少年研究（山东省团校学报），2009（3）．

[19] 构建“政府管教育、学校办教育、社会评教育”新格局［J］．中

国教育报，2013－07－29.

［20］本书编写组．十八大报告学习辅导百问［M］．北京：学习出版社，党建读物出版社，2012：123.

［21］中国政府网．http://www.gov.cn/2008gzbg/content_924056.htm.

［22］国务院《关于开展新型农村社会养老保险试点的指导意见》

［23］http://www28gl.com/rw/fhrw/sjdjt/2010-11-23/shijidajiangtang34951.html.

［24］《国务院关于建立统一的企业职工基本养老保险制度的决定》（国发〔1997〕26号文件）

［25］百度百科．http://baike.baidu.com/view/626776.htm.

［26］新华网．http://www.xj.xinhuanet.com/2012-11/19/c_113722546_7.htm.

［27］光明网．http://www.gmw.cn/01gmrb/2006-12/15/content_522683.htm.

［28］新华网．http://news.xinhuanet.com/legal/2010-09/16/c_12575091.htm.

［29］孙崇勇，秦启文．突发公共事件的两个基本理论问题探讨［J］．西南师范大学学报（人文社会科学版），2005（2）.

［30］公办养老机构一床难求　民办养老机构举步维艰［N］．中国青年报.

后　记

《社会和谐保健与社会问题化解》是赫崇飞、罗红希两位博士根据我国改革开放以后特别是我国全面建设小康社会过程中所出现的一系列社会矛盾和社会问题，而政府在解决“矛盾”和“问题”当中遇到许多棘手的难题，造成问题和矛盾得不到及时和根本性解决，甚至把政府推到了风口浪尖的处境，提出构建社会“保健”和“化解”机制的思想而撰写的专著。该书分为上、下两编，其中上编是“社会和谐保健”，由赫崇飞博士负责编写，下编是“社会问题化解”由罗红希博士负责编写。该书旨在正确处理好“政府—社会—群众”三者之间的关系，并要求政府“该管的事要管并管好，不该管的事不要管”，善于处理好“作为”与“不作为”的关系，政府要尽量利用民间和社会力量解决争端和纠纷问题。同时，政府在事情或矛盾问题发生之前就要有所觉察、有所预防，防微杜渐，把隐患消灭于萌芽状态，即要构建社会有效保障机制；当然当问题确已发生时，应采取行之有效的化解机制，使问题得到妥善解决，实现社会和谐。

该书对政府工作人员和社会管理人员解决社会纠纷和社会问题具有一定的参考指导作用，对理论工作者拓宽研究领域和研究思路具有一定的借鉴作用。

本书在编写过程中，参考了大量学者的论著和一些典型案例，其中部分在参考文献中已专门注明，因篇幅所限，有些引文未能一一注明，在此一并致以诚挚的谢意！

本书的编写和出版得到了中山火炬职业技术学院领导和广东高等教育出版社的支持，在此表示衷心感谢！

由于时间仓促，同时因作者的能力和水平所限，书中还存在许多不足之处，敬请专家、学者、读者批评指正。

赫崇飞、罗红希

于中山火炬职业技术学院

2015年5月8日